発達・社会からみる人間関係

現代に生きる青年のために

西垣悦代 編著

北大路書房

序　文

　最近，人間関係が難しい時代になっていると感じる。家庭内においては親子関係，夫婦関係，学校・地域では友人関係，ご近所付きあい，職場では上司，部下，同僚，顧客との関係に加え，教師－生徒，医療者－患者など，専門家とその受益者との関係にも，何かと困難な状況が発生している。人間関係のトラブルがもとで，学校や職場を辞めたり，精神を病む人も増えているといわれている。

　なぜ，現代社会はこれほどまでに人間関係が難しいのだろうか。ひとつには，比較的等質性の高い人々で構成されるコミュニティが崩壊し，多様な価値観や行動様式をもつ人たちが，折りあって共生しなくてはならない社会になってきたことがあるだろう。また，その社会が経済情勢の悪化によって不安定さを増し，ストレスの多いものになっていることも影響しているかもしれない。さらに，日本人の行動様式の特徴ともいわれてきた，自己主張をするよりは周囲に同調し，相手の気持ちを推測してその期待に沿って行動する，といった行動規範が変化してきている可能性もある。最近は，インターネットの普及により，直接知らない，顔の見えない不特定多数の人々との交流という，かつてなかった人間関係も一般化してきている。

　本書はこのように変動する現代社会に生きている若い読者が，心理学の概念や理論の助けを借りて，自己理解や他者理解を深めることができるように，ということを意図して編集された。読者のみなさんにとってなるべく身近なテーマを取り上げているので，本書を読みながらみずからの人間関係を振り返っていただけたら，と思っている。

　本書は3部構成になっている。Ⅰ部では，発達心理学的観点から，人間関係をとらえている。乳幼児期の母子関係に始まり，幼児期から成人期までの友人関係，進路選択や職業選択からみた人間関係，そしてそれらを通して青年が陥りやすい悩みや病理について取り上げている。Ⅱ部では，社会心理学的観点からみた人間関係の諸相を取り上げた。自己開示，自己呈示，対人魅力，愛，競

争，協同など，日々の生活の中で誰もが経験しているであろう人間関係の側面をいくつか選んで焦点を当てている。また，それらを伝える手段としての非言語行動についても紹介している。Ⅲ部では今日的なトピックスとして，ネット社会，健康増進のコミュニケーション，医療者－患者関係を取り上げた。今日，私たちは程度の差はあれ，否応なくネット社会の一員に組み込まれてしまっている。また健康増進や医療者患者関係は，医療系学部の学生だけではなく，医療の受益者となりうる人なら誰もが避けて通れない人間関係である。ほかにも取り上げたいテーマはたくさんあったが，本書に含まれている11章は誰にとっても無関係ではいられない，エッセンシャルな内容となっていると思う。

　各章の内容は，本文で理論や概念をわかりやすく紹介するとともに，キーワードなどは別体裁とした。また，章末には尺度や本文に関連した興味深い話題をコラムとして紹介しているので，ぜひ参照してほしい。

　本書を分担執筆していただいた著者たちは，いずれもその専門において活躍中の若手から中堅の研究者たちである。多忙な中を編者のさまざまなお願いに快く応じていただき，感謝している。いろいろとご迷惑をおかけしたこともあったと思うが，この場を借りて改めて御礼とお詫びを申し上げたいと思う。

　最後に本書の企画段階から相談に乗っていただき，その制作過程を見守ってくださった北大路書房営業部の中岡良和氏と，編者の足りないところを補いつつ，タイトなスケジュールの中，てきぱきと作業を進めてくださった北大路書房編集部の奥野浩之氏に心よりの感謝を申し上げたい。

　2009年立春を前に

編者　西垣悦代

もくじ

序文

I部　発達的視点からみた人間関係　　1

第1章　乳幼児期の親子関係　　3
第1節　乳児のもつ力　3
第2節　母子関係　5
第3節　愛着理論　8
第4節　児童虐待　11
コラム1　大人の愛着タイプ　16

第2章　幼児期から成人期における友人関係　　17
第1節　幼児期の仲間関係　17
第2節　児童期の友人関係　19
第3節　青年期の友人関係　22
第4節　中高年期の人間関係　29
コラム2　友だちに対して自分の考えや感情を出すことは悪いこと？　31

第3章　職業からみた人間関係　　32
第1節　発達的にみた進路選択行動　32
第2節　時間的展望と職業選択　39
第3節　キャリアとキャリア教育　45
コラム3　進路選択に対する自己効力尺度　53

第4章　青年期の人間関係の悩みとその克服　　54
第1節　青年期の人間関係に関する悩み　54
第2節　人間関係に関連する精神病理　56
第3節　人間関係の悩みの克服　61
コラム4　自己分析の手引　68

II部　社会心理学的視点からみた人間関係　69

第5章　自己と他者 ─── 71
第1節　自己　71
第2節　自己評価　76
第3節　自己開示　85
第4節　自己呈示　87
第5節　まとめとして　91

- コラム5-1　自尊心尺度　93
- コラム5-2　「自己卑下」が消えるとき　94
- コラム5-3　オープナー・スケール　95

第6章　親密な人間関係 ─── 96
第1節　親密な二者関係の行方（関係の進展モデル）　96
第2節　他者に魅力を感じる　98
第3節　親密な関係を形作る（愛の形）　104
第4節　親密な関係を維持する　107
第5節　まとめとして　112

- コラム6-1　愛を測定してみよう　113
- コラム6-2　恋人がいないのは私だけ？　115

第7章　競争と協同 ─── 116
第1節　競争をめぐる実験　116
第2節　競争に関連するパーソナリティ　125
第3節　ソーシャルスキル，ソーシャルサポートと愛他的行動　128

- コラム7-1　前田式A型傾向判別表　133
- コラム7-2　攻撃でもなく競争でもない協同的なアサーティブコミュニケーション
  ──ロールプレイング（役割演技）をしよう　134
- コラム7-3　援助規範意識尺度　135

第8章　非言語行動 ─── 137
第1節　非言語行動の特徴と機能　137
第2節　非言語行動の分類　140
第3節　異文化理解のために　145

コラム 8　映画作品における表情　149

III部　現代社会のコミュニケーションと人間関係　151

第9章　ネット社会の人間関係　153
第1節　インターネットにおけるコミュニケーション　153
第2節　インターネット発展の歴史と人間行動　155
第3節　ネット社会の人間関係に関する社会心理学的研究　156
第4節　ネットコミュニティの未来　163
コラム 9-1　模擬監獄実験　165
コラム 9-2　社会的アイデンティティの目立ちやすさの実験　166
コラム 9-3　インターネット依存度（中毒）尺度　167

第10章　健康増進のコミュニケーション　169
第1節　健康をめぐる価値観　169
第2節　ヘルスコミュニケーションに関連した重要概念　174
第3節　説得を用いたヘルスコミュニケーションのためのゲーム　180
コラム 10-1　健康増進ゲームの基本的な手続き　184
コラム 10-2　一般的セルフ・エフィカシー尺度　185

第11章　医療者−患者関係　186
第1節　日本の医療に対する信頼と不信　186
第2節　医療における信頼と医療者との関係　189
第3節　医療における信頼の概念と測定　192
第4節　診療場面における医師患者コミュニケーション　194
第5節　医療者患者のコミュニケーションにおける重要概念　196
第6節　セルフケアと看護師患者関係　198
第7節　患者の役割と責任　200
コラム 11-1　うまくいかなかった医療者−患者関係　204
コラム 11-2　信頼できる医師の要因尺度　205

引用・参考文献　207
人名索引　226
事項索引　229

Ⅰ部
発達的視点からみた人間関係

第1章
乳幼児期の親子関係

　赤ちゃんは多様な潜在的能力をそなえてこの世に誕生する。そしてそれらの能力は、生命維持のためだけでなく、母親の存在をとらえたり、母親を他者と区別したり、母親と相互交渉したりするときにも活用されるという。母と子の絆はいかにして深められていくのだろうか。

第1節　乳児のもつ力

1——新生児の能力

　生まれたばかりの赤ちゃんは、自分ひとりの力で生命を維持していくことはできない。食事、排泄、体温調節、移動など、すべてにおいてまわりの大人の世話を必要とする。赤ちゃん研究が進む以前は、新生児は目も見えず耳も聞こえず、すべてにおいて受動的で無力な存在と信じられてきた。しかし、1960年代以降、赤ちゃんを知るためのさまざまな方法が開発されたことにより、出生後間もない赤ちゃんでも、図形のパターンを認識できること（Fantz, 1961）、甘味、酸味、苦味などの味の区別ができること（Steiner, 1979）、さらに、大人の顔の動きを模倣して驚きや喜びの表情を示せること（Field et al., 1982）などがわかってきた（図1-1）。このような新たなアプローチによる研究成果か

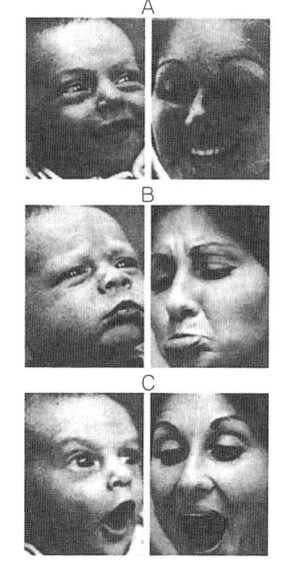

A：喜び　B：悲しみ　C：驚き

図1-1　新生児による表情の模倣
（Field et al., 1982）

I部 発達的視点からみた人間関係

ら，赤ちゃんが生まれながらに優れた知覚機能をもつ有能な存在であることが明らかになったのである。

2 ── 原始反射

運動機能については，乳児は大脳皮質が未成熟なため，自分の意志や意図に沿った行動をすることはできない。そのため，生命維持や後の適応的行動につながる**原始反射**と呼ばれる反応レパートリーが生得的にそなわっている（表1-1）。母親の乳首を容易に探しあてて乳を飲むことができるのも，差しだされた指を強く握りしめることができるのも，この原始反射があるからであり，またこれらの乳児の行動が出生直後からの母子のコミュニケーションを可能にしているともいえる。

原始反射は，脊椎や脳幹によりコントロールされているが，大脳皮質と神経系の成熟にともなって次第に抑制され，生後数か月もすればこれらの反射は見かけ上消失する。そして，これに代わって意図的・目的的な随意運動が出現するようになる。したがって，新生児で原始反射がみられなかったり，逆にあまりに遅くまで消失しない場合は，何らかの異常が疑われるということになる。このように，原始反射は新生児期および乳児期の脳神経系の正常な発達を示す指標として，発達診断において重要な意味をもつ。

表1-1 さまざまな原始反射

口唇探索反射	口の周辺に手を触れると顔をその方向に向け，口でとらえようとする。
吸啜反射	唇に指が触れると，吸引運動をする。
把握反射	手のひらに指を入れて押すと，その指を強く握りしめる。
モロー反射	仰向けに寝かせて頭の支えを急に外したとき，あるいは大きな音や強い振動に驚いたときに，両手両足を伸ばして抱きつこうとする姿勢をとる。
緊張性頸反射	仰向きで寝ているときに頭を横に向けると，向いた側の手足が伸展し，反対側の手足が屈曲する。
歩行反射	わき下で身体を支え，床に立たせると，律動的なステップ運動が起こる。
足蹠反射（バビンスキー反射）	足の裏の外縁を軽くこすると，親指が背屈し，他の指が開く。

3──母子相互作用

　母子の相互作用は，母親が生まれてきた赤ちゃんを見て母性を喚起させ，授乳したり世話をしたりすることから始まる。赤ちゃんは母親からの愛情に満ちた働きかけに対して積極的に応答するとともに，五感を最大限に活用させて母親の存在をとらえようとする。生後間もない頃から母親の母乳の染みこんだパッドに顔を向けることができ，また母親の声とそれ以外の女性の声を聞き分けることができること（正高，1993）などから，新生児のもつ潜在的能力をうかがい知ることができる。

　一方，母親側からの働きかけからも相互作用が展開される。上述したように，赤ちゃんは母親を他とは識別できるが，これと同様，知らない赤ちゃんの泣き声を聞いたときよりも自分の赤ちゃんの泣き声を聞いたときのほうが母親の心拍数が大きく変化する（Wissenfield & Malatesta, 1982）など，母親もわが子を他とは識別できるという。

　母子相互作用には，働きかけと応答の役割交代という社会的な相互交渉の原型がみられるが，これは**同期行動**[*]（Condon & Sander, 1974）や，授乳場面における母親の語りかけと子どもの吸乳・休止のリズム（Kaye, 1977）にもあらわれている。母と子はさまざまな能力を駆使しながら，相互に行動を誘発しあい報酬を与えあうことによって，相互の結びつきを深めていくのである。

> **同期行動**
> 母親がピッチの高い声で体動をともなって語りかけると，子どもは頭，肩，手足などをリズミカルに動かしてこれに反応する。この現象を同期行動（エントレインメント）と呼ぶ。

第2節　母子関係

1──母と子の絆

　赤ちゃんのまわりには，母親だけでなく，父親，兄姉，祖父母など，自分を慈しんでくれる多くの身近な人物が存在する。にもかかわらず，なぜ母と子の

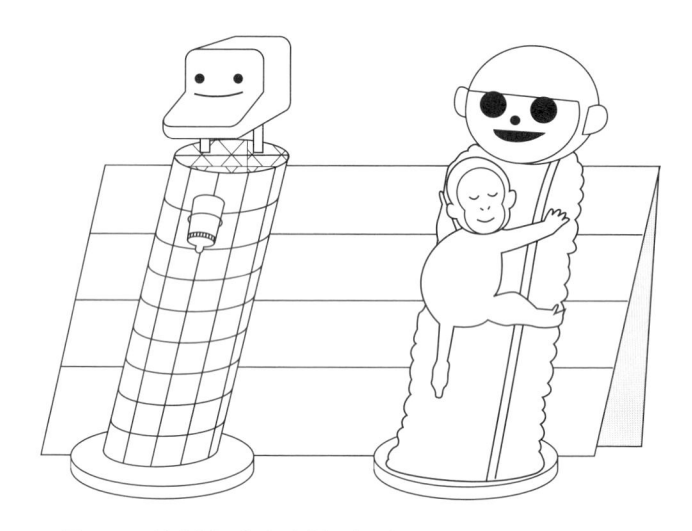

I部 発達的視点からみた人間関係

図1-2 針金製母親と布製母親（Harlow & Mears, 1979）

結びつきだけが特別強いのであろうか。1950年頃までは，母子のこうした関係性は，乳児にとって空腹などに代表される生理的不快を除去してくれる存在が母親であるため，欲求の充足を求めて依存するようになる結果，あくまで二次的に生じてくるという考え方（**二次的動因説**）が有力であった。

　これが正しくないことを明らかにしたのが，アカゲザルを対象とする実験的研究を行なったハーロウ（Harlow, H. F.）である。実験では，生後すぐにアカゲザルの乳児を母親から引き離し，母親のかわりに2種類の代理母模型（針金製と布製）の入った檻の中で生活させた（図1-2）。子ザルのうち半数は針金製母親からミルクが与えられ，残り半数は布製母親からミルクが与えられた。子ザルの行動を観察したところ，布製母親からミルクが与えられた子ザルだけでなく，針金製母親からミルクが与えられた子ザルも，一日の大半を布製母親とともに過ごすことがわかった（図1-3）。つまり子ザルは，飢えを満たしてくれることとは無関係に，布製模型のほうを母親として選んだのである。このことから，サルの親子関係の成立にとって，授乳は必ずしも決定的要因ではなく，接触による快感により安心感が得られることこそが重要な要因であるということが明らかになった。

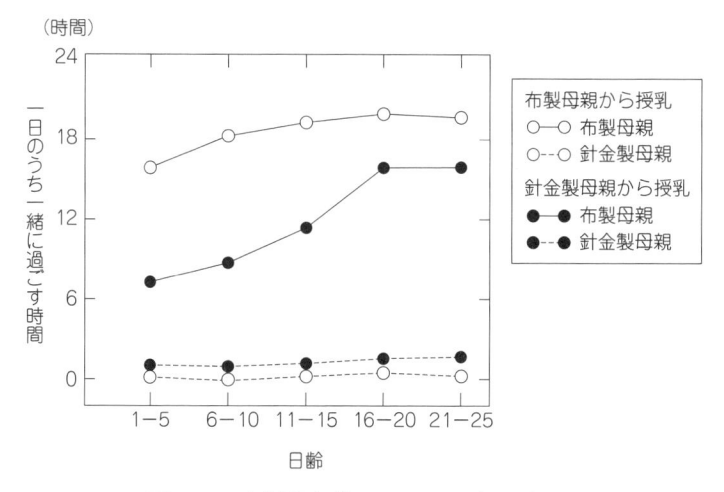

図1-3 各授乳条件における子ザルの行動
（Harlow & Mears, 1979をもとに作成）

　動物を対象としたこのような研究成果をそのまま人間にもあてはめることができると結論づけることはむずかしい。しかし，柔らかな肌触りを求めそこから安心感を得るという意味では，乳幼児期の子どもにみられる**移行対象***などがこの知見と重なるところもあり，そうした意味でハーロウの研究は二次的動因説への反論として大きな役割を果たした。

> **移行対象**
>
> ウィニコット（Winnicott, D. W.）による用語。子どもが特別の愛着を寄せる毛布，タオル，ぬいぐるみなどをさす。母親が側にいないなど不安なときに，母親に代わって子どもに安心感を与えてくれる柔らかいもので，1歳後半〜2歳ぐらいに発現する場合が多い。

2 ── 母性的養育の重要性

　1900年代初頭，アメリカとヨーロッパでほぼ同時に，孤児院や乳児院における施設児の死亡率の異常な高さが報告され，施設の子どもに特有のさまざまな症状や行動特徴がみられたことから**ホスピタリズム**（hospitalism）*と名づけられた。調査を進めていくと，施設児は風邪から肺炎を起こして死亡に至るケースが多いことがわかったため，感染症予防のためにできるだけ子どもを大人と接触させないという措置がとられた。しか

— 7

し，死亡率は低下するどころか，さらに高まってしまった。

小児精神医学者スピッツ（Spitz, R.）は，ホスピタリズムの本当の原因が，母性的な養育の欠如にあることを指摘した。養育者と施設児との心の通いあう関係をつくることができれば防止できることを，施設児と家庭児を比較検討した自らの研究により確認したのである。実際に，この点を重視して，1人の子どもに対し特定の養育者が継続的にかかわるなど家庭に似た環境をつくる対策をとった施設では，他の施設児と比較して子どもの成長がはるかに安定していることが明らかになった。

家庭児でも適切な養育に欠ければ同様な症状が起こりうる。子どもは衣食住さえ整っていれば心身ともに健康に発達していけるわけではなく，基本にあるのは，養育者との親密であたたかな継続的かかわりなのである。こうして，ホスピタリズムに代わり**マターナルデプリベーション（maternal deprivation）***という用語が使用されるようになり，ボウルビィ（Bowlby, J.）はこの概念をさらに発展させて愛着の理論を体系化した。

ホスピタリズム

施設児に，発達の遅滞（身体成育，知能，情緒，社会性），神経症的傾向（指しゃぶり，爪かみ，夜尿），対人関係（協調性の欠如，依存性，攻撃・逃避的傾向）などの共通の特徴がみられたことからこの名がついた。施設病ともいう。

マターナルデプリベーション

ボウルビィは，乳児期の良好な母子関係がその後の人格形成や精神衛生の基盤になることを指摘し，この時期の母子相互作用の欠如をマターナル・デプリベーション（母性的養育の喪失）と呼んだ。

第3節 愛着理論

1——愛着とは

生後半年を過ぎた乳児は，母親に対して明らかに他の人とは区別した特別な行動を示すようになる。たとえば，母親の姿が見えないうちは他の大人と機嫌

よく遊んでいても，母親が視界に入った途端に遊びを中断し，母親に向かって声を出したり泣いたりしてそばに来てくれることを求める。また8か月に近づくと，母親に対する後追いや人見知りが顕著になってくる（**8か月不安**[*]）。これらは，子どもと母親との間に心理的な絆が形成されたことをあらわしており，このような特定の人と人との緊密な情緒的結びつきのことを**愛着**（attachment：アタッチメント）という。

> **8か月不安**
> スピッツは，子どもが生後2～3か月頃から人の顔に対して能動的に微笑みかけるようになることを「3か月微笑」，6～8か月頃から母親とそれ以外の人物とを区別し始め人見知りするようになることを「8か月不安」と呼んだ。

2 ── 愛着の発達

ボウルビィによると，母子の愛着関係を形成していくうえで基盤となっているのは子どものもつ生得的行動であり，これを愛着行動と呼んだ。そして，愛着行動を発信行動（泣き，微笑，発声），定位行動（注視，後追い，接近），能動的身体接触行動（よじ登り，抱きつき，しがみつき）の3つのカテゴリーに分類したうえで，これらが表1-2に示すような4段階を経て発達・変化するとしている。

3 ── 愛着の個人差

ボウルビィは愛着の一般的な発達段階を示したが，エインズワースらはボウルビィの理論を引き継ぎつつ，愛着の個人差に着目した研究を行なった（Ainsworth et al., 1978）。彼らは，1歳前後の子どもが親に対して形成している愛着の質を測定するために，**ストレンジシチュエーション法**という実験的方法を開発した。この方法は，初めての場所で母親との分離や見知らぬ人（ストレンジャー）との対面などを経験する子どもの様子を観察するもので，8つの場面で構成されている（表1-3）。この方法では，特に母親との分離・再会場面における子どもの行動を重視し，その行動パターンに基づく分類を試みた。

エインズワースらによると，子どもの愛着タイプは，A, B, Cの3つのタイプに分類され，それぞれの行動特徴は次のように説明される。

表1-2 愛着の発達段階 (Bowlby, 1969；数井・遠藤, 2005をもとに作成)

第1段階	人物の識別をともなわない定位と発信（誕生～3か月頃）	特定の人物に限らず，近くにいる人物に対して愛着行動を向ける。この時期にはその人が誰であれ，人の声を聞いたり人の顔を見たりすると泣きやむことがよくある。
第2段階	特定対象に対する定位と発信（3～6か月頃）	誰に対しても友好的にふるまうが，日常よくかかわってくれる人に対しては，特に愛着行動を向けるようになる。養育者の声や顔に対してよく微笑んだり声を出したりするなど，分化した反応を示すようになる。
第3段階	発信および移動による特定対象への近接維持（6か月～2, 3歳頃）	人物の識別がさらに明確になる。養育者に対して後追いや歓迎行動を示したり，養育者を安全基地とする探索行動を行ったりなど，反応レパートリーが急速に増大する。一方，見知らぬ人に対しては警戒心をもったりかかわりを避けたりするようになる。
第4段階	目標修正的な協調性形成（3歳前後～）	養育者の感情や動機，目標，計画などを推察できるようになり，それに基づいて養育者の行動を予測し，適宜自身の行動や目標を修正できるようになる。愛着対象は内在化され，愛着行動は大幅にその頻度と強度を減じていく。

表1-3 ストレンジシチュエーション法の8場面
(Ainsworth et al., 1978；数井・遠藤, 2005をもとに作成)

場面	内容	時間
1	実験者が母子を室内に案内。母親は子どもを抱いて入室。実験者は母親に子どもを降ろす位置を指示して退室。	30秒
2	母親は椅子に座り，子どもはおもちゃで遊んでいる。	3分
3	ストレンジャーが入室。母親とストレンジャーはそれぞれの椅子に座る。	3分
4	1回目の母子分離。母親は退室。ストレンジャーは遊んでいる子どもにやや近づき，働きかける。	3分
5	1回目の母子再会。母親が入室。ストレンジャーは退室。	3分
6	2回目の母子分離。母親も退室。子どもはひとり残される。	3分
7	ストレンジャーが入室。子どもを慰める。	3分
8	2回目の母子再会。母親が入室しストレンジャーは退室。	3分

＜Aタイプ（回避型）＞　母親との分離に際して泣いたり混乱したりすることがほとんどなく，再会時に母親から目をそらしたり避けようとしたりする。母親を安全基地とする探索活動があまりみられない。

　＜Bタイプ（安定型）＞　分離時には多少の泣きや混乱を示すが，母親との再会時には積極的に身体接触を求め，すぐに落ち着く。ストレンジャーにも肯定的感情を示し，なぐさめを受け入れることができる。母親を安全基地とする積極的な探索活動を行なう。

　＜Cタイプ（抵抗／アンビヴァレント型）＞　分離時に非常に強い不安や混乱を示し，再会時には身体接触を積極的に求める一方で怒りや抵抗を示す。全般的に行動が不安定で用心深く，母親に執拗にくっついていようとすることが多い。

　また，近年この3つの基本型に加え，4つ目として次のタイプが報告されている。

　＜Dタイプ（無秩序・無方向型）＞　メインとソロモン（Main & Solomon, 1990）によると，このタイプの子どもには，突然のすくみ，顔を背けた状態での母親への接近，ストレンジャーに怯えたときに母親から離れて壁にすり寄る行動，再会時に母親にしがみついたかと思うとすぐに床に倒れこむような行動など，不可解で一貫性のない行動特徴がみられるという。

　現在，ほとんどの愛着研究はこのA〜Dの4分類で子どもの愛着の個人差を測定・表現するようになってきている。また，このような子どもの愛着の個人差は，養育者の養育スタイル（感受性，応答性，一貫性など），および子ども自身の生得的個性（気質など）との相互作用の中から生み出されると考えられている（コラム1参照）。

第4節　児童虐待

1 ── 児童虐待の発見

　親子であれば必ずしも望ましい愛着関係が築けるわけではなく，時としてその関係の形成がうまくいかない場合もある。そしてそれが，不幸にも児童虐待

という形をとってあらわれてくることがある。近年，何の罪もない子どもがその尊い生命を奪われる悲惨な児童虐待事件が後を絶たないが，児童虐待は最近になって急に増えたものではなく，じつは半世紀近くも前から身近なところで頻繁にみられる問題の1つとして取り上げられていた。

児童虐待の問題を学問的に最初に取り上げたのは，アメリカの小児科医ケンプ（Kempe, C.）であった。自分の病院に入院する子どもに，偶発的な事故によるものではない怪我が多くみられ，それらがじつは子どもの親自身の手によるものであることに気づいたことがきっかけであった。1961年，アメリカ小児科学会にて初めて児童虐待に関するシンポジウムが開催され，そこで座長を務めたケンプは，その翌年「殴打された子ども症候群」を提唱し，これが医学用語として定着することとなった。その後，「殴打された子ども」の意味が狭すぎるため，より広義の「児童虐待」という用語が広く用いられるようになったのである。

2──児童虐待の定義

児童虐待への取り組みの先進国アメリカでは，1974年に「児童虐待の予防と治療に関する法令」が交付された。日本では，2000年5月に「児童虐待の防止等に関する法律」（いわゆる児童虐待防止法）が施行されている。この法律は，児童虐待の予防，早期発見・早期対応，被虐待児への適切な保護および自立支援などを柱とし，子どもの健全な心身の成長を促進することを目的としている。この中で児童虐待は，保護者（親権を行なう者，未成年後見人その他の者で，児童を現に監護する者をいう）がその監護する児童（18歳に満たない者をいう）について表1-4のような虐待行為を行なうことである，と定義されている。

3──児童虐待の現状

児童虐待は年々増加傾向にあり，児童相談所における処理件数もここ10年間増加の一途をたどっている（図1-4）。また，警視庁の最新の報告によると，2008年度上半期に全国の警察が摘発した児童虐待事件は，統計をとりはじめた2000年以降で最多となっている。

これら増加の背景には，虐待そのものの増加に加え，社会的関心の高まりも

第1章 乳幼児期の親子関係

表1-4 児童虐待の行為類型（厚生労働省子ども虐待対応の手引き, 2007より作成）

身体的虐待	児童の身体に外傷が生じ，または生じる恐れのある暴行を加えること。	殴る，蹴る，投げ落とす，熱湯をかける，たばこの火を押しつける，冬戸外に閉めだす，縄などにより拘束する，意図的に子どもを病気にさせる，など。
性的虐待	児童にわいせつな行為をすることまたは児童をしてわいせつな行為をさせること。	子どもへの性交，性的暴行，性的行為の強要・教唆，性器や性交を見せる，ポルノグラフィーの被写体などに子どもを強要する，など。
ネグレクト	児童の心身の正常な発達を妨げるような著しい減食または長時間の放置，保護者以外の同居人による虐待行為を放置するなど保護者としての監護を著しく怠ること。	重大な病気になっても病院に連れて行かない，乳幼児を家や車内に放置する，子どもの情緒的欲求に応えない，適切な食事を与えない，環境や衣服などを長期間不潔なままにする，など。
心理的虐待	児童に対する著しい暴言または著しく拒絶的な反応，児童が同居する家庭における配偶者に対する暴力その他の児童に著しい心理的外傷を与える言動を行なうこと。	ことばによる脅迫，子どもの自尊心を傷つけるような言動，子どもを無視したり拒否的態度を示す，子どもの心を傷つかることを繰り返し言う，他のきょうだいとは著しく差別的な扱いをする，など。

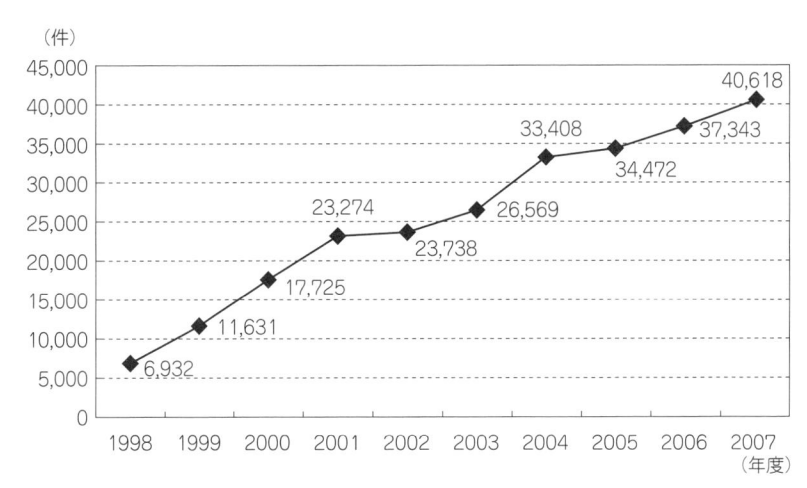

(件)

年度	件数
1998	6,932
1999	11,631
2000	17,725
2001	23,274
2002	23,738
2003	26,569
2004	33,408
2005	34,472
2006	37,343
2007	40,618

資料：1998〜1999年度は厚生省大臣官房統計情報部「社会福祉行政業務報告」
2000〜2006年度は厚生労働省大臣官房統計情報部「社会福祉行政業務報告」
2007年度は厚生労働省による速報値

図1-4 児童相談所における児童虐待相談の対応件数

— 13 —

影響していると考えられる。また、児童虐待の定義の明確化、通告義務の範囲の拡大、被虐待児のきょうだいに対する積極対応などによって、虐待がより顕在化しやすくなったことも関連しているだろう。なお、それでも通告されたケースは氷山の一角といわれ、実際にはこの何倍もの子どもが虐待されていると考えられている。

4——児童虐待の背景と課題

2007年度のデータによると、主な虐待者別では、実母が63%と最も多く、次いで実父が22%となっている。じつに全体の8割以上が、子どもの実の親によるケースが占めている。なぜこのような虐待が起こるのだろうか。児童虐待の原因を考えるときに大切なことは、ある1つの特定要因が虐待を決定的にするのではなく、複数の要因が重なることによって虐待が起こる、つまり1つひとつの要因を「虐待が起こる危険性を高めるリスク要因」ととらえることである。リスク要因としては、大きく分けると表1-5のようなものが考えられている。

虐待を受けた子どもの中には、死亡してしまったり、後々まで影響を及ぼすような障害を負う子どももいる。また、そこまで深刻な事態に至らないにしても、虐待を受けた子どもは、他者との親密な関係を持続しにくい、根深い対人不信と限りない愛情希求の間を揺れ動く、衝動統制が困難、自己評価の低さや自己卑下の傾向が顕著にみられるなど、深刻な心理的問題を抱えているという（島田・黒川, 1988）。また、これらは虐待を受けた時期だけではなく、それ以後の発達段階における対人関係や社会とのかかわりにも重大な影響を及ぼす。

社会が大きく変化する中で、それにともなう育児不安も広く存在するといわ

表1-5 児童虐待のリスク要因 （無藤・岡本・大坪, 2004をもとに作成）

養育者にみられやすい要因	未熟な人格、乏しい共感性、被害者意識、育児に関する不適切な知識や思い込み、暴力肯定観、不適切な子ども観、個人主義的価値観、自己実現優先の価値観、養育者自身の虐待経験、精神障害など。
家庭にみられやすい要因	地域・隣人・親戚からの孤立、夫婦間の不和、経済的問題など。
子どもにみられやすい要因	手のかかる子（発達障害、先天性不治疾患、多動、強情、反抗的、動作が緩慢など）、長期の母子分離、不幸な出生状況など。

れている。健全な家族関係育成のためには，虐待を受けている子どもへの対応はもちろん，その家族も含め，社会全体の問題として援助や施策に取り組んでいく必要があるだろう。

コラム1 大人の愛着タイプ

　愛着というキーワードを聞くと，乳幼児期のみに関連するものであると考えられがちだが，ボウルビィは，乳幼児期に形成された愛着は次第に内在化され，生涯を通じて存続するものであると考えている。つまり，子どもの頃の愛着対象とのさまざまな経験をとおして，自分はどれだけ愛してもらえる存在か，また他者はどれだけ自分を支えてくれる存在かといった主観的確信が構成されていく。そしてこれを基盤として，仲間関係などその後のさまざまな対人関係が築かれていき，さらにはそれが自分と自分の子どもの関係にも適用されると考えたのである。

　成人期の愛着は，このようなボウルビィの考え方に基づき，子ども時代の親との関係を振り返ってもらう成人愛着面接（Main & Goldwyn, 1984）という手続きをとおして測定される。そして，大人の愛着は表にあるような4タイプに分類されるという。

成人愛着面接により分類される愛着タイプ
（Main & Goldwyn, 1984；無藤・久保・遠藤, 1998をもとに作成）

愛着タイプ	特徴
愛着軽視型	愛着の重要性や影響力を低く評価し，潜在的に親や他者との親密な関係を避けようとする。乳幼児期のAタイプに相当。
自律型	過去の愛着関係が現在の自分にとってもつ意味を理解し，安定した対人関係をもつ。乳幼児期のBタイプに相当。
とらわれ型	自分の愛着関係の歴史を首尾一貫して語れず，親密な関係を求めつつも，常に不安を抱いている。乳幼児期のCタイプに相当。
未解決型	過去の愛着対象の喪失や被虐待などの外傷体験に対して，いまだに葛藤した感情をもつ。乳幼児期のDタイプに相当。

　複数の研究において，親の被養育経験と子どもの愛着タイプとの対応関係が確かめられ，日本人母子においてもその関連性が実証されている（数井ら, 2000）。しかし，母子の世代間伝達を直線的に規定することについては，さまざまな要因を考えたうえで慎重に検証していくことが求められよう。

第2章
幼児期から成人期における友人関係

　皆さんは幼児期から現在の青年期までを振り返って，どのような友人関係を築いてきたであろうか。友だちとの楽しく懐かしい思い出もあれば，後悔するほろ苦い思い出もあろう。友人とはどのような存在なのであろうか。また，友人関係は年齢が増すにしたがって，どのように変化していくのであろうか。本章では青年期を中心に，幼児期から中高年期の友人関係についてみていくことにする。

第1節　幼児期の仲間関係

　幼児期とは，年齢的には1～2歳頃から6歳頃までの時期をさすことが多い。この時期の仲間関係における成長は遊びをとおしてなされることが多い。幼児期の発達に影響を与える遊びや仲間関係についてみてみよう。

1――遊びをとおした発達と友人関係形成

　1，2歳の頃は兄や姉がいる場合は，兄姉がしていることに興味を示し，兄姉がすることを模倣して遊ぶことも多い。また，きょうだい以外の子どもたちと遊ぶ場では，仲間がそばにいるにもかかわらず，会話のやりとりをせずに自分が興味を示すものを見つけて一人で遊んだりする。一人遊び，並行遊びが多い時期である。第一反抗期にあたる3歳頃になると自己主張や自分の要求をあくまで通そうという気持ちも強くなってくる。また，3歳頃から幼稚園など集団の中で多くの同年齢の子どもたちとのかかわりを経験し，仲間との会話も多くなり，一人遊びではなく集団で遊ぶことを志向するようになる。おもちゃなど遊具をめぐっての取りあいやけんかもあるが，それらの経験を経ることによって，仲間どうしが互いに楽しく遊べるように我慢する気持ち（自己抑制）や

幼児なりのルールをつくったりすることもできるようになる。

謝（1999）は，幼稚園に新しく入園した子どもが安定した友だち関係や仲良し関係，親友関係を形成するには，入園後1か月半から3か月を要し，この期間に安定した友だち関係が築けない場合は，友だち形成のペースが遅いとしている。

2 ── 他者の心に対する理解

森野（2005）は，**心の理論**と呼ばれる，自己や他者の信念や欲求と行動との体系的な関係性（たとえば，ある状況における相手の心の状態を推測して，相手の行動を予測したりすること）に関する理解について保育園児を対象に検討している。その結果，心の理論が発達している子どもほど感情の理解も発達しており，年長児では，社会的スキルも高く，仲間からの人気もあることが見出されている。

幼児期には競争心も芽生えるが，思いやりも育ってくる時期である。弟や妹に対して，また，きょうだい以外の子どもに対してでも，誰かが泣いていたり，困っていると幼児なりに慰めようとし，助けてあげようとする。その方法は，親や周囲の大人が自分に示してくれた愛情や慰め方であったりする。このよう

子ども　　　　　　　　　　　　　　　　　ドロシー・ロー・ノルト

批判ばかりされた子どもは　非難することをおぼえる
殴られて大きくなった子どもは　力にたよることをおぼえる
笑いものにされた子どもは　ものを言わずにいることをおぼえる
皮肉にさらされた子どもは　鈍い良心のもちぬしとなる

しかし，激励をうけた子どもは　自信をおぼえる
寛容にであった子どもは　忍耐をおぼえる
賞賛をうけた子どもは　評価することをおぼえる
フェアプレーを経験した子どもは　公正をおぼえる
友情を知る子どもは　親切をおぼえる
安心を経験した子どもは　信頼をおぼえる
可愛がられ　抱きしめられた子どもは
世界中の愛情を感じとることをおぼえる

に，家族関係や集団生活において，仲間との遊びをとおして徐々に人間関係にかかわる能力を身につけていくのである。幼児期は，同輩だけでなく周囲の大人を手本として社会的な行動を学んでいく時期でもある。養育者をはじめとして子どもにかかわる周囲の大人の責任は大きいといえよう。

第2節 児童期の友人関係

　小学校に入学し，それまでとは違ってより多くの同輩と接することになる。
　人間関係も，乳幼児期のような親子関係（タテの関係）が中心であった状況から仲間関係（ヨコの関係）へと広がりをみせるようになる。サリバン（Sullivan, 1953）は，児童期は，子どもの社会化に影響力をもつ家庭の限界や偏りが是正される最初の発達段階であると述べている。

1 ── 仲間に対する見方

　クラス仲間から人気のある子どももいれば，拒否される傾向にある子どももいる。拒否される子どもの中にも，攻撃性が強く，破壊的行動など問題行動を起こす子どももいれば，内気で消極的な子どももいる。子どもはいろいろな側面からクラス仲間をみている。前田（1995）によれば，幼児から小学生にかけて仲間に対する見方は比較的一貫しており，小学生になると仲間の引っ込み思案傾向にも気づきはじめるという。仲間から人気のある子どもは**社会的コンピテンス***が高いと仲間から評価されているようである。また，仲間から拒否される傾向にある子どもは，攻撃性のような外的な問題行動だけでなく，孤独感が強いといった内的問題も抱えているという。なかでも引っ込み思案なタイプは，自分から仲間とかかわることも仲間から誘われることも少ないために強い孤独感を抱くようである。

> **コンピテンス**
> **(competence)**
>
> 人にすでに備わっている潜在的能力を意味するだけでなく，日常生活におけるさまざまな状況や取り組む課題などにおいて積極的に自分の能力を発揮し，環境に働きかけ，よりよい方向に変えていこうとする動機づけも含む概念。

2 ── 友人関係をとおした社会性の発達

小学校の中学年頃になると，子どもが強力なリーダーを中心に小集団（同性が多い）をつくって遊ぶことがある。この時期を**ギャングエイジ**（gang age：徒党時代）といい，その集団を**徒党集団**[*]と呼ぶ。

徒党集団のグループ内には一定の秩序が生まれ，役割分担が決められることもある。メンバーは秩序を守り，自分の役割を遂行することによってさらに仲間意識が強固になる。ルールを破ると仲間から非難されるため，自己抑制して秩序に従い，仲間からの賞賛を得ようとする。仲間集団への忠誠や協調性などは，プラスの側面では社会性の発達を促進するものでもある。徒党集団は，青年期前期が始まる頃までに自然に終結することが多いが，徒党集団がマイナスの方向に進んでしまうと反社会的行動をとる非行集団になってしまう危険性もあるため，周囲の大人の配慮が必要であろう。

> **徒党集団の特徴**
> **（吉田, 1999）**
>
> きわめて閉鎖性が強く，仲間以外の子どもは集団には参加できない。またそうした閉鎖性の強い集団を構成することで，メンバー間には他の友だちと仲間であるといった「われわれ意識」が形成される。この集団は，青年期になって親友をつくるときの基礎になることもある。

3 ── 親友関係の意義

（1）chumship形成の意義

対人関係の重要性に着目したサリバン（Sullivan, 1953）は，前青年期において同性同年輩の友人との間に1対1の親密な関係（chumship）をもてることがこの時期の発達課題であるとしている。大の親友といった特定の一人の同性の友人は，自分と同じように大切な存在であり，その関係は，「安全保障感」を与えてくれるものであり，「一緒にいる時間にはそれだけの値打ちがあるという感じ」を維持するために自分は何をするべきかと思える友人関係なのである（Sullivan, 1953）。また，自分だけが人と違っているのではないか，自分が抱えているような悩みは他の人はもっていないのではないかと，一人思い悩むこともあろう。しかし，互いのことを知り尽くさんとするかのような親密な関

係において，さまざまなことを語り合い，互いに確かめあうことによって，自分の悩みは自分だけではないのだと知り，安心することができるのである。

前青年期になると，他者の目からみた自分はどうであるかという見方もできるようになる。親友（chum）の目をとおして自分自身をみつめたとき，わがままで自己中心的な自分に気づくこともあろう。サリバン（Sullivan, 1953）は，同性との親友関係が人格の歪みを修復する機会となったり，一人の異性との親密性を獲得していくことにもつながっていくことを指摘している。

(2) chum形成の有無がその後の人生に及ぼす影響

長尾（1997）は，前思春期女子のchum形成が，その後の青年期や中年期の自我発達上の危機状態に及ぼす影響について展望法や回顧法を用いて検討している。その結果，前思春期（長尾の研究では小学校6年生頃）にその人にとってのchum（親友）が存在したかどうかは，青年期の自我発達上の危機状態に強く影響を及ぼしていることが示されている。つまり，中年期女性に過去の自分について振り返ってもらったところ，前思春期に親しい友人関係が築けていなかったことが，無気力で実行力のない青年期を過ごしたことにつながっていたと回顧しているのである。

また，青年期女子の自我発達上の危機状態は，中年期の危機状態内容に影響を及ぼしている。たとえば，青年期の決断力の欠如は，中年期の生き方の模索に影響を及ぼし，青年期の親子関係上の葛藤は中年期の死に対する不安感と関連があることも報告されている。

人生の長期にわたる心理的状況や変化は種々の要因が複雑に絡みあってくるが，前思春期のchum形成の有無が青年期の自我発達にまで影響を及ぼすというサリバン（Sullivan, 1953）の臨床的知見を裏づけるものであるともいえよう。

中年期の危機状態（長尾，1997による定義）

　身体や社会的役割などの外的変化とともに，自らの体力や諸能力の限界の認識と自己拡散欲求との葛藤が生じはじめ，それまでの自分の生き方の後悔や反省の執着や一時的に時間的展望が希薄になること。

第3節 青年期の友人関係

　青年期の友人関係のあり方は、時代や社会的状況、家庭環境の変化、加齢などによっても徐々に変化していくものであろう。本節では、青年の友人関係の特徴について指摘している研究知見を概観し、友人関係の発達的変化や友人関係のあり方と精神病理、友人関係の意義などをみていくことにする。

1 ── 青年期の友人関係の特徴

（1）青年の友人関係に関する指摘

　青年の友人関係については、**希薄化**が指摘されている（松井，1990）。また、山田（1992）は従来の対人恐怖（赤面恐怖など）が減ってきたかわりに、「ふれあい恐怖」とでも呼べる神経症・準神経症が登場してきたとしている。つまり、赤面恐怖などに示される"出会いの場の対人恐怖"とは違って、友人との親しさを深める場である会食や雑談場面が恐怖となるといった"ふれあいの場での対人恐怖"がみられるようになったというのである。ふれあい恐怖の場合は、知り合って長くつきあっても打ち解け合えず、知りあってからの時間が長くなるほど疎遠になり、人との空間の共有が長引くほど不安定になるという。

　人間関係における始まりや深まりに自己開示が有効な場合は多い。しかし、青年は自分自身の内面を開示するようなかかわり方を避け、相手の領分にも踏み込まず、互いに傷つけたり傷つくことを恐れて気をつかいあい、表面的な楽しさの中で群れて関係の深まりを避ける傾向にあることも指摘されている（栗原，1996；岡田，1993；千石，1991）。福森と小川（2006）は、友人関係において生じる不快な情動（抑うつや不安など）をあらかじめ回避しようとする傾向が、現代青年の特徴とされる表面的な友人関係のもち方（群れ・気づかい・ふれあい回避）へとつながっていくことを示している。

（2）友人関係の希薄化に関する検討

　友人関係の希薄化が指摘されていることに対して、団塊ジュニアの世代である福重（2007）は、本当に今の若者の友人関係は希薄化しているのか、という問題意識のもとに社会学の視点から検討している。図2-1は、「友人とのつき

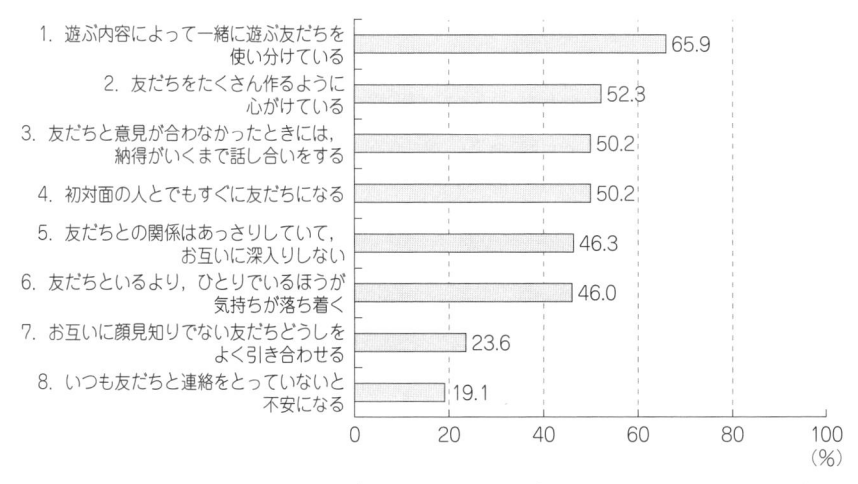

図2-1 友人とのつきあい方（肯定的回答の割合）（福重, 2007をもとに作成）

項目	%
1. 遊ぶ内容によって一緒に遊ぶ友だちを使い分けている	65.9
2. 友だちをたくさん作るように心がけている	52.3
3. 友だちと意見が合わなかったときには，納得がいくまで話し合いをする	50.2
4. 初対面の人とでもすぐに友だちになる	50.2
5. 友だちとの関係はあっさりしていて，お互いに深入りしない	46.3
6. 友だちといるより，ひとりでいるほうが気持ちが落ち着く	46.0
7. お互いに顔見知りでない友だちどうしをよく引き合わせる	23.6
8. いつも友だちと連絡をとっていないと不安になる	19.1

あい方（2002年調査）」を示したものである。この中で，友人関係の希薄化に関連すると思われる項目「3．友だちと意見が合わなかったときには，納得がいくまで話しあいをする」は50.2％で，約半数は相手としっかりかかわりあう行動をとっている。しかし一方で，「5．友だちとの関係はあっさりしていて，お互いに深入りしない」や「6．友だちといるより，一人でいるほうが気持ちが落ち着く」は約46％の割合を示している。福重は，これらの肯定・否定が相半ばしている結果から，若者の友人関係が全体的に希薄化しているとは言いがたいとしている。また，「1．遊ぶ内容によって一緒に遊ぶ友だちを使い分けている」が65.9％と最も多く，場面に応じて選択的に使い分ける友人関係がなされているのではないかとしている。さらに，友人関係の中に，「希薄」なものと「親密」なものとが混在し，友人関係が希薄であるか否かの判断基準のうち，自己の内面を開示する度合いが浅いか深いかは重要な意味をもたなくなってきているのではないかという可能性にもふれている。

(3) 社会学の視点からとらえた青年の友人関係

福重（2007）は，浅野（2006）や辻（1999）らの見解をふまえて，今の若者の友人関係の特徴として「多チャンネル化」「多様化」「選択化」「コミュニケーションの繊細化」をあげている。インターネットなどのメディアも含め，人

との出会いの機会が多くなり,「友人関係を取り結びあるいはそれを維持するためのチャンネルが相対的に多様化してきている（浅野, 2006)」。また, 出会いのチャンネルが多様になるにつれて, 親密なもの, 疎遠なもの, 長期的なもの, 短期的なもの, 固有名的なもの, 匿名的なもの, 趣味で知りあったもの, 仕事上で知りあったものなど, 以前では考えられなかったさまざまな関係が「友だち」というカテゴリーの中に含まれるようになったと述べている。

　さらに, 人間関係を選択的に切り替え, 使い分ける態度を辻 (1999) が「対人フリッパー志向」と呼んでいることをふまえ, 福重は, 若者の友人関係は, 多様な関係をマネージする方法として, 関係の質的な違いやその場の文脈によってつきあい方を選択的に使い分けるものに変化（選択化）しているのではないかとしている。また, 浅野 (2006) は, 若者が状況志向の友人関係の中で, 友人関係をうまくマネージメントしていくために, 今置かれている関係がどのようなものであるのか, 共有されている情報は何か, そこで前提となっている文脈はどのようなものであるのかなどを絶えず慎重に見極めていかなければならないとしている。そしてこのような意味で, 若者は人間関係に対して敏感で繊細なのかもしれないとしている。福重は, 日本的な共同性が消失している今の時代に生きる若者たちにとっては「親密な関係」がかなり築きにくいものになってきているという。そのため, 人間関係を希薄にする態度や対人関係能力の低下ではなく, 若者たちは, 自分たちのコミュニケーションをきわめて慎重に, 繊細にマネージするようになっているのではないかと結論づけている。

2 ── 青年期の友人とのつきあい方の発達的変化

(1) 同性の友人とのつきあい方

　落合と佐藤 (1996) は, 青年期（中学生, 高校生, 大学生）を対象として同性の友だちとのつきあい方およびその発達的変化を検討している。青年が書いた自由記述と文献研究から収集した項目を因子分析にかけ, 表2-1に示すような6つのつきあい方を抽出している。

　図2-2に示すように, 中学生から大学生へと年齢が増すにつれて,「④積極的相互理解」のつきあい方を多くするようになり, 逆に, 自分を出さず周囲に合わせようとするつきあい方（⑤同調）は減少していくようである。

表2-1　友人とのつきあい方（落合・佐藤，1996）

① 本音を出さない自己防衛的なつきあい方（防衛的：F1）
② 誰とでも仲良くしていたいというつきあい方（全方向的：F2）
③ 自分に自信をもって交友する自立したつきあい方（自己自信：F3）
④ 自己開示し積極的に相互理解しようとするつきあい方
　（積極的相互理解：F4）
⑤ みんなと同じようにしようとするつきあい方（同調：F5）
⑥ みんなから好かれることを願っているつきあい（被愛願望：F6）

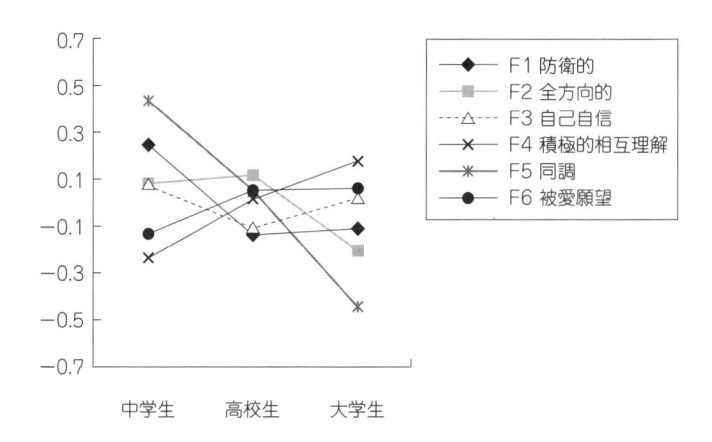

図2-2　友だちとのつきあい方の変化（落合・佐藤，1996に基づき作成）

(2) 友人とのかかわり方の深浅や相手の範囲

　落合と佐藤（1996）は，友だちと「選択的に深くかかわろうとするか－防衛的に浅くかかわろうとするか」という"友だちとのかかわり方に関する姿勢"と，「人を選択し限定した友だちとかかわろうとするか－広い範囲の友だちとかかわろうとするか」という"自分がかかわろうとする相手の範囲"という2つの視点によって，表2-2に示すように，青年の友だちのつきあい方をAからDの4パターンに分類している。

　図2-3に示されるように，青年期のはじめ（中学生）には，同性の友人と「浅く広くかかわるつきあい方（A）」が多くみられるが，年齢が増すにつれて少なくなり，逆に，「深く狭くかかわるつきあい方（D）」が増えていく。このようなつきあい方の変化が起こる途中に，「深く広くかかわるつきあい方（C）」

— 25 —

表 2-2　友人とのかかわり方の深浅と相手の範囲（落合・佐藤, 1996）

A　誰とでも同じように仲良くしようとするが，自分の本音を出さずにつきあう「浅く広くかかわるつきあい方」
B　自分の本音は出さず限られた人とだけつきあう「浅く狭くかかわるつきあい方」
C　誰とでもつきあおうとし，誰からも好かれ愛されようとし，互いにありのままの自己を積極的に開示しあい，わかりあおうとする「深く広くかかわるつきあい方」
D　限られた相手と積極的にかかわり，わかりあおうとする「深く狭くかかわるつきあい方」

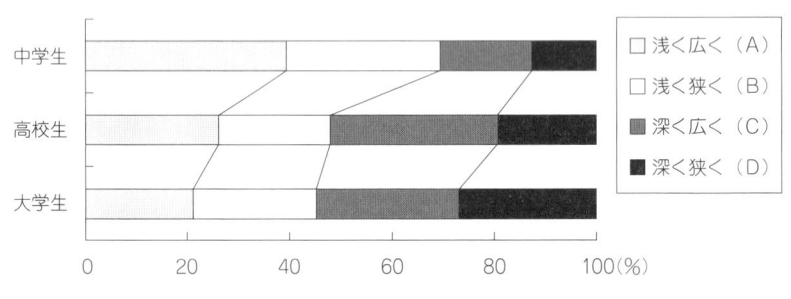

図 2-3　友だちとのつきあい方の4パターンの発達的変化
（落合・佐藤, 1996をもとに作成）

が多くなることが示されている。

(3) 友人とのつきあい方における男女の差異

中学生，高校生，大学生における友人とのつきあい方の男女の差異として以下のことがあげられる。

＜男子の特徴＞　自分に自信をもち，友だちと自分は異なる存在であるという認識をもち（落合・佐藤, 1996），ありのままの自分といった内面を同性の友人に表出せず心理的距離をとり，互いに分離した関係をもつ（長沼・落合, 1998）。

＜女子の特徴＞　友人と理解しあい，共感し共鳴しあうといった，お互いがひとつになるような関係を望んでいる（落合・佐藤, 1996）。互いの個別性についての自覚が薄く，同性の友人と密着した関係をもち，被愛願望が背景にある（長沼・落合, 1998）。

3 ── 友人関係のあり方と精神病理

　小塩（1998）は，青年期の友人関係のあり方（広い-狭い，深い-浅い）と自己愛傾向や自尊感情との関連を検討している。小塩（1998）に定義される「広い」友人関係をもつ青年ほど自己愛傾向が高く，「深い」友人関係をもつ青年ほど自尊感情が高い傾向がみられている。また，現代青年の特徴として指摘されている「広く浅いつき合い方」をする青年は，自己愛傾向のうち特に「注目・賞賛欲求」が強いことが示されている。この結果について小塩は，このような自己愛の側面は，本人が自信をもっていても，他者からの評価によって容易に崩れてしまうような自信であるため，自分自身に対する肯定的評価が崩れてしまう可能性が高くなるような深い対人関係を回避し，広く表面的につきあう傾向をもつのであろうと考察している。青年期の心理的特徴と友人関係のあり方とが密接に関連していることを示唆している。

友人関係の「広さ」「深さ」（小塩，1998による定義）

①友人関係の「広さ」：みんなと一緒に楽しくつきあう
②友人関係の「深さ」：互いに気をつかうことなく親密なつきあいをする

　また，岡田（2007）は，「内面的友人関係」（親密で内面を開示するような関係，あるいは人格的共鳴や同一視をもたらすような関係）をとる傾向が高い青年は，病理的自己愛や境界性人格障害傾向が低く，自尊感情も高く適応的であることを示している。一方，「現代的友人関係」（内面的友人関係を避け，友人から低い評価を受けないように警戒したり，互いに傷つけあわないよう，表面的に円滑な関係を志向する傾向）の青年は，自尊感情が低く，病理的自己愛傾向がみられたとしている。

4 ── 友人関係の意義

（1）友人関係が社会化に果たす機能

　人間関係は，肯定的感情や否定的感情が混在するものであるが，たとえ，否

定的感情を生じる経験であっても，自己の成長につなげていくことができるものでもある。自己の理想像の形成に同性の友人関係が重要な役割を果たすこともある。青年にとって友人関係はどのような意義をもつのであろうか。友人関係の発達的意義として松井（1990）は，友人関係が青年の**社会化に果たす機能**を以下のように3つあげている。

> **第1の機能：「安定化の機能」**
> 悩んだときに話しを聴いてくれ，相談にのってくれる友人の存在は精神的安定をもたらし，青年の自我を支え，青年が社会の成員になることを促す。
>
> **第2の機能：「社会的スキルの学習機能」**
> 青年は友人とのつきあい方をとおして，家族以外の甘えの許されない他者とどのように接していけばよい関係が構築できるのかなど，具体的な社会的スキルを学習していく。
>
> **第3の機能：「モデル機能」**
> 青年にとって友人は，自分が体験していない経験や自分にない資質をもち，今まで気づかなかった新しい考え方や生き方に出会わせてくれる存在でもある。そのことによって自分の人生観や価値観を広げていくのである。そのような友人を時に尊敬し，憧れ，意識しないうちに友人をモデルとしていることもある。

(2) 信頼できる友人関係の意義

水野（2004）は，18～30歳の青年を対象として半構造化面接を実施し，青年が信頼できる友人との関係をどのようにとらえているのかについて検討している。友人関係の意味（意義）として，"いざというときに頼れるので自立／自律を支えてくれる"といったアイデンティティ達成を促進する機能だけでなく，青年は友人との信頼関係を「自分」という存在と不可分にとらえていること（相手との関係が"自分の人生を物語る際に欠かせない一部である"と感じている）や，その信頼関係は「安心」を中心とした関係であることを示している（安心できるとは，"相手のことをよく理解している""ありのままの自分でいい""その関係はこの先も壊れないと思う"など）。

このように友人は青年にとって重要な役割を果たしているが，宮下（1995）

は，友人関係をとおして自己の長所短所に気づき，自己を客観的に見つめることが可能となるのも友人の意義であるとしている。

第4節 中高年期の人間関係

　成人期以降の人間関係として職場の人間関係や恋人，夫婦・家族などの親密な人間関係があげられるが（3章，6章参照），本節では中高年期における人間関係観および社会参加活動における人間関係についてみていくことにする。

1——人間関係観の発達的変化

　個人が展開する人間関係には，その人が人間関係をどのようにとらえているのかという人間関係観も影響を及ぼしてくる。高井（2008）は，大学生から高齢期の人々を対象に人間関係観の年齢段階による変化を検討している。その結果，40代から60代の中高年期においては，男性は家族や仕事以外の人間関係をあまり重要とは思わず，人間関係から得るものもさほどないと考え，人との心のつながりもあまり求めていないといった意識が女性よりも強い傾向にあることが示されている。

　一方，女性は，人間関係をとおして自己理解を深める姿勢をもち，人間関係を自己成長につながるものとしてとらえ，自分と異なる考え方や個性をもつ他者との出会いを楽しむといった自己成長的人間関係観が男性よりも強いことが示されている。さらに，女性は男性よりも，自分が楽しいと思える時間や場を共有する相手を家族以外にもっている人が多く，家庭外での対人ネットワークを広げ，人生をより充実したものにする行動を積極的にとっている。

2——社会参加活動における人間関係

　菅原と片桐（2007）は，40代から60代の中高年者が社会参加活動をとおしてどのような人間関係を築いているのか，また，関係の親しさを高める要因は何かを検討している。活動の種類としては，男女ともに「趣味や遊び仲間のグループ（男性37.9％，女性42.0％）」が最も多い。次いで多いのが，男性では「仕事仲間の集まり（20.9％）」，女性では「学習や習いごと（11.8％），PTA

— 29

(10.8%)」となっている。

＜活動メンバー全体との関係がよい人＞　活動に頻繁に参加し，自分が活動にとって重要な存在だと感じられ，活動継続の意図が高い人や対人志向性の高い人（たとえば，いろいろな人と知りあうことは興味深いと思える人）がメンバー全体との関係がよいようである。

＜活動メンバー全体との関係がよいと思える背景＞　メンバーが互いにプライバシーに配慮し，集団内での人間関係が気まずくならないように気をつかいあっていることが示されている。

関係の親しさを高める要因の男女の違い（菅原・片桐, 2007）

[**男性**]　組織構造がしっかりした集団で明確な役割を担う場合のほうが活動に関与しやすく，そのような活動において親しい人間関係が生じる。男性の場合は，活動集団の形態や雰囲気など，集団の特性が親しさを促進する要因となる。

[**女性**]　子どもの有無など個人要因が親しさを促進する要因となる。無職で子育て中の女性にとっては，子どもに関することが他の参加者と共通の話題や関心が生じ，子どもが母親と社会をつなぐ機能をもっている。

　社会参加活動に限らず，どのような活動であれ，積極的に関与していく姿勢や，互いに配慮しあう姿勢が良好な人間関係の構築につながっていくものであろう。また，何らかの活動に参加することは対人ネットワークを広げることにもなる。年齢段階にかかわらず，家族外での他者との出会いやつながりは，人生において生活の充実感や精神的な豊かさ，視野の広がりをもたらしてくれるものでもあろう。

コラム2　友だちに対して自分の考えや感情を出すことは悪いこと？

1．友人関係においてネガティブ感情を出さない傾向にある人（崔・新井, 1998より）
- ネガティブな感情表出を制御しすぎると，その場限りでは円満につきあうことができるかもしれないが，長い目でみた場合，打ち解けて話ができ，本当にお互いを理解しあっているという充実感や満足感が得られにくい。
- 自分の感情をあまり出さない人は，自分を偽って表現することが多いため，自分自身に対する信頼や尊厳を傷つけてしまうことがある。
- 自分の今までのイメージを守るために感情表出を制御する傾向にある人は，自尊感情を阻害するだけでなく，心理的苦痛を生じ，抑うつ傾向がみられる。

2．自分の考えや気持ちを相手に伝える人と伝えられない人（柴橋, 2004より）
- 自分の気持ちや考えを大切にし，それを相手に伝えることへの肯定的な価値観をもっている人は率直に自己表明し，相手にもそうあってほしいと思っている。
- 友人に自分の意見を言えない，いやだと思う気持ちを言えない背景には，どのように伝えればよいのかわからないという「スキル不安」がある。

* 友だちどうしお互いを理解するために，必要と感じたときは，たとえネガティブな感情でも，自分のその気持ちを相手に伝えてもよいのではないだろうか。
* あなたの友だちも，あなたの気持ちや考えを率直に言ってほしいと願っているかもしれない。思い切って言ってみるのもよいのでは。
* 友だちに自分の考えや，いやだと思う気持ちをどのように伝えればよいのかわからない人は，第4章に示すように，コミュニケーションスキルの練習の場を活用するのもよいだろう。

第3章
職業からみた人間関係

　みなさんは将来どのような仕事に就きたいと思っているだろうか？ある調査によると、小学校6年生に人気のある職業は男子は第1位がプロ野球選手，第2位サッカー選手，第3位電車の運転手，他方，女子では第1位が看護師，第2位教師，第3位公務員とある。この順位は年々変化し，高校生になるとさらに順位が変化する。なぜこのような変化があるのだろう。私たちは，前者を通じ，社会の影響下にある進路選択行動を，後者を通じ，発達的な影響下にある進路選択行動をそれぞれ知ることができる。

　本章では，発達的にみた進路選択行動について，その行動をめぐる主要な概念である自我同一性，時間的展望と進路選択，キャリアとキャリア教育について，さらにはなぜ私たちが仕事をするかについて考えてみよう。

第1節　発達的にみた進路選択行動

1 ── 人気の職業

　人気の職業を見てみよう（表3-1，表3-2）。小学生の職業へのあこがれは，中・高生になるにつれて，しだいに現実的で安定した職業へと変わっていく。

　＜小学生のなりたい職業＞　小学生男子では，「野球選手」など，スポーツ選手が上位に並ぶ。「医師」などの専門職，「大工」「調理師・コック」などの技能職も人気がある。女子では，第1位「保育士・幼稚園の先生」，第2位「看護師」といった従来からの女性の専門性を活かした職業が相変わらず人気が高い。

　＜中学生のなりたい職業＞　中学生男子でも，スポーツ選手の人気は高いが，

第3章 職業からみた人間関係

表3-1 なりたい職業ベスト10の変化（男子）
（第1回子ども生活実態基本調査報告書, 2005をもとに作成）

	小学生	中学生	高校生
野球選手	10.1	3.7	0
サッカー選手	7.6	2.2	0
医師	1.9	1.8	2.9
研究者・大学教員	1.8	0	1.7
大工	1.8	0	0
まんが家・イラストレーター	1.4	0	0
ゲームクリエイター・ゲームプログラマー	1.3	1.3	0
調理師・コック	1.2	0	0
警察官	1.0	0	1.9
消防士（レスキュー・救急救命士）	1.0	0	1.2
バスケット選手	1.0	0	0
学校の先生	0	2.2	6.7
技術者・エンジニア・整備士	0	1.4	1.5
車の整備士・カーデザイナー	0	1.3	0
芸能人（歌手・声優・お笑いタレントなど）	0	1.3	0
公務員	0	1.7	4.7
法律家（弁護士・裁判官・検察官）	0	1.1	1.2
薬剤師	0	0	2.1
理学療法士・臨床検査技師・歯科衛生士など	0	0	2.1

注：小学生2172人，中学生2278人，高校生3170人，値は%

表3-2 なりたい職業ベスト10の変化（女子）
（第1回子ども生活実態基本調査報告書, 2005をもとに作成）

	小学生	中学生	高校生
保育士・幼稚園の先生	9.2	9.7	6.1
看護師	4.6	3.8	5.5
まんが家・イラストレーター	4.6	3.8	0
芸能人（歌手・声優・お笑いタレントなど）	4.1	3.4	0
ケーキ屋・パティシエ	3.9	1.8	0
学校の先生	3.2	2.5	6.2
美容師・理容師	2.4	3.3	0
医師	2.3	0	2.1
獣医師	2.0	0	0
動物の訓練士・動物園などの飼育員	1.8	2.0	0
栄養士	0	0	1.7
介護福祉士・ホームヘルパー	0	0	1.6
カウンセラー・臨床心理士	0	0	1.5
公務員	0	0	2.6
通訳・翻訳	0	1.2	0
ファッションデザイナー・デザイナー	0	1.6	0
薬剤師	0	0	3.2
理学療法士・臨床検査技師・歯科衛生士など	0	0	2.9

注：小学生2062人，中学生2254人，高校生2853人，値は%

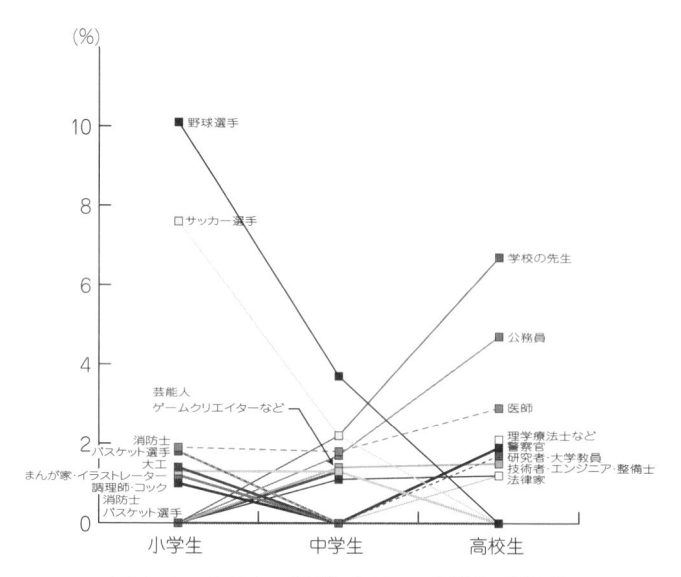

I部 発達的視点からみた人間関係

図3-1 なりたい職業ベスト10の変化（男子）
（第1回子ども生活実態基本調査報告書, 2005をもとに作成）

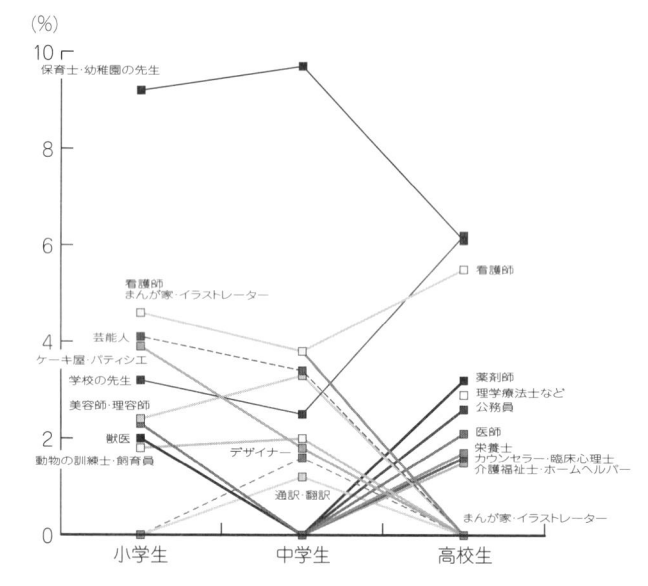

図3-2 なりたい職業ベスト10の変化（女子）
（第1回子ども生活実態基本調査報告書, 2005をもとに作成）

第3位以下に,「学校の先生」など安定した職業が並び,女子では,小学生と同様,「保育士・幼稚園の先生」「看護師」が選択された。

　<高校生のなりたい職業>　高校生男子では,「学校の先生」などの職業に人気がある。「公務員」「法律家」「コンピュータープログラマー・システムエンジニア」も人気が高い。高校生女子でも同様に,「保育士・幼稚園の先生」「看護師」などや「公務員」の人気が高い。また,なりたい職業が「ある」子どもをみていると,小学校では成績上位層が高い割合を示すが,中高生になるとほとんど差はなくなる。他方,職業について「どうしたらその職業につくことができるのかを調べることがある」「その職業につくために努力していることがある」者は,小・中学校では成績上位層,高校生では進学校の生徒に多い。また,なりたい職業が「ある」子どもは,家庭でも将来や進路のことを家族とよく話していることがわかった。すなわち,子どもが明確な目標をもつことへの強い規定因として家族間の良好な人間関係があるようである。

2——進路選択とは何か

　人はそれなりの成長や発達をしていなければ,よい進路選択をすることができない(若松,2006)との指摘がある。これは,それだけ自我発達と進路選択とが強く結びつくことを意味している。

　進路選択とは,青年が,将来どのように生きるのかという生き方の選択であると位置づけ,自らの進路を自らの力で選び,実現させることをいう。また,進路選択後の職業選択を含めた「どんな人間になるか」「どんな生き方をするか」選択することを職業選択という。

　上記の将来の目標をどう選択するのかについて,個人が現実的な視点をもつことが重要であろう。たとえば,あれもこれも選びたいと思っており,希望する多くの職業の中からどれか1つを絞りきれない,あるいはまた,どの職業についたらよいのかわからないし,どう動くのかもわからない状態のままで混乱してしまう場合もあるだろう。これは,まだ自我が未成熟なためともいえるだろう。

　他方で,スーパー(Super, 1957)が「職業とは自己概念を翻訳したものである」と定義しているように,子どもたちが選択する職業には自己概念が投影

されているといえる。たとえば，困った人を助けたいと思う子どもはそうした自己概念から将来の職業として看護師を，電車の写真を撮ることが何よりも好きな子どもは運転手を選択するかもしれない。

3 ── 青年期における発達課題としての自我同一性

　私たちが適応的に生きるには，職業をもつことが不可欠である。なぜなら，人は職業を通じて人間としての成長や発達することができ，人格の成長にもつながるからである。すなわち，職業をもつことで自我を発達させることができる。一般に，職業にふさわしいパーソナリティや振る舞いを通して「〇〇らしさ」が形成される。逆に，職業がないと自我は崩壊しやすくなる。なぜなら，仕事がないということは自己の存在の証がないからである。

　ところで，青年期には，身体の急激な変化（二次性徴），認知能力の発達，対人関係の広がりなどの要因から自己に注意が向くようになる。また青年期は，「それまで発達してきた心的体制が，発達的に次の新しい心的体制に向かい，再体制化されていく時期」でもある。幼いときから受け入れてきた親の規範や価値観は，青年期における世界の広がりの中で，新しい視点から問い直され，再編成されていく。

　人の一生は，こうした再体制化を繰り返しているが，青年期には，最もインパクトの大きい再体制化を経験する。青年期自体が，親が提供してくれていた意味世界からより広い社会への旅立ちであり，自分と向きあうという要素を含んでいる。すなわち，自己について考える基礎がある場合に，**自我同一性**（ego-identity）が問題となる。エリクソン（Erikson, 1959）は，青年期の発達課題としての自我同一性を，自分自身が時間的に連続しているという自覚（連続性：continuity）と，自分が他の誰かではない自分であるという自覚（斉一性：sameness）とが，他者からもそのようなものとみなされているという感覚とに統合されたものであると定義している。同一性とは，自分が何者であるかということをこれまでと異なる社会的な視野からとらえることを意味する。

　特に，青年期において同一性の確立が重要性を帯びてくるのは，この時期が職業決定に迫られることに起因するからだといえよう。今までに習得した多数の役割の同一化や統合を迫られる時期なのである。この統合は，一般には職業

的アイデンティティを核としてなされる。同一性が達成できている場合は，さまざまな葛藤を経たうえで自己の意思に沿って意思決定を行なうことができる。たとえば都筑（1999, 1993）は，自我同一性の達成が時間的展望の獲得を規定しており，自我同一性達成者ほど，自己の目標を明確に認識していることを見出している。多くの場合，青年は，まだ職業的アイデンティティを拠り所にする能力が身についていないために，役割混乱（これをアイデンティティの拡散という場合もある）という危機に直面することになる。役割混乱とは，自分が何をしたらよいのかわからなくなっている状態である。しかし，葛藤すらない場合も現実にはある。加藤（2006）は，大学でのキャリアカウンセリングの現場で，複数の学生から「就職の目的は親孝行をしたいから」という意見を聞いた。一番大切なこれからの自分の人生をどう送りたいのかという意思が伝わってこないという。真面目で一生懸命な学生の内面は非常に揺らいでいて，「親への畏怖」が呪縛となっていると指摘している。

　大野（1995）によれば，進学，就職，結婚など人生における重要な選択で，自分の本来の希望の選択肢を選択できることは，決して多くない。しかし，多くの成人は本来の選択肢と違った人生を歩み，かつ，後悔することなく，自分の責任においてその人生を引き受けて生きている。これは，1つのアイデンティティ達成の形であるという。青年がアイデンティティを獲得できたか否かは，希望どおりの選択肢を選ぶことができたか否かが重要な点ではなく，その選択することになった選択肢を自分の責任として引き受けることができるか否か，納得できるか否かが重要であると考えると論じた。現実に根ざした目標を設定するかどうかを規定因とした自我同一性のありかたが示唆されている。

4 ── アイデンティティステイタス（identity status）

　マーシャ（Marcia, 1966）は，アイデンティティの形成過程を見る2つの基準，すなわち，**危機**（Crisis）と**傾倒**（Commitment）の側面を設定している。危機（Crisis）とは，自分の生き方・働き方について選択・決定する際に，可能性について迷い苦悩した時期を経験したかどうか。傾倒（Commitment）は，「これこそ自分」という信念をもち，それに基づいて行動しているかどうかの側面である。この2側面を取り上げ，その組み合わせを枠組みとして半構造化

面接を行なった。その結果，こうしたアイデンティティ測定の枠組みによって得られたアイデンティティの類型は，次の4つのステイタスに分類された。みなさんはどうであろうか。自分の現状にあてはめて考えてみよう。

> アイデンティティステイタス (identity status)
>
> 1) 同一性達成（アイデンティティ達成型：Identity Achiever）
>   このタイプの人は，危機経験したうえでの積極的な傾倒と探索を行ない，いくつかの選択肢を自分自身で考えたすえ，意思決定を主体的に行ない，それに基づいて行動している。適応的であり環境の変化に対しても柔軟に対応でき，対人関係も安定している。
> 2) モラトリアム型（Moratorium）
>   このタイプの人は，危機の最中であり，まだ積極的な傾倒をしていないか，もしくは傾倒が不明確である。決定的な意思決定がまだできないために，行動にあいまいさがみられる。
> 3) 早期完了（Foreclosure）
>   このタイプの人は，危機経験をしていない。多くの選択肢の中で，悩みや疑問を感じることが少なく，すでに職業や生き方が決定されている。親の考え方と強い不協和はない。どう生きるのかの探索を行なわずに，傾倒しているもの。一見，同一性達成と同じように見えるが，環境の急激な変化などのストレス下で柔軟な対応が困難となる。
> 4) アイデンティティ拡散型（同一性拡散：Identity Diffusion）
>   このタイプの人は，危機経験をしていない。つまり，どう生きるのかについて特定の傾倒をしていない。探索していることもしていないこともある。自我同一性について迷い，深い混乱状態にある。あるいは，確固とした自己を決定することができず「あれも，これも」というまとまりのない状態になる場合もある。

現代青年に特徴的なのは，モラトリアム型といわれる。すなわち，青年期が長くなっている。背景には，長い教育期間，青年期に定職を得る必要がないこと，寿命の延長，種々の社会変化がある。そのため，若いうちに一生の仕事を決めて邁進するということが困難になっているといえよう。

都筑（1999）はマーシャの自我同一性地位と時間的展望との関係を検討した結果，同一性達成地位者は未来志向的であり，過去・現在・未来を統合的にと

らえているのに対し，同一性拡散地位者は過去志向的で，過去・現在・未来をばらばらのものとしてとらえていることを示している。また同一拡散地位者も，将来の目標をもちながらも時間管理や計画性などの基礎的な認知能力が劣っているため，将来目標をもてない可能性があるという。キャリア自立という観点からみれば，過去・現在・未来を統合的にとらえることの重要性や時間的スキルをどのように育てたらよいのかといった点にもつながる問題が示唆されている。

　終身的な雇用慣行が崩れ，企業を取り巻く環境も急激に変化している現在，個人が自分のキャリアを自律的にデザインしていくことが非常に重要である。ただし，想定していた環境が今後変化することを前提に考えれば，アイデンティティを確立すること，すなわち「本当の自分は何か」「自分は何に興味があり，自分が本当にやりたいことは何か」という解をただ1つと考え，その探求にこだわりすぎるのは得策ではないようにも感じられる。

　一方，イバーラ（Ibarra, 2003）は，人生において上手なキャリアチェンジを行なっていくために，「アイデンティティは修正されていくもの」と説くキャリア開発論を登場させている。「本当の自己像を求めるのではなく，数多くの自己像に向けてまずは行動してみること，そして，めざすキャリアについて他者に語ることが大切」という考え方である。

　自我同一性を提唱したエリクソンも，「アイデンティティ形成は，その大半が生涯にわたって続く無意識的な発達過程である」（1959）と述べている。すなわち，ここでは，「変わらないのがアイデンティティ？　それともアイデンティティは変わる？」という問いが生じるかもしれない。こうした，変化・修正されてゆくアイデンティティを前提に考えた場合，キャリア自立において重要なのは，周囲の状況や変化に対応しつつ，自己の目標を明確にしつつ，自己の目標を他者に語ることの重要性だといえよう。

第2節　時間的展望と職業選択

1——時間的展望とは何か？

　「今が楽しければいい」と考える人と「将来のために今は苦しくてもがんば

ろう」と考える人とでは，どのような違いがあるだろうか。このような，将来に向かっての見通しのある人とない人との違いを心理学的に説明しようとする概念が**時間的展望**（time perspective）である（白井，1996, 1997, 2001）。

　心理学では，過去の経験が現在の行動をどのように規定するかを考えるものは多い。しかし，時間的展望の研究は，過去ばかりでなく未来によって規定される行動にも注目する点できわめて興味深い概念である。また，個人の行動の理解と予測という心理学の目的に対し，個人の主観的な体験による行動を正当に評価するという意義をもつと考えられている。たとえば，路上ライブでの演奏に奮闘しながらメジャーデビューをめざす若者，眠い目をこすりながら徹夜で勉学に励む受験生の行動は，外的な状況の分析だけでは決してとらえきることはできないといえるであろう（柏尾，2006）。

　レヴィン（Lewin, 1951）は時間的展望を，「心理学的，過去，現在，未来に関する見解の総体」と定義した。そして，行動の場理論を構成する中で，生活体の起こす行動を規定する直接の条件となる内的世界，すなわち生活空間（life space）の構成要素の1つとして，人が現在にのみ生きるのではなく，過去，現在，未来をどのように認知するかが生活体の行動に大きく影響を及ぼすと指摘した。

2──時間的展望と発達

　レヴィン（Lewin, 1951）は主として，動機づけにおける現実と非現実との分化の度合いが発達の度合いを規定すると考えた。すなわち，人が他の生活空間へ移行するときに時間的展望が広がるのである。

　都筑（2008a, b）は小学生から中学生に対し，4年間にわたる児童期中期から青年期前期にかけての時間的展望の発達的な変化と，小学校から中学校への学校移行が時間的展望に及ぼす影響を検討した。結果，小学4年生では強かった将来の希望，計画性が，学年とともに弱くなっていき，それとは逆に，空虚感が強まっていくという発達的変化が認められた。他方で，不安を抱える子どものほうが時間的展望を有していた。また同時に，自尊心が将来の希望を強め，空虚感を弱めるとともに，希望の強さや空虚感の弱さが自尊心を高めるという関係も存在していた。

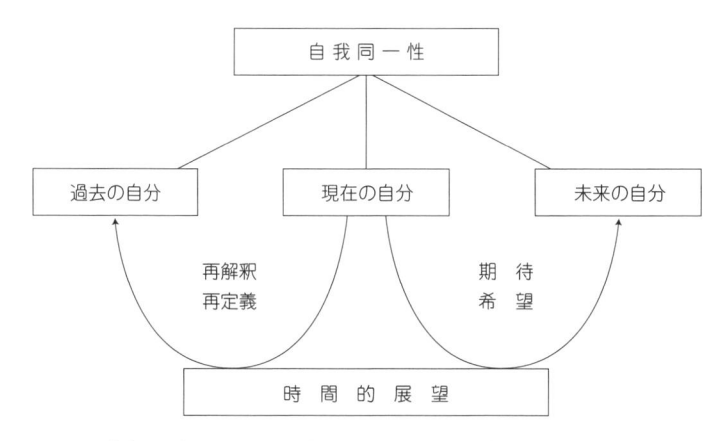

図3-3 青年の時間的展望と自我同一性との関連についての仮説的図式
(都筑, 1999)

　白井（1997）によると，青年期には将来展望の範囲が拡大し，未来への関心も高まることが見出され，将来展望の拡大と目標手段関係認知の発達により，将来を左右する現在の行動や近い未来の計画を重視する傾向がもたらされる。その一方で，近い未来や現在への関心の増大もみられ，目標とは無関係であっても，「今」したいことができる余裕をつくり出し，近い未来の関心が高まるという（白井, 1997）。すなわち，発達にともなって現在－未来が結びついていく傾向が示されている。このことはキャリア自立の第一歩であり，キャリアの展望に関して重要な示唆を与えていると考えられる。

　都筑（1999）は，大学生の時間的展望が未来志向的であり，将来目標への強い動機に支えられ，統合された過去・現在・未来の関係のうえに，自らの目標が設定されていることを示した（図3-3）。

　図に示されるように，現在の自分が人生の将来目標を立てるという時間的展望を確立しようとする過程で，過去の自分や経験・出来事を振り返りつつ，それらを再解釈や再定義し，同時に，未来の自分や目標・出来事を思いうかべ，その実現を期待，希望することを通じ，過去・現在・未来の自分を統合的にとらえ，アイデンティティを達成するとした。さらに，都筑（1993）は時間的展望と自我同一性との検討を行なった。その結果，自我同一性の達成者がより近い現実的な目標を設定しているのに対し，拡散者は実現不可能な目標を多くあ

げ，努力は怠り，原因を外的要因に帰属することを明らかにした。他方で，高校卒業後の進路未決定者は，「将来への希望」や「将来への志向性」が弱く，「空虚感」が強かった（都筑，2008a, b）。

3──時間的展望と進路選択

　清水（1996）は，小さい頃になりたかったものと現在なりたいものには関連があることを示唆しているが，それを受けて，白井（2001）は，図3-4に示されるように，未来は過去をくぐって可能になると考えた。そこで，白井（1994, 2001）は，大学生や専門学校生に「小さいときから順に，将来大きくなったら何になりたいと思っていたか」を想起させ，表3-3に示されるような表を完成するよう求めたうえで，その一貫性やスタイルを読み取り，発表しあう回想展望法を実施した。その結果，過去の職業目標の回想が自己肯定と関係し，回想の発表は職業選択への関心と計画性を高めた。まず回想は，過去の自己を確認する作業となって現在の自己を肯定的に意味づけるために用いられた。さらに回想の発表は，他者を意識するために回想の内容の客観性の吟味を求め，また自分の発表に対する他者の肯定的なフィードバックが過去の再体制化を促進し，職業選択に対する関心や計画性を高めたと考察された。現在，高

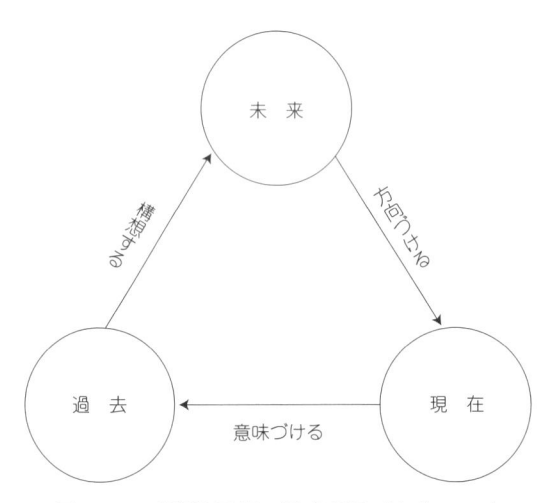

図3-4　時間的展望の編成過程（白井, 2001）

第3章 職業からみた人間関係

表3-3 大学3年生（男性）が回想した職業選択の一覧表（白井, 2007）

年齢	職業	きっかけ	動機	そのために何をしたか
小学生	コック	親戚一同で集まっておいしいご飯を食べたこと。	自分ももっとおいしいものを作って家族に喜ばれたい。	台所で思い思いに創作料理をした。といってもままごとの延長線上だった。
小6～現在	教師	父が教師であったこと、いつも働いている父の姿を見て。	自分も将来、父のように、人のために一生懸命働いている大人になりたいと思ったから。	父と同じ道を行くことで父のようになれると思い、父の姿を見たり、父の昔話を聞いた。
中2～現在	研究者（心理学関係）	自分の家の近くで同い年の子が殺人を犯したこと。	なぜ殺したのか？ そのようになってしまったのか？ 何を考えていたのか？を知りたかった。	ただ知りたいがために、周りの人にたずねまわった。しかし自分で納得のいく答えは見つからなかった。
高1	政治家	テレビで小渕首相と森首相の交代を見て。	なんであんなに選挙で当選する前と後で、公約を簡単に破ることができるのか。	新聞を読むようになり、他人の意見に関して関心をもち、考えるようにした。
高校～現在	楽器のクラフトマン	テレビでバイオリン作りの特集を見て。	三百年も前に作られた楽器がいまだに最高峰と呼ばれることに関しての疑問。	手持ちのギターを分解してみたり、また楽器の製作本を読んだりした。
高校～現在	伝統工芸職人	旅行に行った先で触れた。	どの伝統工芸においても跡継ぎという問題があって、それならすばらしいものを自分が引き継ぎたいと思った。	何をしたいというわけではないが、そういうことが勉強できそうな学校を受験してみた。
高校・大学	FMラジオで働く	小さな頃からラジオを通して音楽を聴いてきて。	同じように自分も音楽を配信する立場になりたかった。	何もしていない。できればバイトとかしてみたいとずっと考えている。

注：この場合の動機からみた一貫性は、「人のために、ものを通して、自分が影響を与えられる存在になりたい」である。

— 43 —

校生に実施し，成果を得ている。

　キャリア自立と時間的展望に着目した下村（2007）らは，キャリア形成支援の実践に対して，過去・現在の自分をふまえた将来を展望し，目標をもてるように働きかけを行なうアプローチが有効であると示唆した。

　ところで，都筑（2008a, b）によれば，中学3年から高校3年までの全学年において，自己の将来に対しては希望をもつが，他方で，社会面に目を転じるならば，現代の日本は一人ひとりの意見や存在が大事になされない社会であり，自分勝手な人が多く，社会的結びつきが弱く，夢をもてない社会になっていると認知しているという。近年，ニートやフリーターなどの非正規雇用者の増加など，ともすれば希望をもちにくい社会状況でわれわれは生きることを余儀なくされている。この希望がもちにくい社会でこそこの時間的展望領域の研究がいっそう求められていると思われ，そのためには，自己の展望と社会との展望を切り離している青年に対し，どのようにそれらを結びつけていけばよいかを示唆していくことも重要であろう（柏尾, 2006；柏尾, 2007）。

　フリーターになってしまった自己責任を若者たちに押し付けることの弊害について，湯浅（2008）は，この自己責任が若者自身によって内面化され，それが内側から彼らを苦しめているという。その結果，若者の心は追い詰められていく。自分自身は社会に必要とされていない，と。追い詰められた結果，若者は，「何のために生きるのか」「自分自身の意味を見失う」ことになる。こうした若者たちは，フリーターになった責任の所在に注目し原因を求めていくことで自我を傷つけていくのかもしれない。こうした青年に対し，とりあえず，目の前のことや未来（将来）に目を向けていくように示唆していくのも，時間的展望研究の主眼とする点ではないだろうか。時間的展望の機能の1つに，人がいかに自己の人生を，意味づけ，自由を獲得していくのかがあるという（白井, 1997）。自立できないということは自尊心を保てないということである。誰かに依存し，将来の見通しがもてない状況下において，どうすれば自尊心を保てるのか。自己を肯定できないことと時間的展望との関連についても，いくつかの時間的展望研究がフリーターの問題解決に大きく寄与すると期待されている（柏尾, 2009）。

第3節 キャリアとキャリア教育

1──キャリアとは何か？

よい進路を選び適応していくために必要な知識・認識・態度・行動様式などの成長や発達をキャリア発達という。キャリア発達とは，自己の知的・身体的・情緒的・社会的な特徴を一人ひとりの生き方として総合していく過程である。具体的には，過去・現在・将来の自分を考え，社会の中で果たす役割や生き方を展望し実現することを示す。そもそも，**キャリア**とは，運び手，経歴，職業，英単語，道具，手段という意味の一般名詞である。ある職業で経験を積んだ，あるいは経験を積みつつある者という意味でも用いられる。

シャイン（Schein, 1978）は組織内キャリアの方向性を規定する要因として有名な，**キャリアアンカー**（career anchor）という概念を示している。これは，本人によって自覚された才能と能力，動機と欲求，態度と価値という3つの要素から構成される職業上の価値や自己イメージであり，個人と組織との相互作用の結果として形成されると考えられている。したがって，キャリアアンカーは，組織における現実の職業体験があって初めて明確になるものである。

キャリア発達には，年齢に応じたおおまかな段階がある。スーパー（Super, 1957）のものを紹介しよう。

スーパー（Super, 1957）のキャリア発達段階
（若松，2006に基づき作成）

＜成長段階＞（誕生〜14歳）
能力期：13〜14歳　成長段階（誕生〜14歳）の最後の時期，能力期にあたる。能力に対する自覚が高まる。志望の背景に占める能力を重要視するようになる。できることとできそうにないこととの区別が明確化する。

＜探索段階＞（15〜25歳）
暫定期：15〜17歳　雇用機会を含めてすべてのことが考慮され，

— 45

	⬇	暫定的な選択が空想，議論，教育課程，仕事などの中で認められる。
移行期：18〜21歳		実際の労働市場や労働市場や専門的訓練に入る中で現実面がより大きく考慮され，自己概念，すなわち，自分はこういう人間であるといった自分で抱いているイメージや価値観の実現が試みられる。
	⬇	
試行期：22〜24歳		自分に適すると思われる分野がつきとめられ，その分野で入門職業を発見し，それをライフワークにしようとする。

　このようなキャリアアンカーのタイプは時間をかけて形成されるものであり，シャインは自分のキャリアアンカーを知ることをキャリア中期の課題として位置づけている。最近ではキャリアアンカーを個人の特性として扱っていることもあるが，シャインは一定年数の職業体験とそこからの適切なフィードバックがない限り，キャリアアンカーは存在しないことを強調している。

　日本でも，キャリアアンカーは入社後10年前後を経て形成されること，組織構造あるいは職務特性による組織的社会化の影響，すなわち個人と組織との相互作用の結果として形成されることが実証的に示されている。したがって，初期キャリアの段階でキャリアアンカーを形成していき，中期キャリアの段階でそれを明確に知ることが，その後のキャリアプランニングにつながると考えられる。しかし，現状を鑑みた場合，そのようなことだけとはいえない。たとえば，フリーターの問題，それにともなう格差の問題，パラサイトシングルの問題などである。

2——フリーター問題

　小杉（2003）によれば，フリーターは次の4タイプに分類される。第1に，「ヤンキー型」である。反社会的で享楽的ないわゆる「今が楽しければいい」というタイプである。第2に，「引きこもり型」である。社会との関係を築けず，家の中にこもってしまうタイプである。第3に，「立ちすくみ型」である。就職前に考え込んでしまい身動きができず行き詰まってしまうタイプである。

第4に,「つまずき型」である。いったんは就職したものの早々に辞め, 自信を喪失したタイプである。それぞれに対応した施策が求められるが, 現在, 厚生労働省と経済産業省がこうした者たちのための「ヤング・ジョブ・カフェ」や「若者キャリアセンター」などの就職支援施設を後押しし, 適性検査や職業カウンセリング, それから就職の紹介などを行なっている。

ところで, 佐藤と小泉(2007)は, フリーターの3分の2は, 現在の勤務先を別にして「長く働き続けたい」と回答しているが, フリーターとして働き続けたいと思っているわけではなく, できれば正社員として働くことを希望していることを明らかにした。男性でその傾向がより強く全体の6割を超えている。それに対し, 女性の正社員の希望者は半数以下であるという。さらに, 男性は年齢が高いほど正社員希望が多くなり, 30〜34歳では7割以上になる。女性でも29歳までは年齢が高くなるほど正社員希望が強いが, 30歳を超えると大きく減少する。女性が正社員に転職するのがむずかしい年齢なのか, そろそろ結婚を意識して正社員として腰を落ち着けることに抵抗があるのか, 得られているデータのみでは理由はまだ明らかになっていない。柏尾(1997)は女子学生が就業または主婦志望との関連で目標に応じた時間的展望をもつことを明らかにした。園田(2007)もまた男性と女性とでは時間的展望に差異があるという。今後はこうした性差を考慮した職業選択について考察する必要があるだろう。

3 ── キャリア教育の必要性について

大学は出たけれど就職しない者が増え, 高等教育の意味が問われている(明石, 2006)。明石は, 高校での「進路指導」「生活指導」の課題が「労働・雇用」問題と深くかかわると論じた。リアリティのあるものをいかに感じさせていくのか, 経験させていくのかが重要だと思われる。即応的な施策の実施, すなわち中退者, あるいは卒業したにもかかわらず就職しない者への支援が重要である。こうした問題意識に基づき, 明石は, 国民生活白書のデータから次のような図を作成している(図3-5)。**キャリア教育**の実態をみてみよう。

「高校生100人の村だったら」という図である。もし世界が100人の村だったらを援用したものである。これは今日日本の青少年が抱える問題を端的に示している。高校を卒業した生徒のうち8人が中途退職しているのである。そして

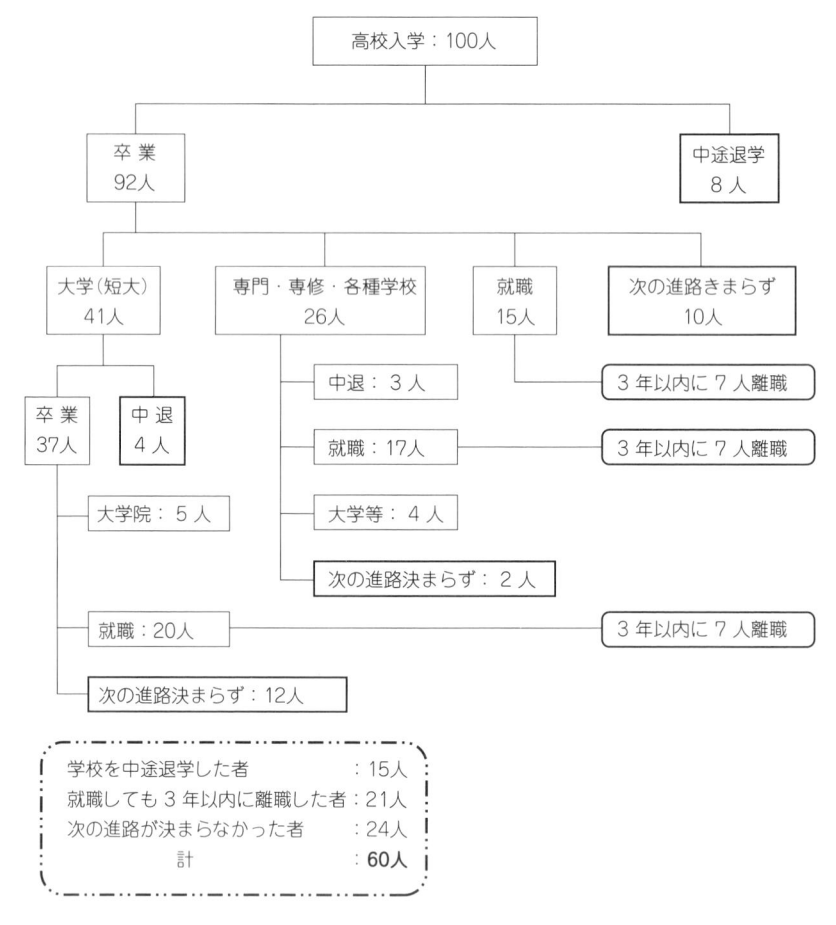

Ⅰ部　発達的視点からみた人間関係

```
                    高校入学：100人
                  ┌──────┴──────┐
              卒　業              中途退学
              92人                 8人
   ┌───────┬──────┴──┬──────┐
大学（短大）  専門・専修・  就職    次の進路きまらず
  41人      各種学校 26人  15人         10人
 ┌─┴─┐       │              └─ 3年以内に7人離職
卒　業  中退    ├─ 中退：3人
37人    4人    ├─ 就職：17人 ─── 3年以内に7人離職
 ├─ 大学院：5人 ├─ 大学等：4人
 ├─ 就職：20人 └─ 次の進路決まらず：2人
 └─ 次の進路決まらず：12人
              就職：20人 ─── 3年以内に7人離職
```

　学校を中途退学した者　　　　　：15人
　就職しても3年以内に離職した者：21人
　次の進路が決まらなかった者　　：24人
　　　　　　　計　　　　　　　　：60人

図3-5　高校生100人の村だったら（明石,2006を改変）

　卒業した高校生の4割強は大学に進学するが，進路の決まらない者が10人もいる。

　18歳ですでにフリーター・ニート予備軍が2割弱もいるという。大学に進学してもうまくいくとは限らず，中途する者が4人いる。そして，卒業後進路が決まっていない者が12人いる。

　キャリア教育はこの事実から出発しなければならない。7・5・3の離転職をどう減らすのかを考えた場合，いかに進路選択，とりわけ職業選択が青年に

とっても，企業にとっても重要であることがわかる。そうして初めて，深刻になっているフリーター・ニート問題の解決が可能となるだろう。また，この時期は結婚・子育ての世帯形成期にあり，経済基盤の不安定さは非婚・少子化の要因ともなる深刻な問題である。

4 ── アルバイトと職業について

小学校から生きること，職業をもつこと，消費生活者の側面のみを経験させるのではなく，「働かなければ食べてはいけない」という現実をしっかり認識し，青年をめぐる社会の人々の生活の中で自分の生活をとらえることのできる教育が求められるのではないだろうか。

高校生，大学生がアルバイトをすることの意味について認知的に検討した楠見（1995）は，アルバイトは高校・大学生が新しい環境に主体的に入って，比較的短期で仕事に**熟達化***していく過程であると位置づけている。そしてまた，アルバイトは，青年が仕事とかかわる最初の機会であり，効力感，生産性，社会への貢献などを身をもって経験することになると指摘した。

青年期における熟達化の中で，アルバイトにおける熟達化は，社会的相互作用における学習である。すなわち，初心者が職に入って，熟達者のコーチングなどを受け，ある領域知識や技能を構造化していく過程と考えることができる。

熟達化は段階を経て進む。各段階の知識や技能の構造化について楠見（1992a, 1992b, 1993）は，飲食店と販売店のアルバイト学生を対象に，その段階を次のように特徴づけて説明している。

仕事の内容・手順について，熟達者（専任アルバイターや社員）と初心者が一組になり，コーチングとフィードバックにより学習が徐々に進行する（たとえば，レジの使い方，

> **熟達化**
> （楠見, 1995）
>
> 特定の領域の知識や技能に秀でていること。同じ手続きの繰り返しによって習熟できる実践的能力を示す。手際のよい熟達者は課題遂行の早さと正確さにおいて優れる。楠見によれば，生涯発達において，青年前期における熟達化は，受験勉強，アルバイト，趣味やスポーツなどでみられる。青年後期からは，仕事における熟達化が重要な課題となる。

I部　発達的視点からみた人間関係

皿の持ち方など）。まず，①熟達者が手本を示し，②初心がこれをまねて行ない（modeling），わからない点があれば質問する。③熟達者は，初心者のやり方が正しければ，次の説明に移り，不都合があれば，注意したり，修正したり，アドバイスを与える（coaching）。そして，アドバイスの量や頻度は，初心者の学習が進行するにつれて，少なくなる（波多野・稲垣, 1989）という。

こうした考えは，アルバイトが職業生活をする準備段階として有効であるとの立場に立つ。そして，学校生活から職業生活への移行をスムーズにするものとしてアルバイトを肯定的に意味づけたものだといえよう。他方で，アルバイト経験が学校生活から職業生活への移行を困難なものにするとの考えもある。たとえば，竹内（1999）の指摘によれば，現在，在学中の青年が労働を体験するのはアルバイトである。そこでは，地域最低賃金，労働時間の法的基準，女性労働の保護，安全問題についての知識などが意識されていない。学生のアルバイト体験が，労働者の権利そこのけの職場慣行を抵抗なく受け入れる素地になっているという。

こうした職業への移行を困難にしているものの1つとして，青年における**メンター**（mentor）[*]の数が少ないという点があげられる。白井（2006）によれば，日本ではメンターが米国に比べ少ないという。メンターとは，重要な他者以外の相談相手を意味する。メンターの機能としては，円滑な職業選択を促進するなどがあげられる。

> **メンター**
> **白井（2006）**
>
> 助言者や相談者のこと。青年が複雑なスキルや課題を習熟していくように導く熟練した人を示す。メンターは青年と一緒に活動し，一人ひとりの青年の能力に近接する課題から始めて，徐々に能力を獲得させて有能感をもたせていく人である。基本的機能として，「後押ししてくれる」「励ましてくれる」などがあるといわれる。

5――自分探しの落とし穴

フリーターを生む背景に，自分探しの落とし穴があると思われる。自分探しをすることの弊害について，下村ら（2007）では，「なりたい」自分を過度に求めない，すなわち，ここでは自分探しを過度にしてはいけない点について次のように論じられている。一般に「なりたい」自分を展望し，プランを立てて

実行していくというアプローチが強調されるが，このようなアプローチは，いつでも誰にでも適合するとは限らない。また，自己理解を強調すれば「自分探し」の旅に出たまま帰れなくなることもあるし，適職選択を強調すればどこかに「自分に合った仕事」があるという幻想を抱き，かえって職業選択に困難をきたすことも考えられる（川﨑, 2005a, 2005b）。自己理解はあくまでも将来のキャリアについて考える出発点である。確かに適職探索は必要であるが，就いた職業を自ら適職に育てていくという「育てる適職」という考え方を伝えることも大切であろうとある。徹底的な自己理解を済ませてからの他の活動に移るという，自己理解ありきのキャリア選択ではなく，行動をしていく中で自己理解が深まるプロセスも考えられる（安達, 2001）。また，自己への関心を深め分析し尽すことによって，自己に焦点が向けられすぎ，社会との接点が見出せなくなる自己分析の功罪も指摘されている（若松ら, 2005）。下村らはこれらの研究を例にあげて自己分析にとらわれることの功罪を指摘しつつ，社会を知ることや決定に対する支援の必要性を説いている。加えて，膨大な情報や選択肢を前にして，決定の仕方がわからず，行動を起こせないケースも少なくない（下村, 1996）。適職信仰，やりたいことにこだわる者も多い（安達, 2004）。それゆえ，決定への支援が重要なのである。

　近年の青年の職業選択の状況を概観した場合，かつての，「自己概念を翻訳したものが職業である」といった有名なスーパーの言葉に代表される職業への強い志向性を維持し続けるだけでは現実にはそぐわないと考えられる（柏尾, 2009）。一般的には自己実現に注目がいきがちだが，社会の価値を実現する中で自己実現を考えるということがキャリアを考えるうえで重要である（下村ら, 2007）。問題は，青年自身がほんとうの自己を求めてさまよい社会と自分とを切り離して認識していることである。社会とつながっているという感覚がもてないまま，他者の検証や挫折をしないままの肥大化した脆弱な自己が残されていくのではないだろうか。「つながっているという感覚」から見放された青年の心の荒廃は，いずれ社会のリスク要因となるに相違ない。自己実現にとらわれすぎたあまり，自己を見失うという矛盾に陥りやすいといえよう。

I部 発達的視点からみた人間関係

6 ── 自己効力と進路選択

　バンデューラ（Bandura, 1977）によれば，自己効力感の「自己効力」とは，ある行動が自分にうまくできるかという予期が認知されたものであり，行動と直接的な関連をもつ（詳しくは，第10章p.175参照）。進路選択に対する自己効力の強い者は，進路選択行動を活発に行ない，一方，自己効力の弱い者は，進路選択行動を避けたり，不十分な活動に終始してしまうと考えられている。

　本章のコラムでは，浦上（1995a, b）の「進路選択に対する自己効力尺度」を紹介する。この尺度は，テイラーとベッツ（Taylor & Betz, 1983）のCDMSE（Career Decision-Making Self-Efficacy）スケールの50項目を日米の文化的相違を考えて項目加除し，40項目を予備的な尺度として出発した。「進路選択に対する自己効力」を1次元で測定できる点が特徴となっている。項目数が少なく，進路選択に対する自己効力を端的に測定できる点で活用範囲が広く，本尺度を用いた研究も多い。実践場面では「進路選択に対する自己効力」が低い者のスクリーニングにも活用できるものと思われる（下村, 2002）。

第3章　職業からみた人間関係

コラム3　進路選択に対する自己効力尺度
（浦上，1995）

「進路選択に対する自己効力」を1次元で測定できる点が特徴である。「非常に自信がある場合」から「全く自信がない場合」までの4件法で評定し、回答結果を全項目について単純合計する。

以下に30のことがらがあります。あなたはそれぞれのことがらを行うことに対して，どの程度自信がありますか。あてはまる記号に○を付けてください。

		非常に自信がある場合	少しは自信がある場合	あまり自信がない場合	全く自信がない場合
1	自分の能力を正確に評価すること	4	3	2	1
2	自分が従事したい職業（職種）の仕事内容を知ること	4	3	2	1
3	一度進路を決定したならば、「正しかったのだろうか」と悩まないこと	4	3	2	1
4	5年先の目標を設定し、それにしたがって計画を立てること	4	3	2	1
5	もし望んでいた職業に就けなかった場合、それにうまく対処すること	4	3	2	1
6	人間相手の仕事か、情報相手の仕事か、どちらが自分に適しているか決めること	4	3	2	1
7	自分の望むライフスタイルにあった職業を探すこと	4	3	2	1
8	何かの理由で卒業を延期しなければならなくなった場合、それに対処すること	4	3	2	1
9	将来の仕事において役に立つと思われる免許・資格取得の計画を立てること	4	3	2	1
10	本当に好きな職業に進めるために、両親と話し合いをすること	4	3	2	1
11	自分の理想の仕事を思い浮かべること	4	3	2	1
12	ある職業についている人々の年間所得について知ること	4	3	2	1
13	就職したい産業分野が、先行き不安定であるとわかった場合、それに対処すること	4	3	2	1
14	将来のために、在学中にやっておくべきことの計画を立てること	4	3	2	1
15	欲求不満を感じても、自分の勉強または仕事の成就まで粘り強く続けること	4	3	2	1
16	自分の才能を、最も生かせると思う職業的分野を決めること	4	3	2	1
17	自分の興味を持っている分野で働いている人と話す機会を持つこと	4	3	2	1
18	現在考えているいくつかの職業のなかから、一つの職業に絞り込むこと	4	3	2	1
19	自分の将来の目標と、アルバイトなどでの経験を関連させて考えること	4	3	2	1
20	両親や友達が勧める職業であっても、自分の適性や能力にあっていないと感じるものであれば断ること	4	3	2	1
21	いくつかの職業に、興味を持っていること	4	3	2	1
22	今年の雇用傾向について、ある程度の見通しを持つこと	4	3	2	1
23	自分の将来設計にあった職業を探すこと	4	3	2	1
24	就職時の面接でうまく対応すること	4	3	2	1
25	学校の就職係や職業安定所を探し、利用すること	4	3	2	1
26	将来どのような生活をしたいか、はっきりさせること	4	3	2	1
27	自分の職業選択に必要な情報を得るために、新聞・テレビなどのマスメディアを利用すること	4	3	2	1
28	自分の興味・能力に合うと思われる職業を選ぶこと	4	3	2	1
29	卒業後さらに、大学、大学院や専門学校に行くことが必要なのかどうかを決定すること	4	3	2	1
30	望んでいた職業が、自分の考えていたものを異なっていた場合、もう一度検討し直すこと	4	3	2	1

第4章
青年期の人間関係の悩みとその克服

　人間は，生涯にわたって人との関係において悩みが絶えない存在である。本章では，青年期に焦点を当て，青年はどのような悩みを抱いているのか，また，人間関係に関連した精神病理にはどのようなものがあるのか，さらにどのようにすれば，それらを少しでも克服していくことができるのかをみていくことにする。

第1節　青年期の人間関係に関する悩み

1——青年期とは

　青年期は**心理的離乳**の時期ともいわれ，親への反抗や葛藤を繰り返しながら心理的自立・情緒的自律性を獲得する時期である。親と比較的密接な関係にある幼児期や児童期を経て，青年前期頃になると，親には話さない自己の内面を友人には打ち明けるなど，親子関係よりも友人関係がより重視されるようになってくる。青年期は行動範囲も広がり，さまざまな友人関係をもつものの，自分の思いどおりにならない友人関係に怒り，ささいなことでけんか別れになることもある。親密な友人関係を求めながら，自分のことばかりを優先し，相手に対する配慮に欠けることによるトラブルもあろう。また，青年期は傷つきに敏感な時期であり，自己の内面に目を向けると同時に，他者を強く意識する時期でもある。

2——大学生における人間関係の悩み

　青年期において悩みが生じる人間関係としては，友人関係や異性関係，親子関係，兄弟姉妹や祖父母を含めた家族関係，親戚関係，教師との関係，学校の

クラブにおける人間関係やアルバイト先の人間関係などがあげられよう。

　榎本（2008）は，大学生を対象として友人関係の悩みやトラブルの内容，および解決法について自由記述による調査を行なっている（解決法については本章p.61参照）。まず，どのような悩みやトラブルを抱えているかをみてみると，夜中に相談メールを毎日送ってくるなど「友人の行動への不満（17.9％）」が最も多く，次いで多いのが，「友人との価値観の相違（14.1％）」や，友人が学校に来ないことを心配するなどの「友人の状況・状態への心配（14.1％）」である。4番目に「友人との関係の希薄さ（10.3％）」があがっている。その他，グループ内でのトラブル（9.0％）や友人との争い（9.0％），友人からの裏切り（6.4％），異性がからむ友人関係の変化などがあげられている。

　高井（2008）は，大学生を対象とした自由記述による人間関係の悩みについて男女別に検討を行なっている。悩みがあるとした割合は女子（66.5％）のほうが男子（60.2％）よりも多少多い。悩みの内容に関しては，表4-1に示すように，男女合計数の割合および女子で最も多かったのは「①性格領域」である。記述例として，"人見知りをしてしまう"ことや，"人が自分のことをどう思っているのかが非常に気になり心配"，また，自分の"短気な性格"に悩んだり，"すぐに人と自分を比較してしまって落ち込む"などがあげられており，ベースに対人不安や劣等感，自信欠如が感じられる。しかし，青年期は，他者からどう見られているかが気になったり，何かにつけて人と比較し，他人はよく見え，それにひきかえ自分は，と自己嫌悪に陥りやすい時期でもある。そういった時期を経て，人と比べる虚しさに気づいたり，自分の中にあるよい点や自分らしさに気づいていくものであろう。

　男子では，"人にどのように接してよいかわからない""会話をうまく続けるのが苦手"といった「②対人スキルやコミュニケーションスキル不足」で悩む割合が最も多かった。

　男女ともに，「③心を許せる友人がいない（少ない）・希薄な人間関係」の悩みも上位にあがっている。また，グループ内に合わない人がいても友だちとしてともに過ごさねばならないという苦痛を感じていたり（④），サークル活動において考え方の異なる人間をまとめていくことのむずかしさ（⑤）にも悩んでいるようである。

I部 発達的視点からみた人間関係

表4-1　人間関係に関する悩みの内容（％）（高井, 2008）

		男子	女子	合計
①	性格領域	17.4	23.4	21.4
②	対人スキル不足・コミュニケーションスキル不足	28.3	11.7	17.1
③	心を許せる友人がいない（少ない）・希薄な人間関係	13.0	18.1	16.4
④	合わない相手・嫌いな相手との関係	8.7	19.1	15.7
⑤	考え方の異なる他者との共存	17.4	10.6	12.9
⑥	ありのままの自分が出せない	0	11.7	7.9
⑦	人間関係拡大深化への希求	10.9	1.1	4.3
⑧	人との距離のとり方	0	4.3	2.9
⑨	その他	4.3	0	1.4

　女子は，"マイペースでいきたいと思いつつも，他者から嫌われたくないと思い，自分を守るために壁をつくり，ありのままの自分が出せず（⑥），表面的なつきあいをしてしまう"ことに悩んでいる人もいる。

　大学生を対象として，対人方略（他者とのかかわり方）と社会的スキルとの関連を検討した橋本（2000）は，他者との関係が深まることを回避する人は，社会的スキルの得点が低いことを見出している。このことから，青年が対人関係を深化させないのは個人が主体的に望んでいるわけではなく，スキルの欠如に由来する可能性が考えられる。

第2節　人間関係に関連する精神病理

1 ── 対人不安

　青年期は，人からどう思われているのかが非常に気になったり，他者の視線を必要以上に意識したり，人に対して緊張し，不安を感じるといったことを経験している人も多いであろう。

　対人不安とは，「現実の，あるいは想像上の対人場面において，他者からの

評価に直面したり，もしくはそれを予測したりすることから生じる不安状態」（Schlenker & Leary, 1982）と定義されている。対人不安の例として，「あがり」「シャイネス」「対面不安」「スピーチ不安」「聴衆不安」「異性不安」「デート不安」「困惑」「コミュニケーション懸念」などがあげられるが，バス（Buss, 1980）は，対人不安を「シャイネス」「聴衆不安」「困惑」「恥」の4つに分類している。

また，なぜ対人不安が生じるのかについて**自己呈示***の観点から検討したリアリィ（Leary, 1983）によると，対人不安は，「他者に特別な印象を与えたいと動機づけられているが，そうできるかどうか疑問をもち，他者から自分の印象に関連した不満足な対応を受ける可能性があると予想したときに対人不安は生じる」としている。

> **自己呈示**
> （self-presentation）
>
> 印象操作と類似する概念であるが，他者に対して自分自身や自分の行為に関連したイメージを意図的にコントロールしようとする試み。（詳しくは，第5章p.87を参照）

<シャイネス>　菅原（1998）は，対人不安の1つであるシャイネスとは，以下のように定義される個人特性であり，日本語では「恥ずかしがりや」などの用語が当てはまる（岸本, 1994）としている。

> **シャイネスとは**
>
> ・他者との良好な関係を阻止する対人不安
> 　　　　　　　　　　　　　　　　　　　　（Jones & Russell, 1982）
> ・他者が存在することによって生じる不快感と抑制
> 　　　　　　　　　　　　　　　　　　　　（Cheek & Buss, 1981）
> ・他者から評価されたり，あるいは評価されることを予想することによって生じる対人不安と対人行動の抑制によって特徴づけられる感情─行動症候群　　　　　　　　（Leary, 1986）

さらに菅原（1998）は，大学生を対象として調査した結果，シャイネスとは，①他者からの「否定的評価に対する過敏さ」と，②他者から期待され，望ましい関係を築くという目的そのものを喪失した「対人関係に対する無力感」の2

つの心理的要素によって説明できるのではないかとしている。他者と積極的な関係をもたない者は，そうした関係を築こうとする欲求も技術ももちあわせていないことを示している。

2 ── 対人恐怖

対人不安に類似するものとして対人恐怖がある。対人恐怖は**社会恐怖（社会不安障害）**[*]の1つの型と考えられている。

(1) 対人恐怖の定義と種類

対人恐怖とは，「他人と同席する場面で，不当に強い不安と精神的緊張が生じ，そのため他人に軽蔑されるのではないか，他人に不快な感じを与えるのではないか，嫌がられるのではないかと案じ，対人関係からできるだけ身を退こうとする神経症の一型」（笠原，1993）と定義される。対人恐怖には，表4-2に示されるようなものがある。

社会恐怖（社会不安障害）
よく知らない人たちの前で他者から注視を浴びるかもしれない状況や，恥ずかしい思いをするかもしれない行動をとることを恐れる。そのような状況では不安が強く生じ，その本質が恐怖よりも不安にあると考えられて社会不安障害ともいわれる。

対人恐怖症は，青年期前期頃（14～17歳頃）に初発することが多いとされている。思春期・青年期に適応的な生活を送っていると考えられる青年においても対人恐怖心性（対人恐怖の傾向）を有する者が多く存在することが指摘され

表4-2 対人恐怖の種類

①	他者視線恐怖	自分を見る他者の視線が気になり悩む。
②	自己視線恐怖	自己の目つきが異様で鋭く，自己の視線によって相手に不快な感情を起こさせ，相手を傷つけているのではないかと思い込む。
③	赤面恐怖	人の前で顔が赤くなると信じ，赤面のために人から馬鹿にされるのではないかと思い，赤面することを恐れる。
④	自己臭恐怖	自分の身体からいやな臭いが漏れ出ていると信じ，臭いのことで周囲の人が自分のことを嫌っていると思い込む。
⑤	醜形恐怖	自分の容貌が醜いために人に不快感を与えていると思い，自分の容貌のせいで人が自分を嫌っていると思い込む。

ている(堀井・小川, 1997)。

(2) 対人恐怖が生じやすい状況

対人恐怖は,家族など親密な関係にある人との同席場面や,街中のように見知らぬ人の中にいるときには生じにくく,その中間的な人々,つまり半見知りの人々(たとえば,クラス仲間や近所の人,親戚など,家族ほど親しくはないが何らかの関係がある人)に対して生じやすいとされている(症状によって多少異なる)。笠原(1977)によると,年齢が離れていると比較的平気であるが,同年輩の人が苦手であったり,少人数グループの中にいるときも苦手である。また,特定した話題のない会話は間があきすぎるため,漫然たる雑談的会話を避けたがるといった特徴も指摘されている。

(3) 対人恐怖の人の特徴

対人恐怖の人は,他者から批判されたり,否定的な評価を受けることに過敏である。自意識が強いために,他者の自分に対する思いを勝手に判断して悩む傾向がある。自分に自信がなく,劣等感も強いが,心の奥底には優越感が潜んでいるともいわれる。自己理想も高く,自己の能力を過大に評価するが,現実の自分の能力はそれに伴わない。幻想的な自己理想像へこだわり続けるものの,現実の自己に直面せざるをえない体験を重ねることにより,劣等感や無力感,他者に対するおびえを増していく。そして,葛藤状況の中で生じてきた症状のせいで人に嫌がられるのだと思い込んでしまう。

青年期においては,現実自己と理想自己のギャップをうめられないまま,低い自己評価のもとで対人恐怖的心性が生じやすいと報告されている(岡田・永井, 1990)。

3 ── 対人恐怖と自己愛との関連

アメリカだけでなく日本でも自己愛的な傾向をもつ青年が増加してきており,その背景として養育状況の変化だけでなく,青年の人間関係の希薄さがあると指摘されている(福島, 1992)。また,対人恐怖の神経症的な自我理想の基盤には幼児期ナルシシズムがあると指摘されている(西園, 1970)。

まず,人格障害として記述される自己愛とはどのような特徴をもつのだろうか。表4-3はDSM-Ⅳ(精神疾患の分類と診断の手引き:American Psychiatric

表4-3 自己愛性人格障害の特徴（DSM-IV-TRより抜粋）

- 自己の重要性に関する誇大な感覚（不十分な業績や才能であっても優れていると認められることを期待するなど）
- 限りない成功，権力，才気，美しさ，理想的な愛の空想にとらわれている
- 過剰な賞賛を求める
- 特権意識（特別有利な取り計らいを理由なく期待するなど）
- 他人の気持ちや欲求を認識しようとしないといった他者への共感の欠如
- 対人関係で自分の目的を達成するために他人を不当に利用する
- 尊大で傲慢な行動または態度

Association, 2000）における自己愛性人格障害の特徴を抜粋したものである。

北西（1998）は，自己意識の過剰と対人不安，自己愛との関連について検討している。自己意識が過剰な人は，人が自分をどう思っているのか，人に嫌われていないだろうかといった対人不安に悩む。自己を意識し，さらに他者に映るであろう自己像を思い描き，それを思い悩む。北西は，この自己に集中した態度である過剰な自意識は過剰の自己愛と換言できるとし，対人恐怖の背景には，繊細で傷つきやすい誇大的な自己愛，肥大した自己愛があると指摘している。すべての対人恐怖の人が自己愛的であるとは限らないものの（岡野, 1998），自意識過剰であることを訴える対人恐怖症者の自己評価は不安定であり，自己愛の傷つきを恐れていることが症状に結びついているという点で，対人恐怖者の多くに自己愛の病理が見出されることが指摘されている（鍋田, 1997）。

4 ── 認知の歪み

精神科医ベック（Beck, 1976）は，うつ病の患者の治療をとおして，患者の悩みや落ち込みの背景に，体系的な**認知の歪み（推論の誤り）**がみられるとした。認知の歪みには表4-4に示されるようなものがあげられる。

自己への関心が高まり，同時に他者からどう見られているかを気にする傾向が強くなる青年期では，表4-4に示されている内容は程度の差こそあれ，1つや2つは誰しも経験があるのではないだろうか。

金子（2000）は，一般青年にみられる被害妄想的な思考を自己関係づけとしてとらえて青年期心性を検討している。自己関係づけとは，たとえば，友だちが内緒話をしていると，自分の悪口を言われているのではないかと気になるな

表4-4 認知の歪み・推論の誤り

①	選択的抽出	ある特定の部分だけに目を向け，状況全体の重要性を見失ってしまうこと。
②	過度の一般化	1つの出来事に基づいて妥当性のない一般化をしてしまうこと。
③	恣意的推論	証拠がないにもかかわらず，悲観的な結論に飛躍してしまうこと。
④	自己関連づけ	自分に関係のない出来事を自分に関連づけて解釈してしまうこと。
⑤	拡大解釈と過小評価	あることを過大に評価したり，逆に過小評価したりすること（たとえば，自分の短所を拡大視し，長所を過小視すること）。
⑥	二分法思考	全か無か思考。物事を白か黒かどちらかに分けて考えてしまうこと。

どである。大学生のほうが高校生よりも自己関係づけ傾向が高く，他者のことを気にしやすい人ほど自己関係づけが高まることを示唆している。

　また，高校生の場合，女子のほうが男子よりも自己関係づけを行なっていると報告されている（金子ら, 2003）。金子らは，女子は他者との協調を重視し，他者のまなざし（梶田, 1980）によって自己が規定される傾向が強いために，他者からの評価にとらわれやすいのではないかとしている。自己関係づけは，「自分や他人が気になる悩み」と密接な関連があることも明らかにしており，対人恐怖症者は自己関係づけを頻繁に体験しているのではないかと述べている。

第3節 人間関係の悩みの克服

1 ——自由記述調査にみる大学生の人間関係の悩みへの対処法

（1）人間関係の悩みありと回答した人の場合

　第1節で示した榎本（2008）の調査による人間関係の悩みに対する解決法として，大学生は「話しあう」という方法を最も多くとっている。そこには，互いの違いを理解して乗り越えようとしている様子がうかがえる。その他の解決法として，見方を変える，積極的に行動する，相手に気づきを求める，相談に乗る，見守る，割り切る，時間が解決する，自然に任せる，かかわらないといった解決法をとっている（榎本, 2008）。

（2）人間関係の悩みなしと回答した人の場合

　榎本（2008）の調査において，人間関係に関する悩みやトラブルは特にないと回答した理由として，相手から深入りされていないから，あるいは，クラスがないためずっと一緒にいる友だちがいないのでトラブルが生じにくいといった内容があげられている。榎本は，大学という場のもつ特徴が友人との希薄さを生み，悩みがない理由となっているのではないかとしている。

　また，人間関係の悩みから完全に解放されることはない状況を生きていくために，人間関係というもののとらえ方，割り切りによって悩みを多少なりとも軽減することは可能である。高井（2008）の調査において，人間関係の悩みなしと回答した人の理由として，"人のすべてが理解できるわけではないのと同様，すべてがうまくいく人間関係などはないので，置かれた状況の中でうまくやっていくしかない""人はそれぞれ感じることが違うので，いくら悩んでも他人の感じ方を変えることは不可能であるから悩んでもしかたない"といった記述例が示されている。

　われわれは常に自分にとって好感がもてる人ばかりに囲まれて人生を送ることができるわけではない。悩みなしの記述には，人間関係の葛藤や苦悩を乗り越えた過程から見出した，その人なりの人間関係観に基づいて悩みを軽減させている様子が感じられる。また，"人それぞれの長所を見つけようとしている"などのように，良好な人間関係を築く努力も必要であろう。

2 ── 専門機関の活用および仲間どうしの支えあい

　人間は常に元気いっぱいで生きることはむずかしい。自分に自信がもてない，あるいは，何かのことで精神的に参っている状況にあると，出来事を自分にとってネガティブな方向で考えてしまいやすい。しんどさを感じたときに誰かに"助けて"というサインを出す勇気が，その人の心身の健康や生命を守ることにつながる。

（1）カウンセリングの活用

　身近に相談できる人がいる場合であっても，症状の重さによっては専門家の援助が必要なケースは多い。カウンセラーは，来談者の話を真剣に傾聴し，来談者のつらさや苦しみに共感しようとする姿勢で臨む。受容され，守られた場

で，人は安心して自分の内面に向きあう勇気がもて，来談者自身が自分の問題に気づき，解決への糸口を見出すことが可能となる（必要な場合は，積極的な介入がなされる場合もある）。

　カウンセリングを受けることによって，今まで気づかなかった重要な点に気づくこともある。自分の気持ちや考え方の整理がつき，自分が今後どのように考えていけば気持ちが楽になるのか，生きやすくなるのかなどのヒントを得ることもできるのである。また，人と会話することが苦手な人がカウンセラーと話すことによって，コミュニケーション能力が身についてくることもある。

　一人で悩みを抱えるのではなく，自分の心の底の思いを話し，自分の抑え込んでいた感情を吐き出すことは，自分の心や身体の健康を守るために大切なことである。しかし，援助が必要な人ほど，なかなか人に助けを求めることができないでいる。誰にも言えずに悩んでいるような人を見かけたら，積極的に声をかけてあげたり，専門家へつなぐアドバイスをしてあげる周囲の配慮も必要であろう。

(2) ピアヘルピング

　ピアヘルピング（peer helping）とは，仲間どうしで助けたり助けられたりする人間関係のことをいう（日本教育カウンセラー協会，2001）。ピアヘルピングは，仲間どうしのヨコのつきあいやふれあいを重視する。今日は友だちの悩みの相談にのるピアヘルパーの立場であっても，別の機会にはピアヘルピー（ヘルプしてもらう側）となる。ピアヘルパーは，自分自身も生き方を求めてさまよっているかもしれないが，さまよいつつもそこで出会った仲間に少しでも役立とうとすることを志す人なのである（國分，2001）。誰かに話すと，たとえすぐに解決しなくても，話すだけでも気が楽になるものである。

　青年期は，親や教師よりも仲間の影響が大きい。誰かと心のつながりがもてることによって孤独感や疎外感から救われることもある。専門家の援助だけでなく，仲間どうしでお互いに助けあい，支えあう人間関係も必要であろう。

3 ── 人間関係の改善に向けての訓練

　成人の場合，抑うつの人は**社会的スキル**が欠如していることが示されているが（Dykman et al., 1991），今津（2005）は，女子中学生を対象として両者の

関連を検討している。その結果，社会的スキルが不足している生徒は抑うつになりやすいだけでなく，ストレッサーの衝撃性が高いとにさらに抑うつ傾向を増大させやすい傾向をもつことを示している。

また，対人スキル不足によって人間関係がうまくいかずに悩む人も多い。しかし，次にあげるように，対人関係におけるコミュニケーションスキルを磨くことによって，よりよい人間関係を構築することも可能なのである。

(1) ソーシャル・スキル・トレーニング（SST：social skills training）

通常，SSTと呼ばれるソーシャル・スキル・トレーニング（社会的スキル訓練・生活技能訓練）は，精神医学や心理学，教育，社会福祉など幅広い領域で用いられており，SSTの目標も領域によって異なるため，統一的な定義はないとされている（渡辺, 1996）。前田（1999）によると，SSTは，利用者の希望に基づき，人とのかかわり行動をより適切で効果的に行なうことができるよう手助けする援助の方法とされる。たとえば，日常生活において，人のプライバシーを根掘り葉掘り聞いてくるような人に対してどう対応してよいか困っている人が，相手との関係を壊さずにうまくかわす方法を身につけたり，知りあいが楽しく話している輪の中に入っていくことができない人がうまく入っていくスキルを，ロールプレイをとおして練習するのである。ソーシャルスキルがうまくいかない場合，他者に対する認知の歪みが生じている場合もある。**認知行動療法**[*]の1つに位置づけられているSSTは，認知と行動の変容をめざすものである。

> **SSTの目的（福島, 2007より）**
>
> ①言語的コミュニケーションがより適切で効果的なものとなるようにする。
> ②動作や非言語的コミュニケーションがより適切で効果的なものとなるようにする。
> ③練習した人との関わり行動が実際の生活場面でうまく行なえるようにする。
> ④物事の捉え方，理解・判断の仕方や思考がより現実的，健全で前向きなものにする。
> ⑤自分の感情への対処の仕方が自分にとって有益なものとなるようにする。

SSTの目的（福島, 2007）にも示されるように，SSTは，対人的な状況において，自分の目的を達し，相手から期待する反応を得ることができる適切で効果的な対人行動を練習し身につけるための学習を行なう方法である（前田, 1998）。ソーシャルスキルは，自分の要求や感情を相手に正確に伝えるうえで必要であり，社会の中での対人場面をよりスムーズに行なうためのスキルである（詳しくは，第7章p.128参照）。

(2) アサーショントレーニング（assertion training）

アサーションとは，「お互いを大切にしながら，それでも率直に，素直にコミュニケーションをすること」（平木, 1993）をいう。た

> **認知行動療法**
>
> 行動療法は人間の行動を変化させることを目的とする。しかし，人間の行動や感情というものは，その人が経験した出来事をどのように受け取るか（認知）によっても影響を受ける。すべて自分が悪いからだといった認知をして悩むこともあるだろう。認知行動療法はそのような歪んだ認知の変容をめざし，行動的技法と認知的技法を用いて，その人の気持ちや行動を変えていこうとする心理療法である。

とえば，日常生活において，ちょっとした怒りを感じる状況に遭遇したとき，われわれがとる反応・自己表現には大きく分けて3つあげられる。第1は「攻撃的・アグレッシブ（aggressive）」な自己表現，第2は「非主張的・ノンアサーティブ（non-assertive）」な自己表現，第3は「アサーティブ（assertive）」な自己表現である（平木, 1993）。

人間関係における自己表現の3タイプ（平木, 1993より）

①攻撃的：自分のことだけを考えて他者を踏みにじるやり方。
②非主張的：自分よりも他者を常に優先し，自分のことを後回しにするやり方。
③アサーティブ：自分のことをまず考えるが，他者をも配慮するやり方。

攻撃的な自己表現をした場合は，自分の言い分は通せるかもしれないが，相手の言い分や感情を無視しているわけであるから，人間関係も気まずくなったり，本人自身も後味の悪い結果となる。逆に，非主張的な態度を常にとってし

まうと，言いたいことがあっても言わず，怒りの感情も抑え込んでしまうため，そういったことが重なるといつか怒りが爆発することにもなりかねない。アサーティブな自己表現は，自分も相手も互いに尊重しあう自己表現である。自分の思いを率直に伝えるが，相手の言い分も傾聴し，話し合い，歩み寄ろうとする自己表現である。

アサーショントレーニングは，人間関係がギクシャクしていると感じている人，自己表現に怖れや不安を感じている人，言いたいことがうまく言えず困っている人，また，よりよい自己表現をとおして人間関係をさらに向上させたいと思っている人などを対象として実施されている（平木，1993）。ロールプレイによって試行錯誤を繰り返しながら練習し，新たな自己表現を身につけていくのである。

(3) エンカウンターグループ (encounter group)

エンカウンターグループでは，人との出会いの経験の過程をとおして，自分らしくあることや個人の成長，個人間のコミュニケーションおよび人間関係の発展と改善をめざそうとする（Rogers, 1970）。グループも，ねらいや内容によってさまざまなものがある。参加者は職業や年齢，性別などを超えて対等な立場で互いに率直に語りあい，気持ちを伝えあう。グループにおいて他者からの受容を経験したり，新たな気づきを得ることによって自己受容や自発性，柔軟性が増し，自分の中に生じてくる感情も表明できるようになり，人生を感受性豊かにとらえる助けとなるものでもある。

4 ── よりよい人間関係に向けて

(1) 自己分析

人間関係において生じるトラブルは，常に相手が100％悪いわけではなく，自分に反省点がある場合も多々あろう。人間関係において生じる否定的な感情を自己分析することによって，よりよい人間関係に向けて自分のどこをどう改善していけばよいのかといった解決の糸口を見出すことが可能となる。精神分析学者であるホルネイ（Horney, 1942）は，建設的な自己分析は，自己実現の機会を与えてくれるものだと述べている。それは，今まで自分でも気づかず，活用されずにきた能力を伸ばすというだけでなく，個人を内なる束縛から解放

させて，その人の潜在能力をフルに発揮させることにつながるものである。自分のどのような物事のとらえ方が自分を苦しめ，何が人間関係をうまくいかないものにしているのかなど，分析に伴う自己洞察がそれを可能にするのである。ホルネイは，勇気や忍耐によって自己分析がうまくいくと，内面的力が増大し，自己に対する信頼感が高まり，自尊感情も生まれ，苦境に対処し得る能力に自信がもてるようになると述べている。自分自身を少しでもよりよい方向に改善していきたいという強い意欲があれば，自己分析はその一助となるのである（コラム4参照）。

（2）自分から変わってみる

人間関係において，相手を自分の思うように変えようとするのではなく，まずは自分自身が変わっていくことが解決への道につながる場合もある。自分の心の中の怒りや不満，あるいは不安が少しでも軽減できるような物事の受け取り方や考え方に自分を変えていくことである。たとえ相手が悪い場合であっても，こだわらず，許す気持ちを心がけていると，不思議と相手も状況もよりよい方向に変わっていくこともある。人間は互いに許し，許されて生きる存在であろう。時には率直に腹を割って話すことも必要である。人間関係によって傷つくこともあるが，逆に人間関係によって自分の中にあるよい点や自分らしさに気づかせてもらえたり，喜びや感動をもたらしてくれることもあるのである。それが人間関係の妙味であろう。

コラム4 自己分析の手引

　以下は，ホルネイ（Horney, 1942）の『自己分析』の訳者である霜田と國分（1981）が，訳本において「ホルネイの自己分析の手引き」としてまとめているものから抜粋し，一部修正を加えたものである。

◆**自分を隈なく観察する**
　自己分析する場合，性格を改善したいなど，まず目標を明確にする。また，普段から自分の心の動きに注意して，「なぜか」を考えるくせをつけることが必要。

◆**焦点をしぼって観察する**
　漠然と自分を眺めるのではなく，たとえば人間関係において最近何かイヤなこと，恥ずかしかったこと，腹が立ったことがなかったかを思い出す。焦点をしぼって，そのときの自分の感情を観察する。

◆**実際に行動に移す**
　今までに気づかなかったことに気づいたからといって，すぐに性格や人間関係が改善されるわけではない。一応の洞察ができたなら，あとは必要に応じて日常の人間関係において練習してみることである。行動に移すことが自己改造へとつながる。

◆**系統的自己分析**
　さらに性格の深みに触れる自己分析をするためには系統的な自己分析が必要。一貫性をもってどれか特定の問題を徹底的に掘り下げる。一人ではむずかしい場合は，カウンセリングなどを活用する。

◆**人の批評・悪口・叱責などは一つの解釈と考える**
　他人の批評や悪口，叱責などは，偶然の機会に精神分析を受けるようなものである。これらは誰しもムッとし，腹が立つものであるが，そのときは，「これは分析料も払わずに分析してもらったようなものだ。タダだから荒療治なのもしかたない」と考え，自分を謙虚に内省する。

＊自己分析には冷静で客観的に自分を洞察する力が必要である。洞察には，自分のネガティブな面に向きあう勇気だけでなく，それを自己成長につなげる姿勢も必要となる。自己分析によって自分を深く理解することは，他者を，そして人間というものを深く理解することにつながる。皆，弱さをもった存在である。気負うことなく，互いの至りなさを許しあい，人の思惑を気にせず，自分らしさを生きることがよりよい人間関係の構築につながるのである。

Ⅱ部
社会心理学的視点からみた人間関係

第5章 自己と他者

　思春期を過ぎると私たちは誰でも,「自分は他の人と比べてどんな特徴があるのだろうか」「自分は価値のある人間なのだろうか」などと考えるようになる。心理学には,人が自分のことをどのように考え,どのように感じているか,また人は自分のことをどのように考えたい,感じたいと思っているか,そしてそのような考えが人の行動にどういった影響を与えるのか,ということを研究する領域がある。本章では,そのような「自己」にまつわる研究とその文化差について紹介する。

第1節　自　己

1 ── 自己概念

　自己概念とは,人が自分自身をどんな人間だと「考えている」のかを示す言葉である。ジェームズ（James, 1892）は,人間の自己（全体的自己）は,「知る自己*」と「知られる自己*」に分かれるとした。この「知られる自己」のように,自分自身に対して抱いているイメージや総体,つまり,人が自分のものと呼びうるすべてのものの総和を「自己概念」と呼ぶ。

　ジェームズはこの自己概念について,次の3つから成り立っているとした。

（1）物質的自己

　自分のものといえるもののうち,触ることのできる物体のことをさす。ジェームズは,

> **知る自己**
>
> 主我ともいい,英語でいう「I」である。「知る自己」は,たとえば「私は自分について考えた」の「私」のように,行動し,知る主体であると定義されている。

人間にとって物質的自己の核心となる第1のものは身体で，第2は衣服，第3は直近近親の家族，第4が自分の家だとした。さらに財産も重要であるとしている。これには金銭のみならず，労苦を注いで自分で作成したものや集めたものなどがある。そして人間はこれら物質的自己を「大事にし，よりよい状態にしようとする」動機づけをもつという。

> **知られる自己**
>
> 客我ともいい，英語でいう「me」である。「私は自分について考えた」の「自分」のように，意識の対象となる。

(2) 社会的自己

社会の中での自分の役割や，他者が自分のことをどう感じているかのイメージから得られる自己の像のことをさす。1人の人には，その人のイメージを心に抱いている人の数と同数の社会的自己がある，といわれる。たとえば，教師や上司の前では真面目に振る舞っていても友人や後輩の前では威張ったり毒づいたりする人や，自分の子どもの前ではやさしいが職場では厳しい上司であるような場合である（本章p.87の自己呈示を参照）。

(3) 精神的自己

自分の能力，価値観，感情，興味，意見や性格など，触ることはできないが，自分に所属すると考えることができる，より内的な側面から定義される自己の像のことをさす。たとえば「私は走るのが速い」「本を読むことが好きだ」「人前に出ると緊張する性格だ」などの認識があてはまる。

2 ── 自尊心

自尊心とは，人が自分自身をどう「感じている」のかを示す言葉である。専門的には，自己概念と結びついている自己の価値の感覚や感情（遠藤・蘭・井上, 1992）である（コラム5-1も参照）。たとえば，自分のことを好きな人や，自分自身のことを受容できている人は，自尊心が高いということになる。自尊心の代表的な定義は以下に示すとおりである。

> **自尊心の定義**
>
> **(1) ジェームズの定義**
> 　ジェームズ（James, 1892）は，自尊心を，「自分の自分への願望」に対する「実際の成功」の比率によって決定されるとし，「自尊心＝成功／願望」という公式を提唱した。つまり，同じぐらいの成功度の人が2人いたとしても，自分への願望（理想像）が非常に高い人は，それだけ自尊心が低いことになる。
>
> **(2) ローゼンバーグの定義**
> 　ローゼンバーグ（Rosenberg, 1965）は，自尊心が「自分は失敗しても成功しても愛される存在である」という経験など成長期における親の態度に関連し，自分を尊敬でき，価値ある人間だととらえている程度だと定義した。そしてその程度を測定できる自尊心尺度を開発した。この自尊心尺度は10項目と測定しやすいこともあり，現在最も多く用いられている代表的な自尊心尺度である。（コラム5-1参照）

　では低自尊心と高自尊心は，日常生活にどのような違いをもたらすのだろうか。テストなど能力を試される場面において，高自尊心者は優れた成績を目指し，失敗した場合や自分の欠点には目を向けない傾向がある。逆に低自尊心者は，失敗を避けようとする特徴があり，目標に目を向けるより，失敗を繰り返し思い出すようである。

　日常生活では，高自尊心者は低自尊心者よりも，自分自身や周囲の状況を肯定的にとらえ，社会的不安が低く，成功期待を高くもち，自分の人生に対する主観的な幸福感が高く，説得されにくいなどの望ましい特徴があると報告されている（Baumeister, 1998）。ただ，高自尊心者がよい特徴のみをもつというわけではない。自尊心が過度に高い人は，攻撃性が高く，自我に対する脅威に弱いことが示されている。また現実よりもよいほうに誇張された自己観をもつため，対人関係上での他者への配慮をしなくなり，社会スキルが乏しくなる，などの報告もある。

3 ── 自己にかかわる動機

　人は，常にさまざまな他者と相互作用をし，互いの特徴について認識，評価

しながら日常生活を送っている。そのような中で，人は自分や自分が所属する集団に関して知ろうとし，またできるだけ自分を価値のあるものとしてとらえたいと思っている。このように「自分について知りたい」という動機には，主に以下の3つがあるとされている（Baumeister, 1998）。

1つ目は，自分について正確なことを知りたいと思う**自己査定動機**である。これは，人が自分の性格や能力について，たとえ悪い情報であっても「正しい」ことを知りたいと思う動機である。自分に関して正確に把握することによって，まわりの状況や将来に適切に対応できるという点で重要である。

2つ目は，自分についてよいことを知りたいと思う**自己高揚動機**である。これは，自己への楽観的評価を含むもので，現状や将来を自分の評価がよくなるように解釈したいという動機である。客観的な情報よりは，主観的な「自分は有能である」という気持ちを重視することによって，自己や自尊心をよい状態に保つことができ，それが将来の行動へのやる気につながるといえる。

3つ目は，よい悪いにかかわらず，今までもっている自分のイメージを確認したいと思う**自己確証動機**である。興味深いのは，この動機が強い場合，自分に自信がない人はそれを確証するように，自分にとって悪い情報を好む，ということになる。

上の3つの動機のうち，人は最終的には自己高揚動機を満足させるように，他のさまざまな動機を状況に応じて使い分けているといわれている。自己高揚動機が満足させられると，最終的には自尊心が高まるからである。

4 ── 文化的自己観

このような「自己」のありようは文化によって異なるのだろうか。マーカスと北山は，「所属するさまざまな文化によって自己観が異なる」ことを主張した（Markus & Kitayama, 1991）。具体的には，北米などの欧米文化においては「相互独立的」な自己観が優勢であり，そこでは人々は自分自身のことを「能力や性格など，自身がもつ特徴によって把握する」とされている。他方，日本を含む東洋文化においては，「相互協調的」な自己観が優勢であり，そこでは人々は自分自身のことを「他者と自分との関係性のよさや，集団の中で自分がもつ役割の重要性などで把握する」とされている。

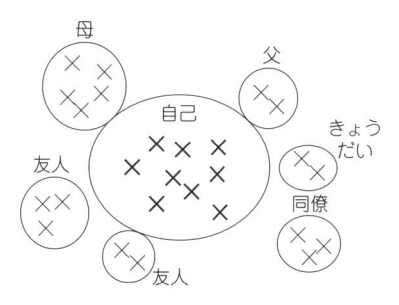

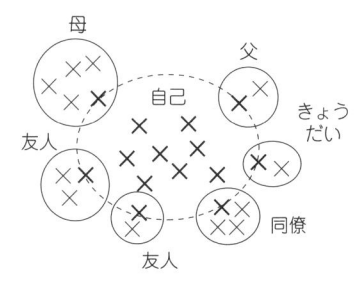

第 5 章　自己と他者

(a) 相互独立的自己観の模式図　　(b) 相互協調的自己観の模式図

図中の○は人の心理的な自己・他者の境界を表わし，×は能力や性格などさまざまな側面を表わす。×が○に重なっていることは，表出される性格がそのときの状況や一緒にいる他者によって異なることを示す。

図 5-1　文化による自己観の違い（Markus & Kitayama, 1991）

　図 5-1 の (a) は**相互独立的自己観**を模式的に図に示したものだが，この図にあるように，相互独立的自己観が優勢な文化では，自己は，他者やまわりの物事とは区別され，切り離された実体である。そして，そのような文化や社会で適応していくためには「自らの中に望ましい特徴を見出し，それらを外に表現し，現実のものとしていくこと」が重要である。つまり，このような文化においては，人は「自分がいかに有能であるか，望ましい特徴をもつか」を積極的にアピールするほうが，人に好かれ，その社会でうまく適応して生きていけるということになる。

　それに対して図 5-1 の (b) に示したような**相互協調的自己観**が優勢な文化においては，自己の境界線は他者との境界線と重なりあった，関係志向的なものである。そのような社会で適応していくためには，人は「意味ある社会的関係を見出し，自らをその中の重要な一部分として認識し，またまわりの人にそう認識されること」が重要である。つまり，このような文化においては，人は「周囲の人たちとよい人間関係を築いていくこと」が非常に重要であり，自分についてアピールする場合は「自分がどれだけよい人間関係に恵まれていて，周囲の人といかにうまくやっているか」をアピールすることが，その社会でうまく適応していくことにつながるのである。

　このように，自己観はそれぞれ個人が育つ文化によって異なると考えられている。そのため，心理学の研究において広くみられる現象の中には，北米にお

いてはよくみられるが、日本や韓国など東アジアではその傾向が弱くなるというものもある（次節参照）。

第2節 自己評価

1——定義

自己評価とは、自己概念に対する自己の評価のことである。自尊心が自己についての感情的な側面であるのに対し、自己評価は「よい-悪い」という評価的な側面である。自分について何らかの評価を下すには、他者と比較して自分がどのくらいの位置にいるのかを把握する必要があるだろう。まずは、他者と自分を比較することについての理論を見ていくことにする。

2——社会的比較

人は誰でも、自分の能力や考えや外見などが、他者と比べてどの程度高かったり強かったりよかったりするのか、確認したいと思うものである。このような場合、人は同性・同年齢など、自分と類似する他者との比較を通じて自己を評価しようとすると考えたのが、フェスティンガー（Festinger, 1954）の社会的比較理論である。

比較の際、身長や足の速さなどは、実際に測定すればその高さや速さなどが数値として明確に表われるので、他者との比較も容易にできる。フェスティンガーは、意見や態度など、物理的な手段で測定することが不可能なものの場合でも、人はなんとか他者と自分を比較して自分の能力や位置を確認すると説明した。

フェスティンガーによると、人が自分と他者を比べるのは、比較によって、自分に関する不確かさを減少させることができるからだという。また、自分の能力や意見の位置づけをできるだけ正確に知ることによって、自分の能力が低ければ努力して向上に努めるなど、自分の置かれた環境により適応することができるという理由もある。

この理論の骨子となる主要な命題は以下のとおりである。

> **社会的比較理論の主要な命題**
>
> ①人には自分の意見や能力を評価しようとする動因が存在する。自分の意見や能力について，不正確な評価を下すと，自分自身を危険にさらす可能性がある。たとえば，自分の泳ぐ能力を過信して川を泳いで渡ろうとし，途中で溺れてしまっては自分の命が危うくなりかねない。ここでは，正確な自己像を得ることに重点が置かれている。
> ②自己評価のための客観的な手段が得られないほど，他者の意見や能力と自分のそれを比較する。つまり，自己評価は他者によって影響を受けるものである。
> ③比較対象となりうる他者のうち，自分の能力や意見と近い者が比較のために選ばれる。自分の能力を把握するにあたって，比較する相手は誰でもよいというものではない。たとえば若者が高齢者より速く走ることができたとしても，若者の能力を正しく把握するための役には立たない。性別や年齢が同じであったり，同じ部活に所属していたり，能力が同レベルの人を相手に選んだほうがより正しい判断ができる。

　高田（1993, 1994, 1999）は大学生や幅広い年齢層の人を対象に，社会的比較の実態を調べている。まず大学生については，他者と自分を「ほとんどいつも比較している」「ときどきは比較する」と答えた人が77％おり，社会的比較が日常的に行なわれていることが示されている。また，自分と類似した他者である同年齢の他者と比較をすると回答した割合は，青年期で最も高く，成人，高齢者と年齢が上昇するにしたがって下がる。

　比較する内容についてはどうだろうか。表5-1は，大学生を対象とした社会的比較の実態の結果である（高田, 1994）。大学生は周囲の他者や友人と自分を，容姿・外見や能力，態度や意見についてよく比較していることがわかる。さらにさまざまな年齢層を対象とした調査の結果，他者と比較をする内容については，高校生や大学生（青年期）は容姿・外見が多いが，成人になると容姿・外見は減り，生き方について自分と他者を比較するようになるという。

　次は，同じように自己と他者の比較でも，「自分の評価をできるだけ高く維持したい」という自己高揚動機を主軸においた理論を紹介しよう。

表5-1　大学生の社会的比較の様態（高田, 1994）

内　　容	頻度（%）	内　　容	頻度（%）
比較の対象		比較の理由・機能	
態度・意見	38 (16.0)	自己評価	42 (32.1)
能力	42 (17.7)	他者評価	11 (8.4)
性格	38 (16.0)	不確実性の低減	14 (10.7)
容姿・外見	56 (23.6)	自己高揚	33 (25.2)
行動	24 (10.1)	自己卑下	12 (9.2)
パフォーマンス・結果	15 (6.3)	関係への配慮	15 (11.5)
生き方・生活態度	10 (4.2)	理由なし・自然	3 (2.3)
将来・目指す方向	5 (2.1)		
その他	9 (3.8)	比較の結果	
		自己向上努力	49 (29.5)
比較の相手		劣等感	34 (20.5)
友人	43 (34.1)	自己概念形成・変化	16 (9.6)
類似他者	17 (13.5)	優越感	14 (8.4)
非類似他者	18 (14.3)	影響なし	13 (7.8)
周囲の他者	31 (24.6)	態度変化	9 (5.4)
不特定多数	5 (1.6)	他者の理解	9 (5.4)
架空の人物	2 (1.6)	同調・模倣	8 (4.8)
だれとでも	5 (4.0)	努力の放棄	5 (3.0)
その他	5 (4.0)	不明確さの拡大	3 (1.8)
		他者への嫉妬	3 (1.8)
		その他	3 (1.8)

3 ── 自己評価維持の理論：自己評価維持モデル

　テッサー（Tesser, 1988）は，自己評価維持モデルを提唱し，自己評価維持のメカニズムを説明した。このモデルは，「人は自分の自己評価を維持したり高めたりするように行動する」「自分と他者との関係が自己評価に大きく影響する」という2つの前提をもとに立てられた理論である。そして，自己評価維持にあたって鍵となるのは，①課題の遂行レベル，②課題の自己関連性，③比較相手との心理的近さであり，人は自分を相対的にポジティブに評価できるよう，この3つの要素を変化させていくという。

　図5-2の（a）は，比較相手と比べた自分の課題遂行レベルが高い状態を示している。この場合，自分の遂行レベルが相手よりも高いため，課題の自己関連性，比較相手との心理的近さが高くとも低くとも，自己評価は高いまま維持

> **自己評価維持モデルの3要素**
>
> - **課題の遂行レベル**：比較相手と比べた自分の達成レベル。これが相手より高ければ問題がないが、低ければ自己評価にとって脅威となる。
> - **課題の自己関連性**：その課題に対する自分自身の関与度の高さのこと。自分にとって課題で成功することの重要性と言い換えることもできる。
> - **課題の心理的近さ**：比較相手との心理的な近さ。仲が良ければ心理的に近いことになる。

される。そのため自己評価維持のために何かアクションが起こることはない。

　図5-2の(b)は、比較相手と比べた自分の課題遂行レベルが低い状態を示している。この場合、人は何らかのアクションを起こして自己評価が下がらないようにする。たとえば、吹奏楽部に入部して念願のクラリネットを習い始めたXさん（課題の自己関連性が高い）を想像してほしい。同時に入部して同じ楽器を習い、仲良くなり（心理的に近くなり）始めた友人Yさんが上達する（遂行レベルが高くなる）のを見て、心理的な脅威を受けているとしよう。

　この状況を打破するには、Xさんには図の太線で示したように3つの方法がある。方法Aは最も正攻法となろうが、自分もがんばって練習し、Yさんに負けないようなレベルまで上達することである。方法Bは、あまりに上手になっていくYさんと練習以外でもずっと一緒にいると、常に実力差を思い出してつらくなるため、Yさんと一緒にいるのを避け、Yさんを心理的に遠い存在にするというものである。それにより、自己評価が下がるのを防ぐのである。方法Cは、自分自身の「クラリネットが上手になることは自分にとって重要だ」という思いを引き下げるという方法である。そうすることにより、自分が負けている相手と一緒にいても、それを悔しいと思うことなく、自己評価は高く維持されたままになるのである。このように、A〜Cのいずれか、本人にとって最も変化させやすい箇所を変えることによって、人は自己評価を維持しているという。

　また自己評価維持モデルには、反映過程、比較過程という2つの過程が作用していると考えられている。自分と心理的に近い他者の優れた遂行によって、

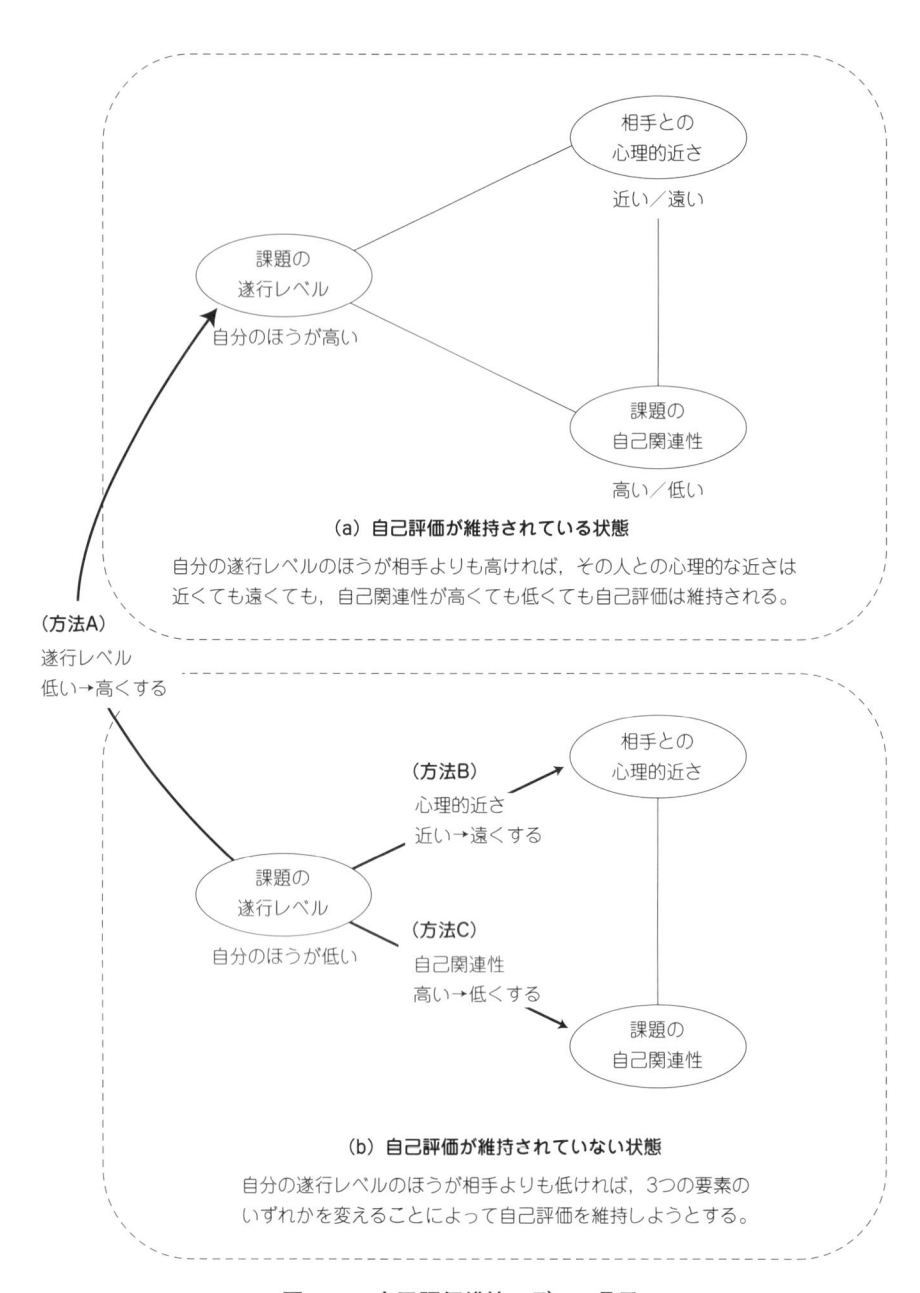

Ⅱ部　社会心理学的視点からみた人間関係

(a) 自己評価が維持されている状態

自分の遂行レベルのほうが相手よりも高ければ、その人との心理的な近さは近くても遠くても、自己関連性が高くても低くても自己評価は維持される。

（方法A）
遂行レベル
低い→高くする

（方法B）
心理的近さ
近い→遠くする

（方法C）
自己関連性
高い→低くする

(b) 自己評価が維持されていない状態

自分の遂行レベルのほうが相手よりも低ければ、3つの要素のいずれかを変えることによって自己評価を維持しようとする。

図5-2　自己評価維持モデルの骨子

間接的に自己の評価を増大させることを反映過程という。これは，優れた業績をあげた人や有名な人と自分との結びつきを強調することによって自分の評価をあげようとするもので，栄光浴（本章p.82参照）もこれにあてはまる。もう1つの自己評価過程として，比較過程がある。これは，反映過程とは逆に，心理的に近い他者の優れた遂行によって自己評価が引き下げられる場合のことである。つまり課題の自己関連性が低ければ反映過程，自己関連性が高ければ比較過程が起こることになる。

4 ── 自己評価の維持にかかわるさまざまな現象

このように人は肯定的な自己評価を維持するように動機づけられているが，その結果として，さまざまな現象が観察されている。以下にそれぞれを紹介しよう。

(1) 利己的な帰属のバイアス

利己的な帰属のバイアス（self-serving bias）とは，成功や望ましい成果を得たり経験したとき，人はその原因を自分（自分の能力の高さや努力の大きさ）のせいだと考えるが，逆に，失敗を経験したり望ましくない成果を得た場合の原因は，自分以外の事柄（運の悪さ，課題のむずかしさなど）のせいにすることである。つまり，よいことは自分のせい，悪いことは他のもののせい，というわけである。このように考えることによって，人は自己評価を維持することができている。

(2) セルフハンディキャッピング

セルフハンディキャッピングとは，自分にとって重要な特性（たとえば，専門科目での能力，仕事の能力，所属する部活での能力など）が他者の評価の対象になる可能性があり，かつ，そこで高い評価を受けられるかどうかに自信がない場合，自分のパフォーマンスを妨害する不利な条件をつくり出したり，そのような行為をしたということを他者に主張したりすることをさす。たとえば，重要な試験の前日にわざと友人と徹夜でカラオケに行ったり，それを友人に言いふらすなどの行動である。

セルフハンディキャッピングを行なう利点は，あらかじめ勉強や練習をしないなど不利な条件をつくり出しておけば，失敗した場合に自分の能力の低さの

せいではなく，つくり出しておいた不利な条件のせいにできるところである。簡単に言ってしまえば，「最初からできない人」ではなく，「やればできるかもしれない人」になれるのだ。また，セルフハンディキャッピングは結果が悪かったときはもちろん普通に言い訳として使えるが，逆に結果がよかったときには，不利な条件があったにもかかわらず成功したということで，自分にはもとから高い能力があったのだと他者に印象づけることもできる。つまり，セルフハンディキャッピングを行なえば，成功しても失敗しても，自分にとって有利な評価を受けることができるのだ。

しかし，欠点もある。いつでもセルフハンディキャッピングばかり行なっていれば，言い訳がましい人，努力しない人といった評価も受けやすくなる。また，自分の能力を直視することを避けてばかりいると本当の自分の能力がわからなくなり，何かをやり遂げるための適切な努力ができなくなってしまう。

(3) 栄光浴

栄光浴とは，ある能力（知的能力，運動能力，美しさなど）において優れた他者が，自分と同じ高校出身であったり「友人の友人である」など何らかの関係があるとき，その人との結びつきを強く考えることによって，間接的に自分の評価を上げようとするものである。他者の栄光に浴してポジティブな気分にひたることから，栄光浴と名づけられている。

(4) 平均以上効果

ある能力が人口の平均レベル以上となりうる人の割合は，統計的には人口の50%である。それにもかかわらず，人は自分の特性や活動に対して非常に広領域にわたり，自分は平均以上であると認知する傾向がある。これを平均以上効果と呼ぶ。

(5) ポジティブ幻想

テイラーとブラウン（Taylor & Brown, 1988）は，ポジティブ幻想という概念を提唱

平均以上効果

「あなたは，自分の○○能力が平均的な他者と比べてどの程度だと思いますか」という質問に対し「自分の位置は上位何%」という形式の回答を求めると，多くの人が自分を「平均（50%）以上」だと回答する傾向がある。例えばアメリカの高校生を対象としたある調査ではリーダーシップ能力で70%の人が，友人とうまくやっていく能力については100%の人が，自分は平均以上だと回答している。

した。それらには，①非現実的にポジティブな自己観（ポジティブな特性が，自分によりあてはまるととらえる），②コントロール幻想（環境や出来事に対し，自分が，現実で考えられる以上にコントロールできると認識すること），③非現実的楽観視（自分の将来をバラ色に描くこと。たとえば，他の人たちより健康に恵まれ，仕事で成功し，幸せな結婚生活を送るなど）の3種類がある。

5 ── 自己評価の文化差

(1) 自己評価と文化

　北米においては，自己高揚バイアスや平均以上効果が強く観測されている。またそのような傾向が高いほど，精神的健康も高いという報告が多くなされている（たとえば，Taylor & Brown, 1988）。

　しかし日本を含む東洋においては，自己高揚バイアスについての結果は北米ほど明確ではない。たとえばハイネら（Heine et al., 1999）は，自己評価に関連するさまざまな従属変数において，日本人はカナダ人に比べて自己評価が低いことを示し，日本人は自己を卑下する傾向があり，自己高揚が行なわれにくいと主張している。他方，東洋でも「友人を大切にする」など，回答者にとって重要性の高い側面では自己高揚バイアスや平均以上効果が表出されるという指摘（Brown & Kobayashi, 2002；伊藤, 1999）もある。また日本人には，親密な他者と自分との関係性は，他の人たちの親密な関係性よりも，より望ましいものであるとする関係性高揚があることも示されている（遠藤, 1997）。

　この傾向は，文化的自己観（本章p.74参照）の違いによって解釈することができる。つまり，相互協調的自己観が優勢な日本では，自分自身の評価を向上させるよりも他者とよい関係を維持することが重視されている，というものである。また，日本人の集団主義的傾向の高さ（所属集団への帰属感の強さ）から解釈することもできる（Yamaguchi, 1994）。この点に関して興味深い研究がある。人生満足度について31か国13000人以上の比較文化調査を行なったディーナーとディーナー（Diener & Diener, 1995）は，個人主義の国々では集団主義の国々よりも，自尊心と人生満足度の関係が強いことを明らかにしている。つまり，個人主義の国々では自尊心が高いほうが人生全体への満足度が高くなるが，集団主義の国々では自尊心の高さと人生全体への満足度は必ずしも直結

Ⅱ部　社会心理学的視点からみた人間関係

しないのである。集団を重視する日本では，自己の長所をおおっぴらに表明するより，「能ある鷹は爪を隠して」謙遜するほうが奨励され，またそのような人が他者からも好かれる傾向にあると考えられる。

(2) 自己評価をどこまで伝えるか

日本人は自分が大きな成功をおさめて，それを他者に語るとき，ありのままに喜びを表現するのだろうか，それとも謙遜して控えめに話すのだろうか。村本・山口（2003）は，人は自分自身の成功や，自分の家族の成功について他者に語るとき，「謙遜して控えめに話す」か「謙遜せずありのままに喜びを表す」かを4件法で尋ねた（コラム5-2参照）。

その結果，人は自分の成功について「家族」に話すときには，「職場の人や友人」に話すときよりも，謙遜せず自己高揚的に話すことがわかった。また，この傾向は性別や年代を超えて一貫していた（図5-3）。そして，同じ「家族」でも，「家族との心理的一体感が強い」人は，「一体感が弱い」人に比べて，自分の成功をありのままに話すことも明らかになっている。興味深いことに，自分のことを卑下的に話す傾向は，年代が上がるにつれて強くなっていた。つまり，20歳代から60歳代と年代が上がるにつれて，自己を謙遜し，卑下的に話すということになる。若年者ほど，「謙遜の規範」が緩んできているようである。

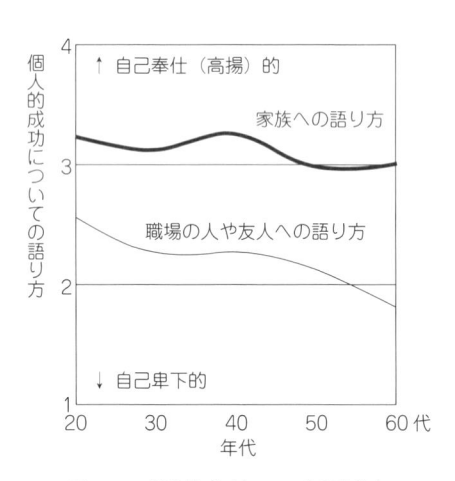

図5-3　個人的成功についての語り方
（村本・山口，2003をもとに改変）

このように，「自分をどう評価するか」だけでなく「自分についてどのように語るか」においても，人は人間関係の間合いを計りながら行なっているといえる。自分の努力や能力を高く評価してくれる家族であれば，自己高揚的になっても嫌われる心配がなく，安心して自分の成功をおおっぴらに語ることができるのだ。逆に職場の人や友人の前では「空気を読んで」自己卑下をしておくほうが，人間関係をスムーズに運べるといえる。

第3節 自己開示

1――自己開示と返報性

　自己開示とは，自分に関する情報を，特定の他者に言葉を介して伝えることで，ジュラード（Jourard, 1971）が臨床心理学から社会心理学に導入した概念である。自己開示の内容は，今朝の朝食の内容などというありふれた表面的なものから，心的外傷体験などの内面的で個人的なものまでありうる（第6章p.98，p.108も参照）。一般的に，対人関係が親密になるにつれて自己開示の内容が深まっていくとされる。

　自己開示を行なうことによって，自分や自分を取り巻く状況についての理解が深まったり，開示を受けた人の反応を通じて自分の考えの適切さなどの情報が得られたり，自分についての情報を他者と共有する量が増えるにつれて親密性が深まったり，というメリットがある。

　また，他者から自己開示を受けた人は，その開示の深さや量に応じて，自分自身も同程度の深さや量の開示をするという傾向がある。これを**自己開示の返報性**という。これは，開示を受けた人が，「自分を信頼して話してくれたのだ」と感じて，開示者に好意を感じるからだとされている。

2――自己開示と健康

　自己開示を行なうと，心理的，身体的健康によい影響があることが知られている。ペネベーカーとビール（Pennebaker & Beall, 1986）は，大学生を対象に実験を行ない，自分に起こった外傷的なつらい出来事について，事実のみを

書いたり，感情のみを書いたりするより，事実も感情も両方を書いたほうが，その後6か月間に大学の健康センターを訪れる回数が少なかったことを明らかにしている。

また別の実験では，末期の乳ガン患者88人を対象とし，同じ病気の人たちで集まり1年間毎週話をするというサポートグループ参加群（50名）と，そのようなグループに参加しない統制群（33名）との間に差があるかを比較した（群分けはランダムになされている）。サポートグループでは，参加者がそれぞれ自分の状態や悩みについて話しあうのである。その結果，グループ参加群はその後平均して36.6か月生存したのに対し，統制群は18.9か月となり，大きな差がみられた（Spiegel et al., 1989）。（ただしその後の研究では，必ずしも同様の結果が得られないという報告もある。）

このように自分について話をすることは，しないよりも身体的症状や健康指標，生存率がよい，という報告が多数ある。ペネベーカーによると，自分について話をすることは，自律神経の機能を向上させ，免疫力を高めるようである。ただし，自己開示を行なうことのコストも存在する。まだ関係が浅いうちに外傷的や否定的な体験についてなど強すぎる自己開示をすると，他者から拒否されるという研究がある。そのため自己開示者は，自分の気持ちを相手が受け止めてくれるか，相手から拒絶されないか，相手に心理的なダメージを与えてしまわないか，また自分の開示した内容が他者に伝わってしまわないか，という不安が高まることがあるようである。

3 ── 自己開示とパーソナリティ

自己開示については，開示者についても開示の受け手についても，さまざまなパーソナリティが関連していることが知られている。1つには，私的自己意識が高い人（自己の内面に注意が向きやすく，よく考える人）は低い人と比べて，自己開示をよくするといわれている（Davis & Franzoi, 1987）。また，性差を検討した研究では，女性のほうが男性よりも自己開示が多いこと，そして女性どうしのペア間（開示者も受け手も女性）で最も自己開示が多いことがわかっている（大坊, 1992）。また，他者からの自己開示を引き出すのが上手なパーソナリティも存在する。そういった人は，相手をリラックスさせ，相手に関

心を払い，相手からの信頼を得て，話を引き出すことができるとされている。そのようなパーソナリティの個人差を測定するものにオープナー・スケール（小口, 1989）がある（コラム 5-3 参照）。

第4節 自己呈示

第 2 節では，自己評価について紹介し，人は自分の評価をできるだけ高く維持しようとしていること，またその傾向には文化差が存在することを示した。本節では，それらの評価やイメージを他者に呈示する行動である自己呈示についての理論および研究を概観する。

1──自己呈示の定義

人間の行動の多くは，当人が意識するしないにかかわらず，当人についての社会的イメージを他者に与える役割を果たしている。どのような洋服を着るか，どういった髪型にするか，相手によって礼儀正しく振る舞ったり，つっけんどんに振る舞ったりなど，人は，日常的に周囲の人にさまざまな自己の側面を「見せ」ながら生きているといえる。このように，日常生活の中で自分をある方向で他者に呈示すること，また他者が自分について抱く印象をコントロールすることを自己呈示と呼ぶ。その主要な目標は，他者から好意的に見られ，その人々からポジティブな反応（友好的関係，好意的なフィードバック，援助など）を引き出すものとされる。

2──自己呈示の機能

一般的には，人が自己呈示を行なうのは，他の行動を行なう動機と同じで「予期される報酬を最大化し，罰を最小化する」ためだとされる（Schlenker, 1980）。つまり，状況に応じて望ましいと思われる振る舞いをし，他者によい印象を与えたほうが，その後の生活で，人から好かれる可能性が高まり，逆に嫌われる可能性を下げるのである。就職活動中の学生が，説明会や面接に行くときにスーツを着て礼儀正しく振る舞うのも，面接者に望ましい自己呈示を行なってよい印象をもってもらい，採用してもらいたいと思うからである。

3 ── 自己呈示の種類

ジョーンズとピットマン（Jones & Pittman, 1982）は，自己呈示を目標を達成するために意識的に行なうものだとし，その目標には5種類あるとした（表5-2）。それらは，①取り入り，②自己宣伝，③示範，④威嚇，⑤哀願であり，④と⑤は習慣的に使用すると不適応だとされている。

(1) 取り入り

これは，他者に好かれるように，また他者から「温かい」「信頼できる」といった特性の帰属を行なってもらうことを目的とした自己呈示方法である。たとえば，他者の機嫌をとるためにお世辞を言ったり，他者の意見に同調したり，親切な行為をするなどがあげられる。取り入りをすることによる報酬の第1は，人から好かれたほうが生き残りに有利になることである。つまり，危機的状況や，他者からの助けが必要なとき，人から好かれているほうが有利であるということである。人から好かれていると仕事で融通をきかせてもらったり，思わぬところで成功への手助けがあったりして，社会的成功にもつながりやすいかもしれない。企業が，人に好かれるタイプの人を営業に配属するのは，こういった理由によるのであろう。第2に，人から好かれ，友人がいることは，所属

表5-2 さまざまな自己呈示方法とその目的 （Jones & Pittman, 1982）

	相手に喚起される感情	成功した場合の帰属	失敗した場合の帰属	典型的な行為
取り入り	好意	好感がもてる	追従者・卑屈・同調者	自己描写・意見同調・親切な好意・お世辞
自己宣伝	尊敬	能力のある	うぬぼれた 不誠実	業績の主張・説明
示範	罪悪感 恥	価値ある 立派な	偽善者 信人ぶった	自己否定・援助・献身的努力
威嚇	恐怖	危険な	うるさい 無能	脅し・怒り
哀願	養育 介護	かわいそう 不幸	なまけ者 要求者	自己非難・援助の懇願

感を高め，幸福感を高める（Baumeister & Leary, 1995）という利点がある。このように，人に好かれることには多くの利点があるため，人は自分が好ましい人間であろうとしたり，好ましい人間に見えるようにするために一生懸命になるのであろう。

　取り入りを行なう方法には3種類ある。1つ目はお世辞で，人は多くの場合，自分について誉められるとそのことを快く思うことから，誉めた人は結果的に好かれることになる。2つ目は同調行動で，好かれたいと思う他者の意見に同調するよう，自分の意見を変える方法である。3つ目は身体的魅力を高めることであり，好ましい相手の前では，特に女性は食事の量が減少することなどがある（Mori et al., 1987）。

　取り入りを行なうことによるコストは，日常的に取り入り行動をしていると，通常では魅力的に映るような行動でも，裏の目的があるのではないかというネガティブな認知をされる場合がある。もしあからさまな方法をとると，観察者によってすぐ真の目的が見抜かれてしまい，逆効果になる可能性がある。

(2) 自己宣伝：ポジティブな自己呈示

　自己宣伝は自己呈示の1つで，自分は有能な人間であるとみられることを目標に行なう自己描写である。たとえば，自分の成績などを実際よりも高めに報告するなどである。どのような状況のときにこの方略がとられるかは文化によってさまざまであろうと推測されるが，北米では，特に自分より地位の高い他者に対する場面で頻繁に生じるとされている。「われわれの多くにとって，自己宣伝はフルタイム・ジョブである」（Jones & Pittman, 1982, p.242）ともいわれるように，特に北米においては自己をポジティブに他者に見せることは当然のこととされる。

　ただし自己宣伝をすることによるコストも存在し，それには以下のようなものがある。1つ目は，有能性を主張した分野について，呈示した相手に客観的に判断される機会があった場合，宣伝的自己呈示を行なったことが露見してしまうことである。2つ目は，常に自己について過度な宣伝をしていると，自分の言葉に対する信頼性が落ちることである。3つ目は，その主張が信用に足るものだったとしても，傲慢さや自慢話が退屈でおもしろくないなどの，好ましくない特性帰属がなされることである。

(3) 示範

示範的自己呈示とは，倫理的，道徳的に価値のある，という自己の側面を示すことである。たとえば，誠実，規律正しい，情け深いなどの印象を呈示することになる。

しかしこの自己呈示を行なって成功するには，呈示者は強く社会の理想価値を内在化し，一貫して美徳的な行動をとり続け，その行動は他者の反応によって影響を受けないような行動が必要であるというが，これはなかなかむずかしい。ジョーンズとピットマンらは，真に自発的で一貫した示範的自己呈示者はまれであるとし，その典型例としては，宗教的リーダーなどをあげている。

(4) 威嚇

威嚇とは，脅迫したり攻撃的になることにより，相互作用相手に恐怖感を抱かせるような行動である。威嚇が成功すると，その圧力で，他者に自分の言うことを聞かせ自分の思いどおりにコントロールことができる。しかし，威嚇を行なう場合のコストは，相手に魅力的に思ってもらえない可能性があるということである。

威嚇は，職場の上司・部下関係，先生・生徒の関係，家族関係や婚姻関係など，簡単には変更がきかない人間関係で起こりやすい。たとえば，職場でのハラスメントや，夫婦間のドメスティックバイオレンス，子どもによる家庭内暴力などはこの例である。こういった関係で威嚇が行なわれた場合，威嚇を受けた人がその関係に不満をもっていたとしても，すぐにその関係から抜け出せないため，継続して行なわれてしまう。しかし，威嚇者がこの点に気づかず，強すぎる威嚇を行ない続けた場合には，その関係は崩れ，転職，非行，子供の勘当，離婚などが起こる可能性がある。

また，威嚇が成功するためには，威嚇者は，相手が逆らった場合に本当に悪い結果を引き起こすことのできる資源をもっている必要がある。たとえば，何らかの力，賃金や雇用・成績の評価をする権限などである。威嚇は，意識的な場合もあるが，無意識的であったり，ある社会的状況で学習された反応である場合もある（たとえば，上司から怒鳴られ威嚇される指導しか受けてこなかった人は，自分が上司の立場になっても，同様に威嚇的指導しかできなくなる可能性がある）。

(5) 哀願：ネガティブな自己呈示

　自分が弱い存在であることを相手に示すことによって，相手から援助を得ることを目的とした戦略である。たとえば，困ったことが起こった場合に「自分はダメだ」という面を見せたり，わざと能力がないような振る舞いをすることによって，慰めや援助を受けることである。

　自己の能力や技能を低め，あるいは控えめに呈示することの利点には，以下のようなものがある。1つ目は，自分は弱くて無力であるという自己呈示をして，他者から援助，世話，保護，助力を得ようとすることで，2つ目は，周囲の人の期待を低めて達成しやすい目標をつくり出すこと，3つ目は，頼りない自分を演出して，わずらわしい仕事から逃れたりすることなどである。

　逆に，哀願的自己呈示を行なうことのリスクもある。第1に，自分を弱く見せる哀願的自己呈示には成功したとしても，その自己呈示を受け取った人が，行なった人について「弱い，能力がない，頼りにならない，無力でどうしようもない」など否定的な印象をもつ可能性がある。第2に，自分はできないから他者に仕事を任せよう，自分は弱い立場にいるから助けてもらえるだろう，という意図によって行なわれた自己呈示は，その尻拭い（援助）をしなければならない相手からの怒りを買う場合がある。つまり，その相手から疎んじられ，避けられるようになる可能性があるのだ。第3に，哀願的自己呈示を行なう人は，困難な課題に取り組んだり失敗の危険をおかしたりすることによって，成長し，進歩する機会を失うことが多い。たとえば，車の運転ができないとか，レポートが書けないとか，電化製品の使い方がわからない，といって学ぼうとしない人は，いつまでたっても人に依存するか，自分では解決できない状況から脱出できないのである。

第5節　まとめとして

　この章では，自己について，また自己と他者についてのさまざまな心理を紹介してきた。人は，基本的には自尊心を高く保つように動機づけられ，行動する。しかし同時に，他者から好意をもって認められたいという動機づけも強くもっている。たとえば，いくら自尊心が高い人でも，社会的に放置されたり，

誰からも見向きもされず自分が存在しないかのように振る舞われるという状態に置かれると，耐え難い苦痛を感じるだろう。人間はこれらの両方がある程度満足していないと生きてはいけないのである。そのため，両方の動機づけがうまく満足できる最適解を，人はそれぞれが生活する状況に応じて求め，それに合うように行動しているといえる。日常生活で，このような観点から自分や周囲の人を観察してみると，また違った人間像が見えるかもしれない。

コラム 5-1　自尊心尺度

　ローゼンバーグ（Rosenberg, 1965）が作成した尺度で，自分自身を「非常によい」と感じることではなく「これでよい」と感じる程度を測定する尺度である。邦訳版は山本ら（1982）によるものが最もよく用いられている。

＜回答と採点法＞
　回答は，あてはまらない＝1点，ややあてはまらない＝2点，どちらともいえない＝3点，ややあてはまる＝4点，あてはまる＝5点として，10項目の合計得点を出す。ただし③，⑤，⑧，⑨，⑩の得点は反転させた（5点←→1点，4点←→2点とする）上で，合計する。

＜年齢との関連＞
　自尊心は小学校5，6年生から下がり始め（柴田ら，2004），高校生で最も低くなり，その後大学生で少し上昇し，成人になると上昇する（藤崎・高田，1992）。

ローゼンバーグの自尊心尺度

① 少なくとも人並みには，価値のある人間である。
② いろいろなよい素質をもっている。
③ 敗北者だと思うことがよくある。
④ 物事を人並みには，うまくやれる。
⑤ 自分には，自慢できるところがあまりない。
⑥ 自分に対して肯定的である。
⑦ だいたいにおいて，自分に満足している。
⑧ もっと自分自身を尊敬できるようになりたい。
⑨ 自分はまったくだめな人間だと思うことがある。
⑩ 何かにつけて，自分は役に立たない人間だと思う。

コラム 5-2 「自己卑下」が消えるとき

　村本と山口（2003）は，600人以上の一般市民（20～60歳代）を対象とした調査を行ない，日本人はどういうときに「自己卑下的」に，また「自己高揚的」になるのかを調べた。質問項目は，次の2種類からなっていた（下線は筆者による）。
(1) <u>あなたが</u>，何かで大きな成功をおさめたとします。たとえば，大切な試験でとてもよい点をとったり，重要な仕事をやり遂げて高く評価されたり，スポーツや習い事で賞をとったりしたとします。もし，この成功について，①<u>あなたの家族</u>（②<u>またはあなたが最も長い時間を過ごすグループの人たち</u>）に話すとしたら，あなたは，イ）謙遜して控えめに話す，ロ）謙遜せず，ありのままに喜びを表わす，のどちらの話し方をするでしょうか。
(2) ③<u>あなたの家族</u>（④<u>またはグループ</u>）が皆で力を合わせて，何か大きな成功をおさめたとします。もし，このことを，家族（またはそのグループ）以外の人たちに話すとしたら，あなたは，イ）謙遜して控えめに話す，ロ）謙遜せず，ありのままに喜びを表わす，のどちらの話し方をするでしょうか。

　　1. イ）のように話す　　　　　　　　：結果では卑下的と表記
　　2. どちらかといえばイ）のように話す　：結果ではやや卑下的と表記
　　3. どちらかといえばロ）のように話す　：結果ではやや高揚的と表記
　　4. ロ）のように話す　　　　　　　　：結果では高揚的と表記

　表は(1)の質問に対する回答である。人は自分の成功について①「家族」に話すときには，②「職場の人・友人」に話すときよりも，謙遜せず自己高揚的に話していることがわかる。(2)については，③家族の成功を第三者に話す場合は，謙遜（自己卑下）するが，④グループの成功を話す場合は謙遜されにくい（より自己高揚的）であることが示されている。

個人的成功の，他者（家族，または職場の人・友人）への語り方
（村本・山口, 2003をもとに改変）

	卑下的	やや卑下的	やや高揚的	高揚的
①家族に話す場合	9.5	13.5	32.5	44.5
②職場の人・友人に話す場合	29.9	34.3	19.5	16.2

注：数値はパーセント。原文では「高揚的」が「奉仕的」と表記されている。

コラム 5-3 オープナー・スケール
(小口, 1989)

　この尺度得点が高い人は、相手をリラックスさせ、相手から話を引き出すのが上手な人である。話をうまく引き出す方法にも、「相手をなごませる」方法と「相手に共感して話を引き出す」方法がある。項目1，4，5，6，9は「なごませ」因子、項目2，3，7，8，10は「共感」因子とされている。

<回答と採点法>
　回答は、まったくあてはまらない＝1点、あてはまらない＝2点、どちらともいえない＝3点、あてはまる＝4点、非常にあてはまる＝5点として、合計得点を出す。その際、項目1，4，5，6，9（なごませ因子）、項目2，3，7，8，10（共感因子）に分けて合計する。

1. 人からその人自身についての話をよく聞かされる。
2. 聞き上手だと言われる。
3. 私は他人の言うことを素直に受け入れる。
4. 人は私に秘密を打ち明け信頼してくれる。
5. 人は気楽に心を開いてくれる。
6. 私といると相手はくつろいだ気分になれる。
7. 人の話を聞くのが好きである。
8. 人の悩みを聞くと同情してしまう。
9. 人に何を考えているのか話すように持ちかける。
10. 私は他人がその人自身の話をしているとき話の腰を折るようなことはしない。

第6章
親密な人間関係

　人はどうして親密な人間関係を築こうとするのだろうか？　人はなぜ時として他者を恋しく思い，他者に寄り添おうとするのだろうか？　動物行動学者の中には次のように述べる人もいる。「遥か昔，人は弱きサルであった。その脆弱さゆえに，森に住むことも許されず，草原で孤高の狩人にもなれず，しかし，そうであったからこそ，人間は進化の過程で，自らが生き残るためにコミュニケーションを発達させ，他者とともに生きる道を選んだ」のだと。そうであるならば，人が他者と親密な関係を築き，ともに生きようとすることは，人間の性（さが）といえるであろう。本章では，そのような親密な人間関係について，まず，関係の進展モデルの説明を行ない，その後，「他者に魅力を感じる」「親密な関係を形作る」「親密な関係を維持する」といったように，対人関係の発展に沿って話を進めていく。

第1節　親密な二者関係の行方（関係の進展モデル）

　人と人が何らかの関係を形作るためには，まず，その二人が出会う必要がある。二人が出会い，そして，どちらかがそのことを認識しなければ二人の関係が進展することはない。レヴィンジャーとスノーク（Levinger & Snoek, 1972）の提唱した「**親密な関係の進展モデル**」では，そのことが描かれている（図6-1）。

　このモデルでは，二人の関係が進展していく様子をレベル0～3の4つの段階に分けて説明している。まず，「**無接触（レベル0）**」の段階では，二人は出会う前で，お互いに相手の存在に気づいてはいない。ただし，この二人が近くに住んでいたり，興味が似ていたとすれば，もしくは，何かの偶然で同じ場所

関係の段階（レベル）	関係の進展の様子	進展のための要因
無接触（レベル0）	P　O	↓ 物理的な近さ／社会的な近さ
一方的な気づき（レベル1）	P→O	↓ 身体的魅力
表面的接触（レベル2）	PO	↓ 態度の類似性
相互性（レベル3）少しの交わり	PO（一部重なる）	↓ 欲求の相補性
相互の交わり	PとO（大きく重なる）	↓ 自己開示
全面的交わり	PとO（完全に重なる）	

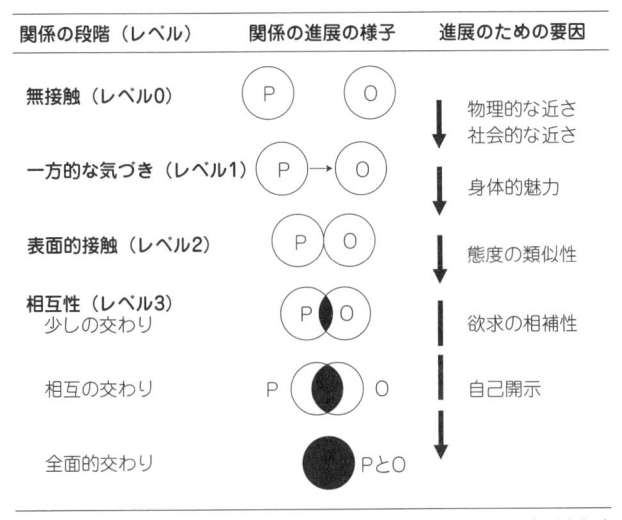

Pは自分を，Oは相手をさす

図6-1　親密な関係の進展モデル（Levinger & Snoek, 1972）

に居合わせたとしたら，二人が出会う可能性は高まるだろう。もちろん，この段階では二人の関係は始まってはいない。しかし，このような考えに基づけば，私たちは潜在的にさまざまな人たちと出会い，関係を始める可能性をもっているといえる。

　次の段階は，二人のどちらかが相手の存在に気づき，そこで相手に興味をもった場合，相手に接近しようとする「**一方的な気づき（レベル1）**」の段階である。この段階から次の「**表面的接触（レベル2）**」の段階に進むためには，相手の容姿や身体的な特徴が重要な役割を果たす場合が多い。たとえば，相手が魅力的な人であったり，服装などの外見が自分と似ていれば，相手に対して話しかけてみようと思いやすくなり，"二人"の関係が始まる可能性は高くなる。「表面的接触」の段階へ進むと，お互いにあいさつを交わすといったかかわりをもつようになり，関係は進展していく。しかしながら，この段階では，あまり深刻な込みいった話をすることはなく，表面的な会話に終わる場合が多い。

　レベル2の「表面的接触」の段階から"二人"がお互いのことを少しずつわかり合い，好意を寄せあっていくことで次の「**相互性（レベル3）**」の段階へ

と移行していく。その際,後に説明する"**態度の類似性**"などが進展の重要な要因となってくる。この「相互性（レベル3）」の段階までくると,"二人"の間で表面的な会話は少なくなり,お互いに自分の考え方や経験などを相手に伝えようとする。この自分の考えや経験,感情などを相手に言葉で伝えることを**自己開示**（詳しくは,第5章p.85参照,本章p.108も参照）といい,"二人"は自己開示をとおして互いに情報を共有し,相手のことを理解し始めるのである。また,この段階では,"二人"がお互いの欲求を補いあうこと（**欲求の相補性**）が重要となってくる。たとえば,「相手のことをいろいろと世話をしてあげたいと思う人」と「相手から世話を焼いてもらうのが好きな人」とは,欲求の相補性が成り立っているため,関係がうまくいきやすい。

　このようないくつかの段階をとおして,私たちは他者と親密な関係を築いていく。もちろん,レベル2の段階から一向に進展しないような関係もあれば,知りあったその日のうちに打ち解けあって,レベル3のような関係が築ける相手もいるであろう。ただし,お互いにとって関係をよりよく進展させていくためには,各段階においてある程度ふさわしい行動や振る舞いをとることが重要となる。二者関係は,シーソー遊びのようなもので,初対面の相手にいきなり深刻な話をしたり,自分の一方的な思いを相手に押し付けたりすると,相手が戸惑って反応を返すことができず,関係の進展を妨げてしまう可能性が高まるのである。

第2節 他者に魅力を感じる

　二者関係を進展させるための要因はさまざまなものがあり,現在の二者関係の段階や二人の親密さの程度によってそれらの作用は異なってくる。当然,恋愛関係（特にその初期段階）においては,相手が自分にとって外見的に魅力的であるかどうかということも,関係を進展させるための重要な要因の1つである（松井・山本, 1985 ; Walster et al., 1966）。本節では,それ以外の要因として,関係の比較的初期の段階において重要となる「物理的な近さ」「類似性」「好意の返報性」の3つを取り上げて説明を行なう。

1──二人の物理的な近さ（近接性の影響）

　お互いに心ひかれあう二人は「離れがたい」ものである。この空間的，物理的に「離れていない」ということが，じつは，相手に魅力を感じる際，心理的な距離にまで影響を及ぼすことがある。これは友人関係についても同様のことがいえる。たとえば，これまで自分の仲の良かった友人のことを考えてほしい。おそらく，自分と名簿の順番が近かった，もしくは席が近かった人たちが多いのではないだろうか。このような相手との物理的な近さのことを（物理的な）**近接性**といい，図 6-1 で示したように，関係の初期段階においてはその進展をうながす重要な要因となる。

　この物理的な近接性についての古典的な研究としては，フェスティンガーら（Festinger et al., 1950）が，既婚学生用のアパート（図 6-2）を利用して行なった交友関係の形成過程の調査がある。この研究では，17棟の 2 階建てのアパート群に入居者を募って住んでもらい，その 6 か月後，住民たちに頻繁につきあいのある人を 3 名ほどあげてもらっている。その結果，約65％の住民が同じ棟（ビル）に住む人の名前をあげており，さらに，約44％の住人が自分の隣に住んでいる人を頻繁につきあいのある人物として選択していた。逆に，異なる棟に住んでいる人や別の階に住んでいる人，また，同じ階に住んでいても部屋が離れている人は，友人として選択される割合は低かった。この結果は，近くに住む人どうしが親しくなりやすいという関係の初期段階における物理的な近接性の影響を示しているといえる。

　それでは，どうして物理的な近接性は，関係の初期段階で親密さを進展させる要因となるのだろうか。その理由の 1 つは，物理的に近い相手とつきあうのは，金銭，時間，労力といったコストが少なくてすむためである。つまり，相手が近くにいれば，自分がその相手を必要とするときに，お金や時間もかからず，そのためにたいした準備をすることなく会うことができる。しかし，相手が遠く離れたところにいる場合，会うこと自体に時間や労力がかかってしまう。それゆえに，会いたいときに簡単に会える相手，つまり，物理的に近接性の高い相手を一般に人は頼りにしやすく，また，その相手との関係も満足のいくものになりやすいのである。

Ⅱ部 社会心理学的視点からみた人間関係

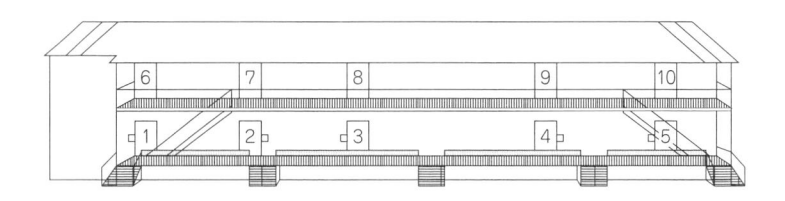

図6-2　ウエストゲート・ウエストの建物模式図
（Festinger et al., 1950をもとに作成）

2 ── 単純接触効果

　物理的な近接性が親密さを進展させるもう1つの理由は，**単純接触効果**[*]の影響である。人は相手に繰り返し会うだけでもその相手に対して好意的な評価が生じやすくなることから，物理的な近接性が高ければ，結果的に関係が進展しやすくなるのである（第9章p.160も参照）。

　単純接触効果については，ザイアンス（Zajonc, 1968）が実験参加者にいくつかの顔写真を見せ（接触させ），顔写真の提示回数とその人物への好意の程度との関連を探っている。彼の実験では，参加者は自分の知らない人の顔写真を多数見せられるが，それら顔写真の提示回数，つまり，接触頻度は写真ごとに異なっている。そして，参加者は多数の顔写真を見たあと，各顔写真の人物に対してどの程度好意がもてるかを尋ねられた。その

> **単純接触効果**
> ある人（もしくは事物）に「単純に接触する」だけでその人（や事物）に対する好意が増していく効果のこと。物理的な近接性が対人関係の親密さを進展させる要因となるのは，この単純接触効果によるところが大きいといわれる。

結果は，図6-3のように，顔写真の提示回数が多ければ多いほど，つまり，写真に頻繁に「会っている」ほど，その人物に対する好意度は高くなることが示された。このような現象は，日常の生活にもあてはまる場合がある。たとえば，家の近所や電車などでよく会う人に対しては好意的な感情をもったり，また，最初は気にも留めなかった芸能人でも，テレビでよく目にすることによって次第に好感を抱くようになったりといったことも単純接触効果の影響という

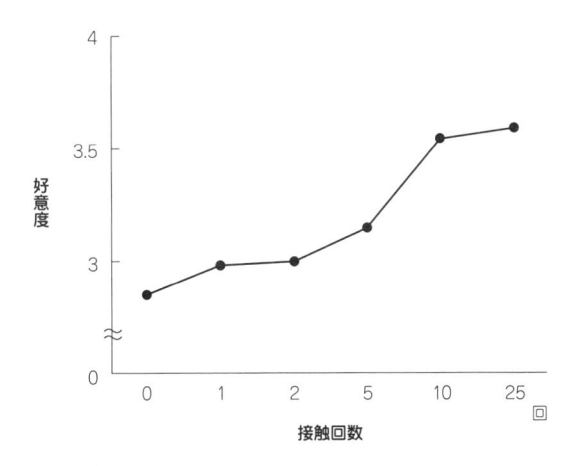

図6-3 顔写真の提示回数とその人物への好意度との関連
(Zajonc, 1968)

ことができる。

　このような単純接触効果が起こる理由は，私たちは見ず知らずの人に対しては相手がどういう行動をとるか読めないため警戒心をもちやすいが，見慣れた人に対しては警戒心が薄れるため好意的な感情が生まれやすいからである。ただし，もともと相手が自分に対してあまりよい印象をもっていない場合には，単純接触効果はほとんど期待できない。相手が拒絶しているのに無理やり何度も会ってみたところで，相手が自分に好意を抱いてくれる可能性はやはり低いのである。

3 ── 類似性への魅力

　人は自分と似たような態度をもつ相手に対しては好意的な感情をもちやすい。そのため，関係の初期もしくは中期の段階で，**態度の類似性**は関係を進展させる要因となる。

　バーンとネルソン（Byrne & Nelson, 1965）は，実験参加者と架空の人物との態度の類似性を操作し，それが魅力に及ぼす影響について検討を行なっている。実験では，参加者は態度や意見に関する質問紙に回答したあと，これから会う別の参加者が回答したとされる同様の質問紙を見せられた。その後，参加

Ⅱ部 社会心理学的視点からみた人間関係

者はその相手とどの程度親しくなれるかという相手への好意度を尋ねられた。ただし，その相手が回答したとされる質問紙は，じつは実験者が作り上げたものであった。実験者は，参加者の態度や意見と非常に似ている高い類似度の回答，もしくはまったく似ていない低い類似度の回答を作成して，それらを各回答者に見せていたのである。その結果は図6-4に示すように，参加者は自分と相手との態度の類似性が高ければ高いほど，その相手に対して好意的な感情を抱く傾向がみられた。

> **類似性への魅力**
> 人は一般的に自分と似ている相手に対して好意を抱きやすい傾向があり，このことを類似性への魅力という。類似性への魅力が起こる理由としては，類似した他者との時間の共有は，自分の考えや意見に賛同してもらえる機会を増加させることから，肯定的な感情を覚えやすいためであるとされる。

このような自分と類似した相手に対して魅力*を感じやすいという傾向は，態度や意見だけに限らず，社会・経済的地位や学歴，感情状態でもみられる。その理由は，**合意的妥当性***という観点から説明される。人は基本的に自分の考えや意見を正しいものと思いたいため，自分が口にしたことを否定されると不快感情を覚えやすい。しかしながら，自分と似ている人（特に態度や意見で）と会話をしている場合には，その可能性は

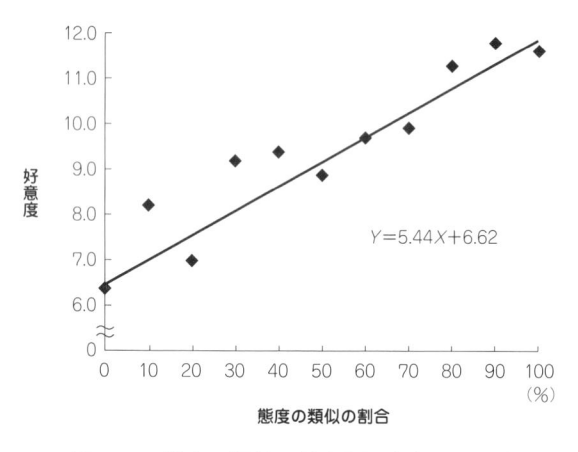

$Y = 5.44X + 6.62$

図6-4　態度の類似の割合と好意度との関連
(Byrne & Nelson, 1965)

かなり低くなる。つまり，自分と類似した相手と一緒にいると自分の考えや意見に賛同してもらいやすいため，肯定的な感情が生じやすくなる。それゆえに，類似性は魅力の要因として作用し，関係を進展させるのである。

4——好意への返報性

「恋愛は勘違いから始まる」といわれることがあるが，おそらくこの場合の「勘違い」の多くは，「相手が自分のことを気に入っているかも…」といったたぐいのものではないだろうか。つまり，現在の恋愛相手のことをどうして好きになったのかと問われた際に，「最初に好きなったのは相手のほうが先だ」と考えるのである。これを**好意の返報性**＊という。

最初はあまり気にならなかった相手であっても，その相手が自分に好意をよせているといううわさを耳にすれば，何となく気になり始めて，次第にその人に対して好感をもつようになることもあるだろう。このような好意の返報性は，主に恋愛関係で関係を進展させる要因となりやすい。

シュプレッカー（Sprecher, 1998）は，恋愛関係と友人関係では相手に対する好意理由が異なることを示している。この研究では，回答者は現在の恋人もしくは友人に最初に好意を抱いたきっかけを思い出して回答した。その結果（表6-1），恋愛関係の場合，「相手の望ましい性格」「相手のやさしさや思いやり」といった相手の特性とともに，「好意への返報性」が相手に好意を抱いたきっかけとしてあげられやすかった。しかし，友人関係では，「好意への返報性」の順位は低く，その代わりに恋愛関係では順位の低かった「興味やレジャー活動の類似性」や「近接性」などが上位にきていたのである。

> **合意的妥当性**
> 自分の考えや意見，感情状態などが正しいものである（妥当である）ことを他者から認めてもらう（合意を得る）こと。たとえば，自分と他者の意見が一致した場合，その意見は一般的にも正しいものであると考えやすい。

> **好意の返報性**
> 相手からの好意を受け取ることで，その相手に対する好意度が増していく傾向のこと。友人関係と比べて恋愛関係では，相手に対して最初に好意を抱いた理由としてこの好意への返報性があげられやすいことが知られている。

表6-1 恋愛関係と友人関係で相手に好意を抱いたきっかけ
(Sprecher, 1998を改変)

好意理由	恋愛相手 点数	(順位)	同性の友人 点数	(順位)
相手の望ましい性格	3.50	(1)	3.33	(1)
相手のやさしさや思いやり	3.43	(2)	3.08	(5)
好意への返報性	3.17	(3)	2.99	(7)
他人に対する特別な配慮	3.14	(4)	2.91	(8)
態度と価値の類似性	2.96	(5)	3.10	(4)
興味やレジャー活動の類似性	2.79	(8)	3.29	(2)
近接性	2.76	(10)	3.11	(3)

注）恋愛相手，同性友人の好意理由で，各々について5位以内に入っていた理由のみを記載した。

アロンら (Aron et al., 1989) は，主に恋愛関係に焦点を当てて，好意理由についての調査を行なっている。その結果，「好意の返報性」が好意理由としてあげられていた割合は，68～90%であった。これはかなり奇妙なことではないだろうか？　なぜなら，恋愛は二者からなる関係であることから，理論的には，恋愛関係でどちらか一方が先に好きになっている割合は50%になるはずだからである。このように考えると，恋愛は「相手から好かれている」といった勘違いから始まるものだといえるのかもしれない。

第3節 親密な関係を形作る（愛の形）

人と人が出会い，関係が進展すれば，そこに愛が芽生えることもある。心理学的に愛がどのようなものであるのかについては，これまでいくつかの理論が提唱されてきた。ここでは，その中から愛を形という観点からとらえたスタンバーグ (Sternberg, 1986) の**愛の三角理論**を紹介する。

スタンバーグは，愛が単に1つの要素からできあがっているものではなく，いくつかの心理的な要素が組み合わさった概念であるという考えから，愛の三角理論を提唱している。彼によると，愛は3つの要素の組み合わせによって形を変える。それら3つの要素とは，表6-2に示した「親密性」「情熱」「コミ

表6-2　愛の3つの要素の説明とその特徴（Sternberg, 1986をもとに作成）

愛の3つの要素	説　明	特　徴
親密性	親密性とは，愛の中心的な要素であり，親しさや相手とつながっているという感覚として経験される。また，親密性は，関係への感情的なかかわりあいから形作られていく。	親密性は特定の関係に限定されるものではなく，親しい関係における共通の核となる。
情熱	情熱とは，相手とのロマンスや身体的魅力によって引き起こされる要素である。親密な関係においては，積極的に相手とかかわりをもとうとする動機となる。	情熱は，他者と結びつくことを強く望む状態や感情として表れる。
コミットメント	コミットメントとは，関係への関与であり，短い関係では，愛するという決定として，長い関係では，愛を維持していこうとする意思として経験される。	コミットメントは，関係の辛い時期を乗り越え，関係を継続させていくためには欠かせない要因である。

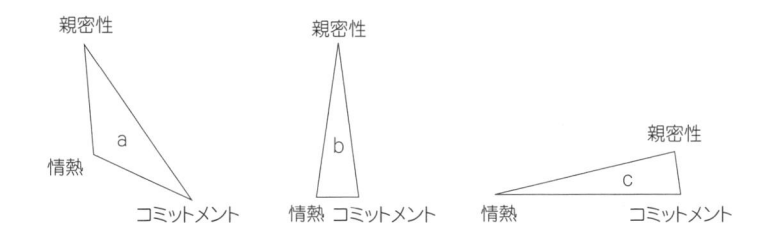

図6-5　愛の3つの要素と愛の種類

ットメント」であり，それぞれの要素が頂点となる三角形を形成することで，愛は形として理解される（図6-5）。ここでの愛の形とは，愛の種類のことをさしており，先の3つの要素の組み合わせによって，愛は表6-3にあるような8種類に分類される。ただし，スタンバーグは，愛を恋愛関係だけではなく，広く人間関係全般を説明するものとして考えている。たとえば，図6-5のaの三角形は，「情熱」は低いが「親密性」と「コミットメント」が高いことから友愛として考えられ，長年連れ添った夫婦間の愛，もしくは親子関係における愛などとして理解される。また，bの愛は「親密性」のみが高いことから好

II部 社会心理学的視点からみた人間関係

表6-3 愛の三角理論における愛の8つの種類(Sternberg, 1986をもとに作成)

愛の種類	3要素の組み合わせ	特徴
否愛	3要素なし	3つの要素のすべてが存在せず，愛をまったく共有しないような表面的な人間関係。
好意	親密性のみ	親密性のみが存在する友人関係において経験されるような愛で，親しみや温かさを感じる。
心酔愛	情熱のみ	一目ぼれのような愛で，情熱のみを経験する。ドキドキ感や興奮といった高い生理的覚醒によって特徴づけられる。
空愛	コミットメントのみ	親密性や情熱がなく，関係へのコミットメントのみが存在する。長期的な関係の最終段階においてよく見られる。
恋愛	親密性と情熱	相手に身体的な魅力を感じるだけでなく，情緒的にも結びついているような愛で，親密性と情熱の統合からなる。
友愛	親密性とコミットメント	親密性とコミットメントからなる愛で，長期の友人関係や身体的魅力をまったく感じなくなった夫婦に見られやすい。
愚愛	情熱とコミットメント	情熱とコミットメントによって引き起こされる急激な愛で，あまり関係としての安定性がない。
完全愛	親密性と情熱コミットメント	3つの要素の統合の結果としての愛で，関係や状況によってさらに成長し，状態を維持していく。

意という友人関係での愛を，さらに，cの三角形は，「情熱」のみが高いことから相手とまだうまく関係の築けていない片思いの愛を表していると考えられるであろう。

スタンバーグ (Sternberg, 1997) は，愛の3つの要素を測定するための愛の三角理論尺度を用いて，両親や友人，恋人への愛の3つの要素の違いについて検討を行なっている。その結果では，両親や友人に対しては，恋人と比較して「情熱」の程度が低いことが示されている（コラム6-1参照）。

一般に恋愛関係においては，愛の3つの要素のうち，ドキドキ感といった「情熱」が二人の関係を維持していくために重要なものとして考えられているかもしれない。しかしながら，これまでの研究では，恋愛関係での「親密性」が高くなるほど，関係内での自己をポジティブにとらえやすいこと（金政・大坊, 2003），また，「コミットメント」は，恋愛関係での関係満足度との関連が

第6章 親密な人間関係

強いこと（Acker & Davis, 1992）などが明らかにされている。つまり，「情熱」は，恋愛関係においてでも愛の中心的なものではなく，愛を構成するための1つの要素にすぎないということがわかるであろう。

第4節 親密な関係を維持する

　二者関係は二人が親密さを築き上げればそれで終わりというわけではない。むしろ，そこからが関係の始まりといえるであろう。関係は維持されなければ崩壊してしまう。ここでは，関係がうまく維持されていくための要因やそのための方法をいくつか取り上げて紹介していこう。

1 ── お互いを補いあうこと（相補性の要因）

　第2節の3では，自分と似た相手に対して人は魅力を感じやすいということを説明した。この類似性への魅力は関係の比較的初期段階においては強く作用する場合が多い。しかし，二人が単に似ているだけでは関係はうまくいかないこともある。特に二人の関係が深まっていけば，自分や相手のもっていないものや弱いところを，お互いがお互いに補っていけるかどうかが重要となってくる。このような二人が互いに自分たちの欠けている部分を補いあうことを**相補性**という。この相補性は，図6-1に示したように，特に欲求に関して作用しやすい（**欲求の相補性**：Wagner, 1975；Winch et al., 1954）。たとえば，相手のことにいろいろと世話を焼いてあげたいと思う人は，同じように世話好きの人ではなく，相手から面倒を見てもらいたいと思っている人と一緒にいるほうが関係をうまく維持していきやすい。同様に，相手を支配したい欲求の高い人と相手に依存したいと思う人との組み合わせも欲求の相補性といえ，これまでの研究では，それらの特徴をもった人たちがカップルとしてつきあいやすかったことも示されている。

　欲求の相補性は，関係が長く続いていくほど，その重要度は増していく。息の合った夫婦やカップルのやりとりを「阿吽の呼吸（"阿"は口を開けて出す声，"吽"は口を閉じて出す声）」と表現するように，お互いにないものを補う相補性の大切さは古くから認識されていたと考えられよう。

2 ── お互いのことを伝えあう（自己開示）

恋愛関係では「親密性」が高くなるほど，関係内での自己をポジティブにとらえやすいことを先に述べた。これは，「親密性」が増すと，相手とのコミュニケーションが円滑になり，相互作用が活発になるためである。このことは，逆に考えれば，相手とうまくコミュニケーションをとって互いのことを伝えあい，親密さが増せば，関係が維持されやすくなることを示しているといえる。このように相手に自分の考え方や情報，感情などを言葉で伝えることを**自己開示**と呼ぶ（詳しくは第5章p.85参照，本章p.98も参照）。

> **自己開示**
> 相手とコミュニケーションをとる際に，自分の考え方や情報，感情などを言葉で伝えること（言葉以外の伝達は自己開示とは呼ばれない）。自己開示は，関係内の互いの信頼感を増幅させる機能をもつことから，適切な自己開示は，関係の進展を促進させるように作用しやすい。

　自己開示が関係の維持や継続に役立つのは，自己開示がお互いへの信頼を生み出すことにつながるためである。たとえば，相手が自分にだけ悩みや秘密を打ち明けてくれたとしたら，それは相手から自分への信頼の表われとしてとらえられるだろう。そして，相手からそのような信頼を提示されれば，自分も同じように相手への信頼を示そうと思い，自己開示を行ないやすくなるはずである。このような相手からの自己開示のお返しとして自分も相手に自己開示を行なうことを**自己開示の返報性**といい，さまざまな自己開示のやりとりをとおして，二人は親密さを増し，関係を維持させるのである。

　さらに，自己開示を多くする者ほど自己への評価が高くなる（榎本, 1993）など，自己開示は関係にだけでなく，その本人にもポジティブに作用することが知られている。つまり，自己開示は関係の維持だけでなく，自分や相手の精神的な健康を保つうえでも重要なのである。ただし，自己開示もむやみにすればよいというわけではない。それほど親しくない相手にいきなり深刻な話を始めるといったように，相手との親密さの段階（図6-1参照）に見合わない自己開示はかえって関係の進展を阻害する可能性のあることは心に留めておく必要があるだろう。

第6章　親密な人間関係

3——バランスをとる

　カップルでお互いの利害のバランスをとるということも関係を維持させていくためには重要となる。たとえば，カップルのどちらか一方が関係から利益を得ているが，そのためにもう一方はコストを支払い続けているというような場合，恋愛関係の存続は危うくなるであろう。

　この恋愛関係をカップル間でのさまざまな交換のプロセスという観点からとらえるものに**社会的交換理論**がある。社会的交換理論の立場からは，カップルは互いの特徴や資質，また，その関係で行なわれる行為やそのための時間，労力などの一切を，金銭や商品と同じようにカップル間で取引をしていると考える。恋愛に利害関係を持ち込むなんて無粋だ，という人もいるかもしれないが，おそらく現実はというと，恋愛関係で相手から得られる「報酬」とその関係に自分が費やす「コスト」とのバランスを考えて動いている場合がかなり多いであろう。

　もちろん，ここでいう「報酬」や「コスト」とは金銭や物品のことのみをさすわけではない。たとえば，相手とつきあうことで得られる信頼感や安らぎも「報酬」である。また，「コスト」のほうも，相手と会うための時間や自分のやりたいことを我慢して相手に合わせるといったことなどがあげられよう。そして，人は，この「報酬」から「コスト」を差し引いた「成果」が最も大きくなるように行動しやすく，また，その場合に高い満足感が得られやすい（図6-6）。

　この恋愛関係におけるお互いの「成果」のバランスと関係満足度との関連を調べた研究（Walster, Walster, & Traupmann, 1978）では，本人がその関係から得られる「報酬」と投資している「コスト」がほぼイコールと思っていた

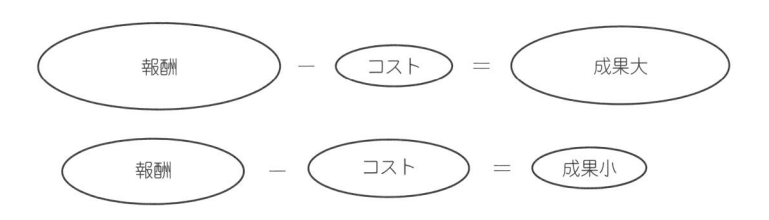

報酬　－　コスト　＝　成果大

報酬　－　コスト　＝　成果小

図6-6　社会的交換理論における報酬とコスト，成果との関係

場合(「成果」がほぼ0の場合)、もしくは、関係から得られる「報酬」が「コスト」よりも少しだけ多いと思っていた場合(「成果」が0よりも少し大きい場合)に、関係への満足度が最も高くなっていた。この結果は、「成果」が小さい場合は、当然、恋愛関係に不満足感が生じやすくなるが、逆に「成果」が大きすぎても相手に対する罪悪感が芽生え、満足度が低下していくことを示している。つまり、恋愛関係でお互いが満足度を上げるためには、カップル間の「成果」のバランスが重要ということになる。

このようにカップル間のやりとりという視点から考えると、恋愛関係をうまく継続させていくためには、相手から何かしてもらった場合には、きちんと相手に対して報酬(たとえ、それが単なる「ありがとう」といった言葉であっても)を返しておくことが大切であるといえるだろう。それはあたりまえのことではあるが、関係が長くなっていくとそのあたりまえのことが意外となされてなかったりすることが多いのである。

4──ドキドキ感を保つ

愛の三角理論の説明では、「情熱」よりも「親密性」や「コミットメント」のほうが、関係での自己のとらえ方や関係満足度に及ぼす影響が強いと述べた。しかしながら、恋愛関係には時間の経過とともに退屈さや飽きといった関係の質の低下が訪れることがある。つまり、二人の間に「親密性」や「コミットメント」は存在するのだが、「情熱」が薄れてしまったためにどうしても関係が盛り上がらず、倦怠期を迎えるというような場合である。長年連れ添った夫婦についても同様の現象が起こりうる。このような場合、関係をうまく維持していくためにはどうすればよいのだろうか。

アロンら(Aron et al., 2001)によると、その答えは、とにかく"相手と一緒にドキドキ感を経験する"ことである。すなわち、恋愛相手や配偶者と一緒にドキドキするような活動を行なうことが関係の質の低下を防止することにつながるというのである。アメリカは日本と比べて、離婚する夫婦の割合が非常に高い。そのため、アロンらは、関係の質を向上させるためのカップルセラピーなどに配偶者と一緒にドキドキ感を経験するような「新奇で覚醒的な活動」を行なう手法を取り入れることで、その対策を講じようとしている。

ここでの「新奇で覚醒的な活動」とは，たとえば，登山などの野外活動，スポーツや旅行などのドキドキ感を経験するエキサイティングな活動のことをさす。ただ単に一緒にいる，一緒に散歩をするといったドキドキ感をともなわないような活動は含まれない。このような「新奇で覚醒的な活動」を配偶者や恋愛相手と一緒に行なうと，それによって引き起こされたドキドキ感（**生理的覚醒**）は，相手と一緒にいるという経験と心理的に関連づけられる場合がある。つまり，実際は「新奇で覚醒的な活動」によって引き起こされたドキドキ感であるにもかかわらず，相手と一緒にいることによるドキドキ感として錯覚されることがある。そして，この相手と一緒にいることによるドキドキ感は，恋愛関係の初期段階でのドキドキ感と類似した経験であるため，関係への満足度や相手への愛情が増加するというのである。

上記のことは，実際の夫婦生活を対象とした研究でもその効果の検討がなされている。リスマンら（Reissman et al., 1993）は，研究に協力してくれることになった複数の夫婦に現在の夫婦関係への満足度を尋ね，その後，それら夫婦をランダムに2つの条件に振り分けた。その2つの条件のうち一方は，10週間の間，夫婦二人で1週間に1時間30分ずつエキサイティングな活動（たとえば，スキー，ハイキング，ダンス）を行なうという条件，もう一方は，楽しいがエキサイティングではない活動（映画鑑賞，外食，教会訪問など）を夫婦二人で行なうという条件であった。そして，10週間後に再度，全夫婦（両条件の夫婦）に対して夫婦関係への満足度が尋ねられた。その結果，10週間にわたって二人でエキサイティングな活動を続けた夫婦は，同じように二人でエキサイティングではない活動を行なった夫婦よりも，夫婦関係への満足度が上昇していたのである。

上記の結果は，関係が長期化することで倦怠期を迎えたカップルや夫婦が，それをいかに乗り切っていくかということへの1つのヒントとなるだろう。つまり，カップルや夫婦関係をうまく維持していくためには，単に二人が一緒にいるだけでなく，時にはドキドキ感を味わうような活動を二人で一緒に行ない，お互いがお互いのことを魅力的に感じることが大切なのである。

II部 社会心理学的視点からみた人間関係

第5節 まとめとして

　本章では，親密な人間関係についての心理学的知見を関係の進展段階を追う形で紹介を行なってきた。これまで述べてきたように，他者と親密な関係を築き，また，それを維持することは，膨大なエネルギーと時間を必要とするものである。しかし，それでもなお，人が他者と親密な関係を求めてしまうのは，そのような関係が人にとって必要不可欠だからであろう。もちろん，それは冒頭で述べたように，人が進化の過程で他者とともに生きる道を選択したからだと言い放つこともできる。しかし，それよりもむしろ，人にとって親密な人間関係が，疲れたとき，傷ついたときの心のよりどころとなるからこそ，そのような関係が人には必要不可欠になるのではないだろうか。本章の内容が，今後のみなさんの親密な関係への一助になれば幸いである。

第6章 親密な人間関係

コラム 6-1 愛を測定してみよう

　ここでは本章の第3節で説明した愛の三角理論尺度の邦訳版を使って，皆さんの愛を測定する方法を紹介する。金政・大坊（2003）による愛の三角理論尺度の邦訳版は，もともと27項目あるが，本コラムでは実施の簡便さを重視し，愛の3つの要素を測定するための中心的な15項目を取り上げた。以下の説明にしたがって実施してほしい。

　恋人や**好きな人**，もしくは**片思いの人**がいるほうはその人のことを思い浮かべながら，好きな人がいない場合には，**家族以外で最も親しい異性**の人について以下の質問に答えてください。以下の文章が，あなたと**その人との関係の特徴**にどのくらいあてはまると思いますか？　その程度を表わす数字に○をつけてください。なお，質問文の「○○」のところには「**あなたが今思い浮かべている人**」をあてはめて，お答えください。

		あてはまらない ← → 当てはまる
Q1	私にとって○○さんとの関係よりも大切なものなど他にない	1-2-3-4-5-6-7-8-9
Q2	私と○○さんとの関わりは揺るぎないものである	1-2-3-4-5-6-7-8-9
Q3	○○さんは私にとって非常に魅力的な人だ	1-2-3-4-5-6-7-8-9
Q4	○○さんとの関係は居心地の良いものである	1-2-3-4-5-6-7-8-9
Q5	○○さんについて空想にふけることがある	1-2-3-4-5-6-7-8-9
Q6	○○さんなしの生活など考えられない	1-2-3-4-5-6-7-8-9
Q7	○○さんを見るだけでドキドキしてしまう	1-2-3-4-5-6-7-8-9
Q8	○○さんとの関わりは何ものにもじゃまされないものである	1-2-3-4-5-6-7-8-9
Q9	私は必要な時には○○さんを頼ることができる	1-2-3-4-5-6-7-8-9
Q10	○○さんとの関係を終わらせることなど私には考えられない	1-2-3-4-5-6-7-8-9
Q11	ロマンチックな映画を見たり本を読んだりすると，つい○○さんのことを考えてしまう	1-2-3-4-5-6-7-8-9
Q12	○○さんとはうまくコミュニケーションをとれている	1-2-3-4-5-6-7-8-9
Q13	ふと気がつくと○○さんのことを考えているときがよくある	1-2-3-4-5-6-7-8-9
Q14	私と○○さんの関係は温かいものである	1-2-3-4-5-6-7-8-9
Q15	○○さんは必要なときには私を頼ることができる	1-2-3-4-5-6-7-8-9

（金政・大坊, 2003より抜粋）

Ⅱ部 社会心理学的視点からみた人間関係

【採点方法】

　本文でもふれたように，愛の三角理論では，愛が「親密性」「情熱」「コミットメント」の3つの要素から成り立っているものと考える。そのため，上記の15問を3つに分類して得点を計算する。それでは，あなたが各問で○をつけた番号を得点として，以下に示したように，3つの要素別にそれらの得点を計算していただきたい。

```
親密性        Q4＋Q9＋Q12＋Q14＋Q15＝ [    ] 点
情　熱        Q3＋Q5＋ Q7＋Q11＋Q13＝ [    ] 点
コミットメント  Q1＋Q2＋ Q6＋ Q8＋Q10＝ [    ] 点
```

　先行研究の結果では，大学生875人の各要素の平均得点は，親密性が29.30点，情熱が26.95点，コミットメントが23.81点であった。あなたの得点は大学生の平均と比較して，どの程度であっただろうか？　本文の表6-2に愛の3つの要素についての説明があるので，それもあわせて参照されたい。

　これまでの研究（金政・大坊, 2003）では，回答者の思い浮かべた相手との関係によって，愛の各要素の程度が異なることが報告されている。たとえば，思い浮かべた相手が恋人の場合，それが友人の場合と比べて「親密性」「情熱」「コミットメント」のすべての要素の得点が統計的に有意に高かった。また，相手との関係が片思いである場合には，「親密性」や「コミットメント」の得点は低いものの，「情熱」だけが恋人関係と同程度に高いという結果が得られている。ただし，愛の要素というのは，相手との関係の状態や進展段階によっていかようにも変容する可能性があることは心の隅にでもとどめいておいていただきたい。

コラム 6-2　恋人がいないのは私だけ？

みなさんは，自分の友だちやまわりの人たちのどのくらいが恋愛をしていると思うだろうか？　このような問いかけを大学生に対してしてみると，たいてい50～80％といった答えが返ってくる。確かに，テレビや雑誌などには，恋愛をテーマにしたものがあふれているため，そう考えるのも不思議ではない。では，実際，若い人たちはそんなにも恋愛をしているのだろうか。

18～34歳の独身者，数千人を対象とした国立社会保障・人口問題研究所の調査によると，じつは「現在恋人がいる人」の割合はそれほど多くはない。下図は，その調査で「現在恋人がいる人」の割合を年度別に示したものである。図を見てもらえるとわかるが，現在恋人がいる人の割合はこの20年間で若干増えてはいるものの，それほどの変化はない。そして，その割合は2005年度の調査では，女性で36.7％，男性で27.2％であった。逆にいえば，女性で約60％，男性では約70％の人たちには，現在恋人がいなかったのである。

みなさんは，自分のまわりの人や友だちで恋愛をしている人の割合をどの程度と推測しただろうか。おそらくは，50％以上は…，と思ったのではないだろうか。このように恋人がいる人の割合を実際よりも高く見積もってしまうことを**恋愛普及幻想**（若尾，2003）という。このような幻想をもってしまうと，自分が恋愛をしていない場合，まわりは楽しんでいるのに，自分だけが楽しめなくて取り残された気分になってしまうかもしれない。しかし，現実はそれほど多くの人に恋人がいるわけではない。そう考えれば，自分には恋人がいないと思い悩まなくてもすむのではないだろうか。

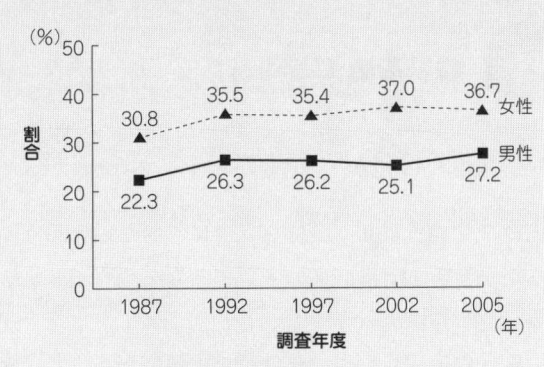

18～34歳の独身者の恋人がいる人の割合
（国立社会保障・人口問題研究所，2007）

第7章
競争と協同

　私たちは常に競争にさらされている。たとえば，友人よりも成績がよい，スポーツが得意である，歌がうまい，あるいは人気がある，容姿がよいなどさまざまな側面で競争することで他者より優位な立場に立ちたいと願う。それではなぜ，他者より優位な立場に立ちたいと願うのだろうか。本章では，第1に，競争と協同，ここでは，社会心理学でのキーワード，たとえば，個人の競争，集団間葛藤，それにともなう競争と協同とに焦点をあてた実験事例をあげてみよう。第2に，競争と協同のプラス面マイナス面について考察しながら競争と関連するパーソナリティに言及する。第3に，ソーシャルスキルとソーシャルサポート，援助行動についての理解を深めよう。

第1節　競争をめぐる実験

1——競争とは何か？

　人はなぜ他者よりも優位な立場に立ちたいと思うのだろうか。この問いを解く手がかりの1つに，フェスティンガー（Festinger, 1954）による社会的比較理論（social comparison theory）がある。フェスティンガーは，私たちは他者との関係の中で自分自身を評価する傾向があると主張した。すなわち，私たちは，自分自身への評価を知りたいために他者との親しい関係を築くのだという。
　このことは，競争が個人の能力水準に有効な基準を与えていることを意味している。同時に，私たちが常に誰かと比較しつつ，自信や自尊心を得たい，自己のリアリティを実感したいという欲求をもつ，他者からの承認を求める社会的存在であることを示しているのではないだろうか。

従来，競争したいという欲求や動機づけが人間や集団の成長をもたらしてきたといえる。他方で，その競争が，不安，人間不信や疎外感をもたらすこともある。それゆえ，競争は，現代における教育問題，格差の問題に有益な示唆を与える概念でもあるといえよう。

競争（competition）とは，個人（集団の成員）や集団が目標を達すると他は目標に達することができない事態をいう。たとえば，個人の場合，電車に乗ったときに，座席が1つしか空いていないと，一人以外は席に座るという目標に達することはできない。また，ある会社の採用定員が1名ならば，応募した他の者はそのポストをあきらめざるをえない。集団の場合は，チームどうしが競ったときには優勝したチーム以外は1位をあきらめざるをえないだろう。そのため，競争的事態では，成員どうしあるいは集団どうしが，妨害的に相互しあう関係にあり，他のものに対して妨害的な働きかけが多く，他の成功に対して負の感情をもちやすい。

他方，**協同**（cooperation）とは，個人（集団の成員）や複数の集団が同じ目標をもつとき，一部の成員が目標に達すれば他も目標に達することができる事態をいう。協同的事態では，成員どうしまたは集団どうしが助長的な相互依存しあう関係にあり，互いに役割を交替したり分業したり促進的な働きかけをする。

2 ── 集団間の競争と協同に関する実験例

ここでは，集団間の競争と協同に関する示唆的な実験を行なった研究を紹介しよう。シェリフらは（Sherif et al., 1969），11〜12歳の22名の少年たちを均等な2つの集団に分けて，「泥棒洞窟」というキャンプ場へ連れていった。キャンプは3週間の予定で行なわれた。最初の1週間，2つの集団は別の小屋で生活をし，互いの存在すら知らされなかった。この間に，それぞれの集団の中では，ハイキングなどの共同活動や相互依存的な作業を通じ，仲間意識が強まり，集団の規範が形成され，次第に，個々の成員の地位や役割が安定してきた。すなわち，**内集団**（in-group）が形成されてきた。1週間の最後の頃，別の集団の存在を知らされ，少年たちは，**外集団**（out-group）に競争意識を高め，仲間意識をさらに強めていったのである。

Ⅱ部 社会心理学的視点からみた人間関係

　2週目から両グループを勝ち負けで競わせる。少年たちは，実験者より勝者には賞が与えられると伝えられた。2つの集団が競合するよう，野球や綱引きなどの競争的なスポーツが次々に導入された。これらの競技を通じて，集団の間では，互いに対する敵対感情が徐々に高まり，相手集団やその成員を罵倒したり攻撃したりするようになった。他方，それぞれの集団の中では，凝集性が高まり，相手を打ち負かすという目標に向けて集団規範や地位・役割が再編されていった。この段階の最後に行なわれたソシオ・メトリック・テスト*（友人調査）では，ほとんどの少年が自分の所属する内集団成員を友人として選んだ。

　最終段階では，この集団間葛藤の解決が試みられた。最初の試みとして，2つの集団が，映画や花火や食事などの楽しい時間を一緒に過ごす友好的な接触機会が設けられた。しかし，この試みは失敗に終わった。集団間葛藤を低減するために行なわれた最後の試みは，2つの集団が協力しなければ達成できないような上位目標を導入し，相互依存関係を築き上げるというものであった。キャンプ生活を維持するうえで不可欠な給水が止まってしまうという局面で，2つの集団は協力して故障箇所を探し出した。また，食料供給車がぬかるみにはまった際には，少年たちが力を合わせてその車を押してぬかるみから救い出すといった出来事をとおして，敵対的感情は友好的なものへと変わっていった。3週間に及ぶこのキャンプの最後に行なれたソシオ・メトリック・テストでは，相手集団の成員が友人として選択される数は3分の1にのぼった（図7-1）。シェリフらは同様の実験を3回繰り返し（上述の実験は3回目），賞品などの稀少資源をめぐる競争が集団間の葛藤を引き起こすことを示し，その葛藤の低減のためには，単なる集団間の折衝ではなく，上位目標を達成するための協力的相互依存関係が必要であることを例証したのである。

> **ソシオ・メトリック・テスト**
> 個人の好きな相手，嫌いな相手などの名前を書かせることで集団の構造を客観的に明らかにする方法。できあがった構造はソシオグラムとよばれる。主に，学級集団のダイナミックスを理解するうえで教師によって用いられる。誰がリーダーか，誰が孤立しているのかを理解する手がかりを得る点において，教室運営において，有用であるとされていた。しかし，近年は人権上問題があるとして用いられることが少ない。また自己概念の側面で，感情や評価をともなう。

第7章　競争と協同

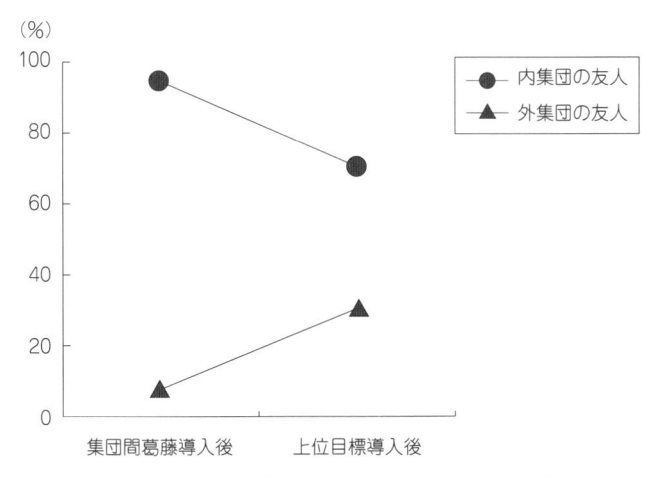

図7-1　集団葛藤導入後と上位目標後の友人選択
(Sherif & Sherif, 1969)

　この実験では，集団と集団の間での葛藤はどのようにして発生するのか，その葛藤を解消する方法はあるのか，また，集団目標のありかたの重要性が示された。つまり，集団外に共通の敵を想定し，それを倒すという共通の目標があることで集団内の凝集性が高まること，葛藤の低減のためには，単なる集団間の接触ではなく，対立する集団が一致協力しなければ達成できないような上位目標の導入が有効であることなどである。また，競争から協同へどのように変化することが可能なのかが示唆されているといえよう。さらに，次のことも示唆されている。現実に内集団の利益を脅かす集団が敵視されるとする。自分の所属する内集団（in-group）と自分が所属していない外集団（out-group）を峻別し，内集団を肯定的に評価する傾向がみられる。これによって自己評価を高め，同時に個人的アイデンティティ*や**社会的アイデンティティ理論**（social

> **社会的アイデンティティ理論（social identity theory）**
> 集団間葛藤の生起過程を説明するため，タジフェルとターナー（Tajfel & Turner, 1986）によって提唱された理論。内集団びいきやそこから生じる外集団差別といった集団間認知における諸現象は，社会集団が内集団と外集団の社会的比較を通じて内集団を肯定的に評価するべく，互いに他の集団との区別をしようと動機づけられるためだとする。

―119―

identity theory)*において提唱された，社会的アイデンティティ*を確立していることが明らかとなったといえよう（第9章p.162も参照）。

上記の観点に立つと，政治家が国内で支持率が下がったときに，その上昇を目指し，仮想敵国を作って国内の結束をうながし，その結果支持率が上がるといったことはよく用いられる政治手法であるが，内集団の凝集性を高めるために外集団をあえて強調する手法の1つであるといえよう。

少し飛躍するかもしれないが，もしかすると，地球に平和が訪れるのは，宇宙人が攻めてきたときだけなのかもしれない。あるいは，それぞれの個々人が内集団を増やし，できるだけ多くの準拠集団もつ。さらには，多様なものを認め，さまざまな人や集団に共感することができ，やがては地球規模に連帯感をもてるならば，きっと争いは減少するのではないだろうか。

個人的アイデンティティ (personal identity)
自分自身の性格特性や能力など内的属性の点から，自分という個人が他者とは異なる存在であるという自己概念の側面。

社会的アイデンティティ (social identity)
自己と所属集団を同一化し，所属集団の一員として所属する社会集団や社会的カテゴリの成員性に基づいた自己概念の側面で，感情や評価をともなう。

3──囚人ジレンマ実験

もし2人で罪を犯しその結果，逮捕されて自白を強要された場合にあなたはどうするだろうか。コミュニケーションがない場合，信頼がなくなりやすくなり，やがては，2人の関係は沈没してしまうことを実験で明らかにしたものに囚人のジレンマ実験（Prisoner's Dilemma：PD）がある（第11章p.189も参照）。協力－競争の次元に焦点をあてた二者関係のシミュレーションに注目した実験の代表的なものである。「囚人のジレンマ」とよばれるゆえんは，2人の囚人に対して呈示された「自白」か「黙秘」かの選択の葛藤にある。2人の囚人をそれぞれプレイヤーAとプレイヤーBとして，その構造をみてみよう。

プレイヤー（囚人）AとBには，それぞれC（Cooperation：協力＝黙秘）とD（Defection：裏切り＝自白）の選択肢がある（添え字はプレイヤーを表わす）。2人とも協力（黙秘）した場合は，重大な犯罪の立件ができずに微罪というR（Reward：報酬）が得られる。しかし，どちらかが自白した場合には司法取引として大きく減刑されるというT（Temptation：裏切りへの誘惑）が存在することになる。ところが，その誘惑に2人とも負けて他方を裏切った場合にはそれに対するP（Punishment：罰）が与えられることになる。相手の裏切りに対して協力を示した場合はS（Sucker's point：お人好しの得点）が与えられることになる。たとえば，2人の共犯者が重要犯罪の容疑者として別件逮捕され，別々に取り調べを受けている。2人とも黙秘すれば重要犯罪が立件できず，別件の軽い刑ですむ（懲役3年）。2人とも自白すれば重要犯罪の重い刑になる（10年）。しかし1人だけが黙秘すると，自白した人は軽い刑ですむが（1年），黙秘した人はもっと重い刑となる（15年）。自分にとって最もよいのは，自分が自白し相手が黙秘する場合で，1年の刑ですむ。しかし相手は黙秘するだろうか。もし相手も自白すれば10年の刑である。ところが自分も相手も黙秘すれば3年の刑ですむのである。刑期は通常すべてマイナス得点と考えられるが，このような構造を維持して得点を入れたものが図7-2である。

囚人のジレンマゲームでは，2人のプレイヤーが協力をしてRという報酬を得る共栄関係を形成することも可能である。また，一方が相手を裏切る，または出し抜こうとする競争的選択をすることによって格差関係に陥ったり，両者

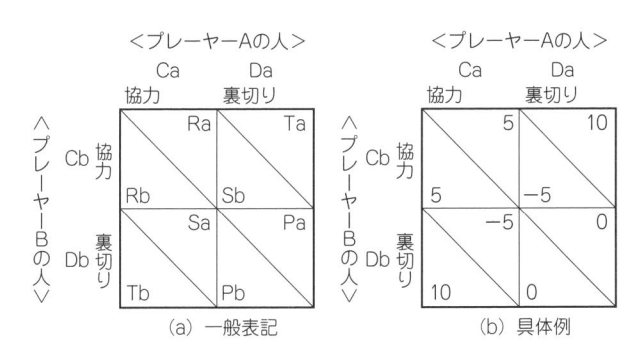

図7-2 囚人のジレンマの一般表記と例

がそうすることによって共貧関係にも陥ることになる。こうした状況の中で，私たちはどのように行動を交換していくのであろうか。より具体的には，協力的な関係が形成可能な状況で，なぜ競争的な行動を選択するのかといったことが問題となってくる。

こうしたジレンマ状況は，日常生活において対人関係に限らずみることができる。たとえば，有力2社の価格設定状況などにもあてはまる。両者が適当な価格を設定しているという裏切りを両社が行なってしまうと経営の行き詰まりという状況に陥る。価格カルテルを結んだほうが得であるが，それは違法であり，お互いに相談はできない。協力すればお互いに得をし，裏切ればお互いに損をする。一方が協力して他方が裏切れば，裏切り者は大きな得をして，お人よしは大きな損をする。企業と囚人が異なるのは，企業は，毎日繰り返して同じ相手とこのジレンマに直面しているという点である。そしてまた，もう少し広げて，軍備縮小（協力）と軍備拡大（競争）の選択肢をもった国家間の対立なども例としてあげることができるだろう。

4——対人関係の認知次元からみた競争と協同（協力）

対人関係をどのような次元に基づいて知覚しているかという点に注目したウィッシュら（Wish et al., 1976）は，社会人と大学生を対象に，自分自身をめぐる対人関係について想起させた。たとえば，あなたと親密な友人との関係，配偶者の関係などを20個，典型的な25個の役割または関係（たとえば，友人，夫と妻）を調和的－不調和的などの25対の形容詞対での評定を行なうよう求めたのである。その結果，自分自身との関係の中には，子どものときの両親の関係を含む8個の子ども時代の関係と12個の現在の関係が含まれていた。次の図7-3はそれに基づき，協力的－競争的と対等－非対等の2次元上の分布を示したものである。

みなさんの日頃の人間関係を思い浮かべて比べてみよう。日頃気づかなかったことが見えてくるかもしれない。白い紙にこの2つの軸のみ引いて，そこにみなさんをめぐる人々の昔と今の姿を競争的－協力的，対等－非対等の軸にそってマッピングしてみるとよい。協力的な人は誰だろうか，どのくらいいるだろうか。誰に元気をもらっているかがわかるだろう。競争的な人間関係はあな

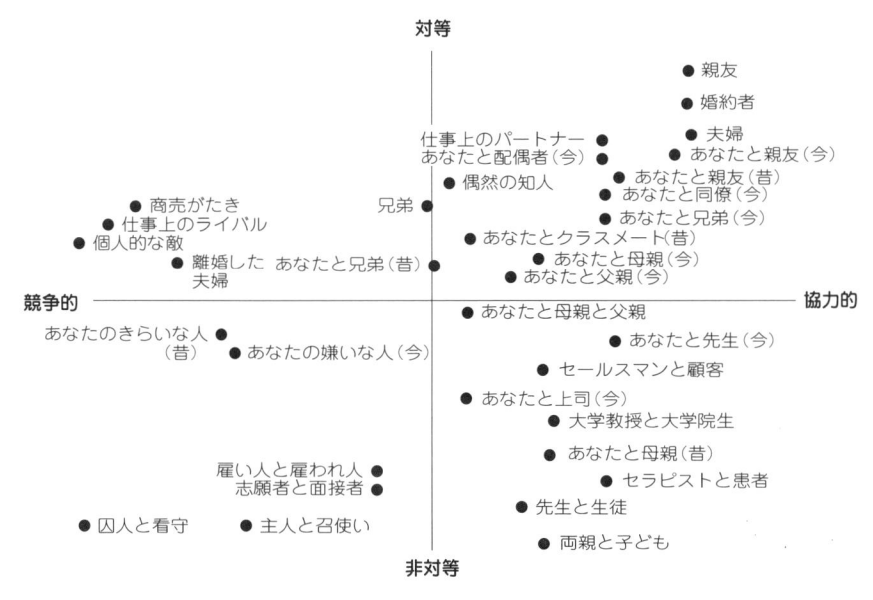

図7-3 協力的―競争的次元と対等―非対等からみたさまざまな関係
（Wish et al., 1976をもとに作成）

たにどのような影響を与えているだろうか。もしかするとあなたにやる気をもたしてくれているかもしれない，あるいはまたやる気の阻害要因になっているかもしれない。

5――競争から協同へ――ジグソー学習法

　競争は，学習場面においても向上心を刺激し動機づけを高めることができる。しかし，競争は学級集団のグループダイナミックスに注目した場合，必ずしもメリットばかりがあるとはいえないだろう。たとえば，過度な競争は生徒間に序列化を生む。他方で落ちこぼれの生徒を生んでしまう。協同は，動機づけを高め成績を上げメンバーどうしの信頼関係を形成するなどの教育効果が指摘されている。しかし，互いに嫌いな児童・生徒どうしを協力的事態に置く場合などでは，逆効果をもたらす恐れがある。協同の利点をうまく取り入れたジグソー学習法は，その教育効果が期待されている。ジグソー学習とは協同的な学習の1つであり，1970年代にアメリカのエリオット・アロンソンらによって考え

出された学習法である。「競争」する学習集団から「協同」する学習集団へと変化させることを目的としている。具体的な学習法の進め方としては，ある１つの主課題を解決するために，課題を分担し，同じ課題をもつ者どうしがグループ（課題別グループ）をつくり，学習を終えたあと発表する形式をとる。

　ここで，ジグソー学習法の一例を紹介しよう。ある電子回路（固定バイアスのエミッタ接地増幅回路，素子数５）を設計するために，はじめに生徒を４つのグループに分ける。各グループは回路中の１つまたは２つの素子がどのような制約を受け，値が決定されるかを学ぶ（エキスパート育成）。次に各グループから１名，合計４名で構成される班に分ける。この班では，回路全体を設計する。班員が断片的に情報をもっているため，回路設計を行なうには，互いに情報を交換する必要がある。また，各人がエキスパートにならなければ回路設計できない。この授業がもつ学習上のメリットとしては，全員の学びがコミュニケーションなしに学べない点にある。というのも，課題の中に，ある素子が決まらないと別の素子が決められない場合があるので，生徒間（学生間）の相互作用が必ず起きることになる。すなわち，メンバーと話しあわないと課題解決に向かわないのである。学びには，コミュニケーションや教えあいといった協同が不可欠であり，そこでは，信頼できる人間関係が形成される可能性が多い。協同というのは，本来，人間の一番大切なものなのである。信頼関係や親和的な関係を育てる協同の効果に着目した教育は，集団学習（group learning）につながる。

　教師対生徒（あるいは学生）における学習者は，受動的で相互間に共同的関係がみられない。それに対し，集団学習では教師はその主導性をできるだけ抑え，子どもや学生の主体的な討論や共同学習などをうながすものである。彼らの相互的共同活動を通して，学習のみならず，社会的態度や人格形成にもよい影響を与えようとするねらいをもつ。

　授業で教材を課題として与え，その解決に向けて，お互いに情報交換をさせる。そういうことの中で仲間との信頼関係や親和的な対人関係が育っていき，やがては，人と協力することがいかに重要なことであるかがわかってくる。信頼できる仲間との相互作用を通じて，他者の中に人間としての像を結んでいく。いわば他者との相互作用を通じて自己を形成していくといえよう。また，目標

を達成するためには，他者と協力し共存することも必要であり，競争原理のみでは限界があることも学ぶことができる。

ところで，現在の教育や雇用形態における格差問題，それにともなう機会の不平等の問題，年間3万人を越える自殺者の増大はそうした新自由主義下の競争の負の現象が顕在化したものであるといえよう。元来，日本社会の中では，個人主義よりも集団主義が優位であったが，近年の終身雇用制の崩壊により，集団主義のよい面，たとえば，家族主義的な会社の中で心理的な安定を得るといったことは困難な状況になってきた。それゆえ，過度な競争と他者や集団との絆を感じにくい，人間不信や疎外感，孤独感を抱えてさまよう人々が多くなってきていると思われる。だからこそ，いかに他者と協同するのかの問いがますます私たちにとって重要，かつ不可欠な問題になるといえよう。

個人主義（individualism）と 集団主義（collectivism）

個人の利害と集団全体の利害が一致しないとき，個人の利益や意見を優先させ，集団の利益を軽視する傾向が個人主義であり，一方集団の利益を優先させる傾向を集団主義と呼ぶ。これらの概念は，社会集団やその文化的特徴や個人の行動傾向を表わすこともある。集団主義的な社会は，個人が血縁共同体のような高い凝集性をもった集団に生まれ，一定の忠誠心を示し続けることで，その内集団の一員として生涯にわたって保護されるような社会である。（第5章p.74も参照）

第2節 競争に関連するパーソナリティ

1 ──競争心とタイプA的パーソナリティ（type A personality）

みなさんの中に，人に負けるのは嫌い，競争場面になるといっそうやる気が出る人はいないだろうか。あるいは，アルバイトに熱中しすぎている人，勉強に熱中しすぎている人はいないだろうか。そして，そのような人は，一生懸命がんばっているにもかかわらずいつも時間に追われてはいないだろうか。

このように，目標達成への強い欲求や敵意をともなった競争心をもち，自己に対する高い評価への志向が強く，時間に追われるように多くの仕事をする行動パターンをもつ性格の人をタイプＡ的パーソナリティという。フリードマンとローゼンマン（Friedman & Rosenman, 1974）は，虚血性心疾患（coronary heart disease：CHD）の患者がある共通した特徴の行動パターンをとることを発見し，それをタイプＡと名づけた。

　タイプＡの特徴として，性格面では競争的，野心的，精力的，行動面では機敏，せっかちで，多くの仕事を抱えている。身体面では高血圧，高脂血症といったものがある。タイプＡの人は，自らストレスの多い生活を選び，ストレスに対しての自覚があまりないまま，さらに相談相手がいないまま生活する傾向があり，その結果，循環器系に負担がかかり，虚血性心疾患の発症にまでいたると考えられる。

　いつも時間に追われている，仕事熱心，仕事中毒者の中には，このタイプＡの人が多くいると考えられる。タイプＡの行動パターンは現代の学歴・競争社会で生き抜くには適したパーソナリティかもしれない。また，現代社会で成功するための１つの条件でもあると思われる。しかし，一方で，虚血性心疾患の発症の高いリスクが示すように，身体には悪影響を及ぼすようである。反対に，何ごとものんびり，おっとりの行動パターンを示す人はタイプＢと呼ばれる。タイプＡの人は，タイプＢに比べて心筋梗塞の発症率が約２倍高い。日本でも，狭心症・心筋梗塞患者にはやはりタイプＡ行動パターンが多いことが指摘され，日本人用のタイプＡ判定法の開発が試みられている（コラム７-１参照）。その結果，「敵意」「攻撃性」はあまり表出されず，性急さや仕事中毒といわれるような過剰適応が日本人的なタイプＡと考えられている。このことから，ある競争的パーソナリティに起因するストレスが，身体－心理－社会のつながりの中で特定の疾病に発生することが見出されている。

２──個人空間からみた競争と協同

　みなさんは，どんな人と並んで授業を受けているだろうか。きっと親しい人と隣どうしでノートをとっているのではないだろうか。私たちは，他者が侵入してくると不快に感じる空間を有している。たとえば，親しい人とは近い距離

で話ができるが，初対面の人がいきなり近づいてきたら，不快な気分になる。自分のパーソナルスペース（personal space：個人空間）に侵入されたからである。このように，他者が侵入すると不快になるスペースをそれぞれの人が有している。

ソマー（Sommer, 1969）によれば，パーソナルスペース（個人空間）とは，持ち運び可能ななわばりである（第8章p.145も参照）。人はそれぞれ，このような持ち運び可能ななわばりをもっている。コミュニケーションをとる相手との物理的な距離や空間の配置もまたパーソナルスペースであり，ノンバーバルコミュニケーションの1つの形態だといえよう。また，個人のパーソナリティによってもパーソナルスペースは異なる。とても外交的な人は，パーソナルスペースが全体的に狭く，逆に内向的な人はもっと広いといわれる。女性は男性と比して広い。

さて，図7-4を見てみよう。クック（Cook, 1970）は，テーブルでの座席選択における人間関係と動機づけとの関連で調査している。実験では，大学生の対象者にテーブルが描かれた質問紙を配り，自分がもう一人の人といっしょにテーブルに座っていると想像させた。どこに座るのか。みなさんが作業をする場合を考えてみよう。どの位置に座ると作業しやすいだろうか。

座席の選び方は空間配置ともよばれるが，何をするのか，会話をするのか，作業をするのか，どのような人間関係か，によりその選択には差異が生じることが示されている。図のとおり，会話をする状況では，51%のものが90°の位

会　話	51	21	15	0	6	7
協力作業	11	11	23	20	22	13
共行為	9	8	10	31	28	14
競　争	7	10	10	50	16	7

（数値は%）

図7-4　状況別の座席の選び方（Cook, 1970をもとに作成）

置を選択している。この配置は，カウンセリングをする場合にも有効であるといわれている。競争をする場合には，50％の者が相手に対面する配置を選択している。協力するには一緒に横に並ぶ配置を選択していることがわかった。状況に応じて，空間を利用することでいっそう作業を円滑にすることが可能となる。また，それぞれにパーソナルスペースをもっていることを意識して，よいコミュニケーションがとれる可能性があるだろう。他方，座席選択の仕方，空間の利用の仕方が，人の心理状態や性格を理解する手がかりにもなりうる。

また，クック（Cook, 1970）は性格の違いによっても座席の位置が異なることを明らかにしている。外向的な人は相手の正面に座って会話することを好み，逆に内向的な人は正面に対面するよりも少し視線をずらした斜めに座ることで相手との距離をとっていることがわかった。みなさんはどうであろうか。

第3節 ソーシャルスキル，ソーシャルサポートと愛他的行動

ここでは，協同をさらに進めるために，ソーシャルスキル，ソーシャルサポートと愛他的行動を学ぼう。発達的には，競争事態は共同的事態に比べ早期に観察されるといわれる。すなわち，誰かを助ける，愛するというのは発達している人間の姿であるともいえよう。

1 ── ソーシャルスキル（social skill）

ソーシャルスキルとは，人間関係をうまく運ぶ技術をいう（第4章p.64も参照）。人間関係を形成・維持・発展していくために重要な概念である，ソーシャルスキルの定義については，研究者によりさまざまである。共通するものとしては，人間関係を開始するスキル，自己を主張するスキル，葛藤を処理する，他者を配慮する（他者の気持ちがわかる）といった概念から構成される。ゴールドシュタインら（Goldstein et al., 1980）は，上記の概念に加え，自己の目標をもつ側面である計画スキルも包含したうえで，ソーシャルスキルとしている。この根底には，自己の目標をきちんともつことが良好な人間関係を構築していくうえで不可欠であるとの考えがあるといえよう。まさに，人生とはドリブルとパスであろうか。

ところで，和田（1992, 1994）は，ノンバーバルスキルおよびソーシャルスキル尺度の作成を行なっている。ノンバーバルスキルの下位尺度は，ノンバーバル感受性，ノンバーバル統制，ノンバーバル表出性である。ソーシャルスキル尺度の下位尺度は，関係維持，関係開始，衝突回避，拒否である。ノンバーバル統制は，女子よりも男子のほうが優れている。一方，ノンバーバル表出性は男子よりも女子のほうが優れていることが明らかとなった。ソーシャルスキルに関し，関係維持スキルが男子よりも女子のほうが優れているという結果は，和田（1991a, b），堀毛（1987），菊池（1988）の結果と一致している。

なぜ，男性よりも女性のほうが関係維持のソーシャルスキルが優れているのだろうか。このような性差について，和田は社会化の過程で，「男は男らしく」「女は女らしく」といったジェンダーの意識が身についたためだと考えられると指摘している。また，和田（1994）は，男性は恋人をもつことがソーシャルスキルを高めることに寄与していることを明らかにしている。さらに，土肥（1999）によれば，女らしさは共同性（communion）とよばれるもので，具体的には，人間関係をうまく調整できる特性，すなわち，愛嬌や感受性，協調性，繊細さなどで表わされるという。他方，男らしさは作動性（agency）とよばれるものである。これは，自分の力を発揮し何かをやり遂げるための特性，すなわち行動力，決断力，判断力，意志の強さなどを意味するという。また，「女らしさ」と「男らしさ」の両方を強くもつ自己概念を心理的両性具有性と呼ばれるが，心理的両性具有性の人はコミュニケーション能力が高く，会話量も豊富なことが明らかとなっている。

2 ── ソーシャルサポートと愛他的行動

ソーシャルサポートはそのまま英語を日本語にすると社会的支援であるが，浦（1992）によれば，明確な定義がないままに研究が展開されてきたのがソーシャルサポートの特徴であるという（第10章p.177も参照）。ソーシャルサポートは多様であるが，主として，道具的サポートと情緒的サポートに分類される。道具的サポートは，物質的なもの，たとえば単位があぶない人にはノートを貸す，お金はない人にはお金を貸すなどである。いわば，問題解決に直接役立つ支援を提供するものを意味する。情緒的サポートは，たとえば，助言したり，

励ましたり，共感したりなどの支援である。いわば，ストレスによる不快感や不安を低減させ，個人の情緒的安定をうながす情緒的サポートである。評価する，話しを聞くなども含まれる。この他の分類ではもう１つ，問題解決を志向したりするうえで有益な情報を提供する情報的サポートを加え３つに分ける分類方法もよく用いられる。

　ソーシャルサポートは個人のストレス耐性を強めるというストレス緩衝仮説をめぐって研究が行なわれてきた。たとえば，良質のサポートを豊富に受けている人々は身体疾患にかかりにくく，また精神衛生も良好であるという調査結果が得られている。ソーシャルサポートは個人のストレス対処資源の一部を構成すると考えられる。

　多くの知人・友人をもつことは，入手可能なサポートの種類が豊富であることを意味している。また，困難な状況に遭遇した場合，ソーシャルサポートをうまく活用する，すなわち，サポートを求めることも大切なソーシャルスキルの１つであるといえよう。困ったときにみなさんは一人で抱え込んではいないだろうか。

3 ── 愛他的行動

　援助行動の中でも，助けた人からの謝礼や感謝のことばのような外的な報酬だけでなく，助けた人自身の自己満足などの内的な報酬さえも期待しないで行なわれた行動は，愛他的行動（altruistic behavior）とよばれる。**援助行動**とは，「外的な報酬や返礼を期待せず，自発的に行なわれた，他者に利益をもたらす行動」と定義している（高木，1998；松井・浦，1998）。謝礼を期待して人に親切にしたり，職務として援助したりする行為は，援助とはみなされない。援助行動には，川で溺れそうになっている人を助けたりする救助や，道に迷った人に道を教える親切，募金や献血，ボランティア活動などが含まれる。援助行動を含めた「他者に利益をもたらす行動」を総称して，向社会的行動（prosocial behavior）とよぶ。

　＜キティ・ジェノヴィーズ事件＞　ニューヨークの住宅地で深夜，キティ・ジェノヴィーズという女性が自宅アパートの前で暴漢に襲われ刺殺された。のちに判明したことは，彼女が殺されるまでには30分以上もの時間がかかり，38人

ものアパート住人が彼女の悲鳴を聞いたにもかかわらず。誰一人として助けに出てくる者も，警察に通報する者すらいなかったということである。これほど多くの目撃者が，単なる傍観者で終わってしまったのは，都市生活の非人間性，疎外，無関心，冷淡さのせいであろうか。

　ラタネとダーリー（Latané & Darley, 1970）都会人の個人的・性格的要因や都市生活の特殊な事情だけではなく，他の人々（傍観者）の存在という状況的要因が，この緊急事態への不介入を引き起こすのに大きく貢献していると考えた。実験の結果，緊急事態を目撃している人々が多ければ多いほど，援助の手が差し伸べられる可能性は高くなるのだろうか。「冷淡な傍観者」に関する研究は，このときにむしろ援助が抑制されることを示している。彼らは，緊急事態での援助行動が，第1に，多くの人間がまわりにいると刺激が過剰になるために，緊急事態そのものに気づかなかったり，それに気づくのに遅れたりする。第2に，都会の雑踏では，数メートル先に倒れている人のかたわらを他の人々が黙って通りすぎているのを見れば，その事態が緊急事態だとは判断しないであろう。第3に，他の傍観者の存在は責任の拡散をもたらす。その場に自分しかいなければ，救急車を呼ぶのは自分の個人的責任になるが，他の人々がいれば，そのうちの誰かが救急車を呼ぶだろうと考えて，援助の個人的な責任を感じないであろう。最後に，まわりの傍観者は観衆としての役割を果たす。援助しようと決心した人でも，まわりの人々の目を意識して失敗をおそれ，どのような方法で援助すべきかに迷い，援助の実行をためらったり，遅らせたりするのである。この研究結果は，たとえあたたかい性格の人々であっても状況要因が援助行動を抑制することを明らかにした点で大変興味深いものである。

4 ── 共感と援助行動との関連

　幼児・児童における共感と援助について，発達心理学の領域では乳幼児から児童を対象にして，共感と援助の関係を分析した研究が多く発表されている。たとえば，松沢（1996）は1歳半～2歳半の乳幼児を対象に実験を行ない，母親がバッジのピンで指にケガをした様子を示したときに，子どもが心配した顔つきで母親に近づいたり，薬を持ってきたりする現象を観察している。こうした向社会的共感行動は，自分と他者とを区別する意識の発達した子どもに多く

みられた。ザーら（Zahn-Waxler et al., 1979）は，この年齢段階では，母親が共感的に育てると，子の援助行動が多くなると報告している。

　青年や成人における特性共感と援助行動との関連性の検討では，デイヴィス（Davis, 1983）の共感性尺度や社会的スキル尺度によって，向社会的な行動に共感性が影響することが明らかとなっている。また，日本では，メーラビアンら（Mehrabian & Epstein, 1972）の情動的共感性尺度，その日本語版（加藤・高木, 1980）が多く使用されている。たとえば，森下（1990）は，加藤・高木（1980）の情動的共感尺度と向社会的行動尺度の得点との間に相関を見出している。箱井（1990）も同尺度を用いて質問紙調査を行ない，情動的共感性が高い大学生ほど，小さな親切や身体的弱者に対する援助行動が多いことを明らかにしている。

　最近では，真の愛他的行動はあるのか，たとえば，誰かを助けることで，もし自尊心が向上したならば，何の見返りがなかったとしても精神的な見返りを受けているのではないかという論争，あるいは，他者から援助を受けた場合に受けるであろう自尊心の脅威をどうするのかという問題に焦点をあてた研究が進められている。

コラム 7-1 前田式Ａ型傾向判別表
(野口, 2008)

現在のみなさんの状態で，該当するところに○印をつけてください。そして「いつもそうである」を２点，「しばしばそうである」を１点，「そんなことはない」を０点としたとき，項目①〜⑫の合計点が17点以上になると，タイプＡ人間と判定されます。なお，項目⑤，⑥，⑨は点数を２倍にして計算してください。

	いつもそうである	しばしばそうである	そんなことはない
① 忙しい生活ですか？			
② 毎日の生活で時間に追われるような感じがしていますか？			
③ 仕事，その他になにかに熱中しやすいほうですか？			
④ 仕事に熱中すると，他のことに気持ちの切り替えができにくいですか？			
⑤ やる以上はかなり徹底的にやらないと気がすまないほうですか？			
⑥ 自分の仕事や行動に自信がもてますか？			
⑦ 緊張しやすいですか？			
⑧ イライラしたり怒りやすいですか？			
⑨ 几帳面ですか？			
⑩ 勝気なほうですか？			
⑪ 気性がはげしいですか？			
⑫ 仕事，その他のことで，他者と競争するという気持ちをもちやすいですか？			

合計（　　　　）点

<採点法>
いつもそうである………２点
しばしばそうである……１点
そんなことはない………０点
ただし，⑤，⑥，⑨は点数を２倍する

<判定>
17点以上はタイプＡ行動パターンと判定

Ⅱ部 社会心理学的視点からみた人間関係

コラム 7-2 攻撃でもなく競争でもない協同的なアサーティブコミュニケーション
——ロールプレイング（役割演技）をしよう

＜シナリオカード＞
　ある日，仕事を終え帰宅の用意をしていたところ，Bさんが「Aさんじつは今，私の分担の書類づくりをしているのだけれど，どうしてもわからないところがあってまだ半分もしてないんです。今夜一緒に残って手伝ってくれませんか。夕食をおごりますから」と頼んできた。Aさんは昨夜徹夜をして疲れ果てていたので，一刻も早く家に帰って寝たかった。しかもBさんが自分の責任を果たさずに迷惑をかけるのは初めてではなかった。あまりのだらしなさにAさんは腹が立ってきた。
　もし，あなたがAさんならば，Bさんに何と声をかけるだろうか。AさんとBさんの役割を演じてみよう。

ロールプレイングの対応のタイプ
①攻撃的コミュニケーション
　　勝ち負けに固執するあまり，相手の気持ちを忖度することなく，自分の感情や思いのみ主張をする。
　　たとえば，「いつも君は人に迷惑をかけてばかりだね。」
　　　　　　「なぜ無責任な君を手伝う必要があるの？」
②非主張的
　　自分の感情を極力出さない。
　　たとえば，「いいよ，君の役に立って嬉しいよ（ほんとうは腹が立っている）。」
　　　　　　「夕食を一緒にするのは楽しみだね（ほんとうは早く帰宅して寝たい）。」
③主張的＝アサーティブ
　　問題や事実のみを言って，人格を傷つけないで，自分の素直な感情は率直に伝える。相手に協力したい気持ちはあることは伝えている。あなたもOK，私もOKのコミュニケーションである。
　　たとえば，「君を手伝いたいが，今日は徹夜し疲れているのでごめん。」
　　　　　　「わからないことはいつでも聞いてね。手助けしたいけれど，君にも責任を果たしてほしい。」

タイプ別のマイナス面
①攻撃的
　　相手を負かして勝った自分の主張が通っても，その強引さのために後味の悪いことが多く，後悔することになる。
②非主張的
　　あきらめなど否定的な気持ちが残り，相手に対しては，不満や恨みを抱く。
③主張的＝アサーティブ
　　意見が衝突することもある。しかし，お互いの意見を率直に出しあって納得のいく方法で結論が出る。

　アサーティブコミュニケーションは，1950年代のアメリカで対人関係がうまくいかなくて悩んでいる人のための治療法から出発した。とことん自分の感情を抑えてしまい不適応状態に陥る人々への支援を目的としている。もともとは精神分析による，抑圧しているものを吐き出させるカウンセリングの手法である。

コラム 7-3 援助規範意識尺度
(箱井・高木，1987)

　箱井・高木（1987）の援助規範意識尺度は，他者を援助することに関する規範意識の個人差を測定する尺度であり，「返済規範意識」「自己犠牲規範意識」「交換規範意識」「弱者救済規範意識」の4つの下位尺度から成っている。調査対象の年齢は，尺度作成時の対象者から，高校生以上と考えられる。作成過程は，援助行動に関する文献や先行研究（松井・掘，1978）の規範項目などを参考にして作成。学生（15～23歳）128名，壮年（24～34歳）97名，中年（35～49歳），実年（50～85歳）95名の回答結果を主成分分析し，「返済規範」「自己犠牲規範」「交換規範」「弱者救済規範」と命名された4因子を抽出した。分析の結果，「返済規範意識」は，男性は若年者世代より高年者世代のほうが高得点であり，高年者世代の男性は女性よりも高得点であった。「自己犠牲規範意識」は，若年者世代のほうが高年者世代の男性は女性よりも高得点であった。「自己犠牲規範意識」は，若年者世代のほうが高年者世代よりも高得点の傾向にあったが，他の規範意識に比べ差異が小さく，性別や年代を越えて平均的に内在化している規範意識であった。「交換規範意識」は，男性のほうが女性よりも，また，若年世代のほうが高年者世代よりも高得点であった。世代に関しては「返済規範意識」と正反対の傾向が認められた。「弱者救済規範意識」は，男性のほうが女性よりも，高年者世代のほうが若年者世代よりも高得点であった。

　「返済規範意識」「自己犠牲規範意識」「交換規範意識」「弱者救済規範意識」の4つの下位尺度から成っている。非常に賛成する5点～非常に反対する1点とし，29項目を結果を単純合計する。なお，＊印の付いた項目は逆転項目である。

II部 社会心理学的視点からみた人間関係

以下にはさまざまなきまりが示されています。それぞれの内容について，あなたはどのように考えますか。各項目ごとに回答欄の該当する番号に，○印を1つずつ○を付けてください。

		非常に賛成する	賛成する	どちらともいえない	反対する	非常に反対する
1	自分に好意を示してくれたからといって，自分も好意を示してお返しをする必要はない（＊）	5	4	3	2	1
2	救う能力が自分に備わっていない時には，救う努力をしても無駄である（＊）	5	4	3	2	1
3	人が困っている時には，自分がどんな状況にあろうとも，助けるべきである	5	4	3	2	1
4	自分の利益よりも相手の利益を優先して，手助けすべきである	5	4	3	2	1
5	人から何かを贈られたら，同じだけお返しをすべきである	5	4	3	2	1
6	自己を犠牲にしてまでも，人を助ける必要はない（＊）	5	4	3	2	1
7	過去において私を助けてくれた人には，一生感謝の念を持ち続けるべきである	5	4	3	2	1
8	しいたげられている人を，まず救うべきだ	5	4	3	2	1
9	人を助ける場合，相手からの感謝や返礼を期待してもよい（＊）	5	4	3	2	1
10	恩人が困っている時には，自分に何があろうと助けるべきである	5	4	3	2	1
11	人にかけた迷惑は，いかなる犠牲を払っても償うべきである	5	4	3	2	1
12	不当な立場で苦しんでいる人は，少しでも助けるべきだ	5	4	3	2	1
13	以前，私を助けてくれた人には，特に親切にすべきである	5	4	3	2	1
14	人の好意には甘えてもよい（＊）	5	4	3	2	1
15	犯した罪を償わなくてもよい場合がある（＊）	5	4	3	2	1
16	人が，私を助けるために何らかの損害を被っているなら，そのことに対し責任を持つべきである	5	4	3	2	1
17	将来付き合うことのない人なら，困っていても助ける必要はない（＊）	5	4	3	2	1
18	大勢の人が同じ状況で困っている時，まず以前私を助けてくれたことのある人を一番最初に助けるべきである（＊）	5	4	3	2	1
19	困っている人に，自分の持ち物を与えることは当然のことである	5	4	3	2	1
20	どんな場合でも，人に迷惑をかけてはいけない	5	4	3	2	1
21	私を頼りにしている人には，親切であるべきだ	5	4	3	2	1
22	自分が不利になるのなら，困っている人を助けなくともよい（＊）	5	4	3	2	1
23	社会的に弱い立場の人には，皆で親切にすべきである	5	4	3	2	1
24	社会の利益よりも，自分の利益を第一に考えるべきである（＊）	5	4	3	2	1
25	見返りを期待した援助など，全く価値がない	5	4	3	2	1
26	受けた恩は必ずしも返さなくてもよい（＊）	5	4	3	2	1
27	自分より悪い境遇の人に何か与えるのは当然のことである	5	4	3	2	1
28	人は自分を助けてくれた人を傷つけるべきではない	5	4	3	2	1
29	相手がお返しを期待していないのなら，わざわざお返しをするべきではない（＊）	5	4	3	2	1

第8章

非言語行動

　人は，公私を問わずさまざまな人とかかわりあって生活している。対人場面において，人はどのようなツールを用いてコミュニケーションを行なっているのだろうか。また，それが人間関係の形成や維持にどのような影響を及ぼしているのだろうか。

第1節 非言語行動の特徴と機能

1 ——非言語行動とは

　人と人とが**メッセージ***をやりとりすることを**対人コミュニケーション**という。そのうち，メッセージの伝達手段として言語を用いる対人コミュニケーションを**言語行動**，言語以外の伝達手段を用いる対人コミュニケーションを**非言語行動**という。対人コミュニケーションは，この言語と非言語という2つの要素によって成り立っているといえる。

　たとえば，初対面の人と会話をするとき，そして相手に関する情報が一切ないとき，人はどのようにして相手の人となりを知ろうとするだろうか。いろいろと質問をしてみれば，それに対する相手の返答（言語内容）から情報を得ることができるだろう。これが言語行動である。しかし，得られた情報はそれだけではない。同時に，相手が質問に答えているときの表情，視線，声の調子，服装，姿勢など，言語内容以外の手がかりからも，じつに数多くの情報を得ているのである。

> **メッセージ**
>
> 送り手から受け手に伝達される情報をさし，知識，アイデア，概念，意図，感情などがこれにあたる。メッセージの伝達においては，送り手による情報の記号化（encoding）と，受け手による記号の解読（decoding）という2つの過程が重要となる。

—— 137

これが非言語行動である。

メーラビアンとウィーナー（Mehrabian & Wiener, 1967）は，対人コミュニケーションにおいて伝達される意味のうち，言語行動によるものはわずか7％で，残りの93％は非言語行動から生じているという結果を報告している。つまり，対人場面におけるメッセージの伝達は，その大部分が非言語行動によって支えられていると考えることができる。

2 ── 非言語行動の機能

対人コミュニケーションにおいて，非言語行動はどのような役割を果たしているのであろうか。社会的相互作用における非言語行動の機能に注目したパターソン（Patterson, 1983）は，非言語行動の機能的側面について，次に示す5つの機能をあげている。

(1) 情報の提供

対人場面で人が示す非言語行動は，その人の性格や相手との関係，話題に対する態度などを伝達しているため，すべての非言語行動が情報提供的な側面をもっているといえる。相手との会話においてうなずいたり微笑したりすることが肯定や同意を，眉をひそめたり頭を左右に振ったりすることが否定や拒否を示すように，非言語行動の情報提供機能はメッセージをより明瞭にする場合もあれば，かえってあいまいにする場合もある。

(2) 相互作用の調整

相互作用は，人と人とが対面して会話するような「焦点の定まった相互作用」と，通りすがりの出会いのような「焦点の定まらない相互作用」とに分けられる（Goffman, 1963）。会話場面においては，視線や声の調子や身振りによって話の継続や役割交代を示したりする。一方，通りすがりの場面においても，見知らぬ人どうしであれば相手の視線や身体の向きから進行方向を予測し視線を合わさずに通り過ぎ，知り合いどうしであれば視線を合わせ微笑みながら手をあげて近づいていったりする。このように，いずれの場合においても，非言語行動は相互作用を調整する機能をもっている。

(3) 親密さの表出

対人関係において，相手に対する興味や好意などの度合いが増すと，その親

密さは非言語行動によって表現される。すなわち，相手への視線や微笑の量が増え，身体が相手のほうに傾き，距離を縮め，相手の身体に触れる頻度も増加する。ただし，これらの行動は，どのような状況でも顕著に出現するわけではない。公式の場や相手に対する影響力を行使する目的がある場においては，次に説明する社会的統制機能のほうが優位となる。

(4) 社会的統制

非言語行動は，人が他者に対して特定の影響を与えるための道具としても利用される。具体的な文脈としては，支配，説得，欺瞞，印象操作などがあげられる。たとえば，相手を説得したいときは凝視やジェスチャーを多用するだろうし，相手に好印象をもってもらいたいときは微笑やうなずきの頻度を高めるだろう。このように，非言語行動は対人影響過程においてもさまざまな働きをもつ。

(5) サービスと仕事の目標の促進

職業専門家からのサービスやアドバイスの提供を受けるときに，非言語行動はその目標を促進する働きをもつ。たとえば，医師が患者の診断を行なうとき，医師は患者の身体に触れたり声の調子や表情を観察したりすることで体調や気持ちを読み取り，患者は医師の表情や身振りから自身の健康状態を知ろうとする。

ところで，これら多様な機能をもつ非言語行動は，たいていの場合は言語行動とともに起こるという。そこで，リッチモンドとマクロスキー（Richmond & McCroskey, 1995）は，対人コミュニケーションにおける言語行動と非言語行動の相互作用に着目し，言語行動との関連性を重視したうえで，非言語行動の機能を表8-1のようにまとめている。

表8-1　言語行動との関連からみた非言語行動の機能
（Richmond & McCroskey, 1995をもとに作成）

機能		例
補完	言語行動を強化，明確化，詳細化，緻密化する。	愛を伝える言葉を，長くあたたかい抱擁，心地よい声とともに言う。
矛盾	言語行動とは矛盾または対立するようなメッセージを示す。	二度と同じミスはしないという決意の言葉を，拗ねて，もしくは冷笑とともに言う。
強調	言語行動を強調，誇張，力説し，目立たせる。	話し始める前に敢えてポーズを置いたり，いつもよりも大きな声で話したりする。
反復	言語行動を繰り返したり言い直したりする。	店で注文する時に，「タコス2つ」と言いながら同時に指を2本立てる。
調節	言語行動の流れを調節・管理する。	相手が話す順番になると，低い調子で話し終え，相手を見てジェスチャーをやめる。
置換	言語行動の代わりに送る。	遠くにいる友人を大声で呼ぶ代わりに，手招きしたり，手を振ったりする。

第2節　非言語行動の分類

1 ── さまざまな非言語行動

　前節で，微笑，うなずき，視線などの用語が繰り返し登場したが，これらはすべて非言語行動と呼ばれる行動である。ひとくちに非言語行動といっても，そこには多くのバリエーションがあると考えられるが，これまでにどのような分類がなされてきたのだろうか。

　さまざまな研究者（De Vito, 1986；Knapp, 1978；Patterson, 1983；Samovar, Porter, & Jain, 1981；Scheflen, 1968）の考え方を参考にすると，主要な非言語行動は表8-2のように整理することができる。ここでは，これらのうち身体動作，身体接触，近言語，距離と空間の4つについて詳しくみていくことにする。

表8-2 非言語行動の分類

身体動作	身振り，姿勢，表情，視線行動など。
身体接触	触れる，撫でる，叩く，抱くなどの接触行動。
近言語	声の質や大きさ，間のとり方など，言語に付随する特徴。
距離と空間	対人距離，個人空間，座席行動など。
身体特徴	容貌，スタイル，皮膚の色，体臭など。
時間	待ち時間，経過時間，ともに過ごした時間量など。
人工物	服装，ヘアスタイル，化粧，アクセサリーなど。
環境	家具の配置，飾りつけ，照明，温度，BGMなど。

2 ── 身体動作

(1) 身振り

身振り（ジェスチャー）は，主に頭，腕，手，指，足などの各部分を用いた身体動作のことをいう。手招きしたり頬づえをついたり，手を腰にあてたり足組みをしたりと，身体の各部分の動きによって意志や感情が伝達されるのである。身振りは**ボディランゲージ（body language）**ともいわれ，対人関係の円滑な運用に重要な要因であるとされている。なお，最近は**ソーシャルスキル（social skill）**という総合的な観点からも重視されている（詳しくは，第7章p.128参照）。

(2) 姿勢

姿勢（ポスチャー）は，立ったり座ったり寝たりしているときの，身体全体の動作や方向性のことである。人の姿勢には，会話への興味，相手への好悪感情，地位関係があらわれるという（深田，1998）。また，図8-1のような線画を用いた研究から，姿勢や身振りは，そこに状況や文脈がなくとも共通した解釈を得られるような独自のメッセージを送っていることがわかっている（Rosenburg & Langer, 1965）。

(3) 表情

表情とは，感情などの心的状態が顔面に表出されたものをいう。さまざまな非言語行動の中で，最も古くから注目され研究が進められてきたのが表情であ

── 141

Ⅱ部 社会心理学的視点からみた人間関係

図8-1 線画テストに用いられた姿勢（Sarbin & Hardyck, 1955）

る。本章第1節で，対人コミュニケーションにおいて伝達される意味のうち，93％が非言語行動から生じているというメーラビアンとウィーナーの報告を紹介したが，この非言語行動93％の内訳は，声に関するものが38％，顔に関するもの（すなわち表情）が55％となっている。これは，伝達される意味のうち半分以上が顔からのメッセージによって規定されることを示しており，対人場面における表情の重要性を明らかにしているといえよう。対人場面において誰もが相手の顔に特に注目しながら会話をするのは，そこに相手の気持ちが最もよくあらわれ出ているからなのである。

人間には感情と直接つながりをもつ生得的かつ普遍的な表情が存在するという考え方が最初にダーウィン（Darwin, C., 1872/1998）によって示されて以来，その仮説は数多くの研究者によって支持されてきた。生物学的に普遍性をもつ感情は基本感情とよばれるが，エクマンらは，幸福，驚き，恐れ，怒り，嫌悪，悲しみ，軽蔑の7つの基本感情をあらわす顔の表情は，あらゆる文化において共通であるとし，これを基本表情と名づけた（Ekman, 1987；Ekman & Friesen, 1975）。そして，これら7つの基本表情について，写真および**FACS**[*]と呼ばれる独自の記号化法により定義している。

(4) 視線行動

クラーナック（Cranach, 1971）によると，視線行動（まなざし）は，一方視（目の領域を中心とする顔方向への凝視），顔面凝視，目への凝視，相互凝

視（互いの顔への凝視），**視線交錯（アイコンタクト）**，凝視の回避，凝視脱落（視線回避の意図なく相手を見ていないこと）の7種類に分類されるという。また，視線行動には，情報検索，情報伝達，感情表出，相互作用調節の4つの機能がある（深田, 1998）。

アーガイル（Argyle, M.）はアイコンタクトに関する実験的研究を数多く行なった。その研究成果から，対人コミュニケーション場面においては，聞き手のほうがよく見ること（Argyle, 1983），離れた相手ほどよく見ること（Argyle & Ingham, 1972），よく見てくれる相手ほど好ましくみえること（Argyle et al., 1974）などがわかっている。またアーガイルは，まなざしに関する研究を総括して表8-3のようにまとめている。

> **FACS**
>
> Facial Action Coding Systemの略。人間の顔の動きをできるだけ客観的に記述するために作られたコーディング法で，顔の筋肉の動きを視覚的に識別可能な44個の最小単位（Action Unit）で記述するものである。

表8-3 まなざしの法則（Argyle, 1983；米谷, 1998）

AとBの対話中，もしAがBをよく見つめるなら，次のどれかの場合である。
- 彼らが離れて立っている。
- プライベートな話題である。
- やさしい話題である。
- Bのほかに見るべきものがない。
- AがBの身体やBの表情などに興味がある。
- AがBを好きである。
- AがBを愛している。
- AがBより低い社会的地位にある。
- AがBを支配したい。
- AがBに影響力を及ぼしたい。
- Aがアラブ人や南米の人である。
- Aが外向的である。
- Aが女性や協力者といった従属的な立場にある。
- Aが従属関係で低い立場にある。

3 ── 身体接触

　身体接触は，身体と身体が直接触れることをいい，撫でる，叩く，握る，押す，抱く，つねるなど，その方法はじつにさまざまである。これらの行動は，愛情や怒りなどの感情を伝えたり，慰めや支持や拒否をあらわしたり，互いの関係性の表現であったりする。

　ジュラード（Jourard, S. M.）は，この分野で最も広く引用されている研究者の一人である。彼の調査研究から，触れられる身体の領域や頻度は，対象（母親，父親，同姓の親しい友人，異性の親しい友人）によって異なるということがわかった（Jourard, 1966）。具体的には，親や同姓の友人にはあまり接触させないが，異性の友人に対しては男女ともに高頻度で広範囲の接触を認めていることや，男性は女性よりも両親との身体接触が少ないことなどが明らかになっている。

4 ── 近言語

　近言語（準言語，パラ言語ともよばれる）とは，言語行動のうち音声に関するものをさす。これは大きく2つに分けられるが，1つは声の質であり，リズムやテンポ，速さ，発音の明瞭さ，イントネーション，訛りやアクセント，声の響きなどがこれにあたる。もう1つは発声法で，うなり声やひそひそ声，ため息，あくび，咳払い，声の大きさや高低，あいづち，間，そして沈黙もこれに含まれる。

　沈黙とは無言の状態が続くことをさすので，一見何のメッセージも発していないように思われるが，対人場面において，沈黙はどのような働きをもっているのだろうか。たとえば，友人どうしの会話において，一方がある質問をした途端，もう一方が黙りこんでしまったとする。その場合，質問した側は相手の沈黙から何らかのメッセージを読み取り，同じ質問を繰り返したり，質問のしかたを変えたり，あるいは謝罪して別の話題に切り替えたりするだろう。このように，沈黙はさまざまな意味をもつと考えられるが，金沢（2001）は，沈黙の意味を判断する場合には，沈黙がどのぐらい続くか，その場の状況が沈黙にふさわしいかどうか，沈黙の前に何が起こったか，そして，当事者間の関係が

5 ── 距離と空間

　空間の認知や用い方のことを**空間行動**といい，これは相手との間に距離を置く行動（**対人距離**），自分の空間を作りそれを守る行動（**パーソナルスペース，なわばり**），一定の空間内で自分の位置を決める行動（着席行動）などに分類される。

　ホール（Hall, 1966）によると，対人距離は表8-4のような4つの距離帯に区分することができる。そして，人は相手との関係や接触の目的に応じて，これら4つの距離帯を使い分け，相手との間に適切な対人距離をとるという。

> **パーソナルスペース**
> 個人空間ともいう。人の身体を中心とする目にみえない空間で，他者にそれ以上近づいてほしくないという自分だけの空間をさす。この空間を他者に侵害されると，不安や緊張などを感じるため，不快な状況からぬけだそうと回避や逃避などの反応がとられる（詳しくは，第7章p.126参照）。

表8-4　対人距離の分類（Hall, 1966をもとに作成）

親密距離	45cm以内	相手のにおいや体温が感じられる距離。親子，夫婦，恋人，親友などの関係において許容される距離。
個体距離	45〜120cm	手を伸ばせば触れることができる距離。友人・知人などとの通常の会話でとられる距離。
社会距離	120〜360cm	フォーマルな会談や社交の集まりなど，仕事の話ができる距離。
公衆距離	360cm以上	講演会などで多数者を前にして緊張せずに一方的働きかけのできる距離。

第3節　異文化理解のために

1 ── 異文化間コミュニケーションにおける非言語行動

　対人場面においてやりとりされるメッセージの9割以上が非言語行動による

ものであることは先にも述べたが，これら非言語行動を言語行動と比較したとき，言語行動は主として内容を伝達する機能を果たすのに対して，非言語行動は主として感情的・関係的側面を伝達する機能を果たすといわれる（Richmond & McCroskey, 1995）。また，言語行動を意識的にコントロールすることは比較的容易にできるが，非言語行動を意識的にコントロールすることはむずかしいため，非言語行動と言語行動が矛盾しているときには，非言語行動によって本当の気持ちが漏れ出してしまうことが多いこともわかっている（Rotenberg et al., 1989）。このような特徴から，対人コミュニケーションにおける非言語行動の重要性とともに，人と人とが互いに意図したとおりのメッセージを伝達・解読することがいかに困難なプロセスであるかがみえてくる。同じ日本人どうしですらズレや誤解が生じるのであるから，これが外国人とのコミュニケーションとなると，なおさらではないだろうか。

　異文化間コミュニケーション＊を円滑に図りたいと望むとき，人はまず外国語を使いこなせるようになろうと努力する。そして，外国語の文法や発音さえマスターできれば，外国人とのコミュニケーションも可能になるはずだと期待する。しかし，対人コミュニケーションにおいて非言語行動という要素が大部分を占めている以上，たとえ完璧な外国語を話せたとしても，外国人とのスムーズな異文化間コミュニケーションはむずかしいのではないだろうか。異文化間コミュニケーションにおいては，外国語の習得だけでなく，非言語行動にも十分な知識と配慮が必要なのである。

> **異文化間コミュニケーション**
> 異なる文化的背景をもつ人と人との間で行なわれる対人コミュニケーション。国民の同質性の高い日本の場合は，外国人とのコミュニケーションをさしてこうよぶが，複数の人種や民族で構成される国の場合は，国内でも異文化間コミュニケーションが行なわれる。

2——コンテクストと異文化間コミュニケーション

　非言語行動の文化による違いに配慮することが，円滑な異文化間コミュニケーションを図るための重要な要因であることはすでに述べたとおりであるが，もう1つ配慮しなければならないこととして，**コンテクスト**があげられる。

コンテクストは，場面，状況，文脈などを意味するが，この概念に基づくと，コミュニケーションのスタイルは高コンテクストと低コンテクストに二分され，アメリカ，ドイツ，スイスといった文化は低コンテクスト文化，日本を含むアジアのほとんどは高コンテクスト文化に属する傾向があるという（Hall, 1976）。高コンテクスト文化では，対人コミュニケーションにおいてやりとりされる情報の多くをコンテクストに依存するため，メッセージの伝達において明確な言語情報はそれほど必要とされない。これに対し，低コンテクスト文化では，逆に言語情報に大きく依存しているため，言葉を尽くして明瞭に伝えることが求められる。

　異文化間における人間関係をよりよくするためには，コミュニケーションの対象者がどちらの文化に属する人なのかということをふまえて，どの程度自らの意図を明瞭に言語化して伝えていく必要があるかを考え，それに応じてメッセージの言語・非言語的要素を調整していく必要があるだろう。

3——非言語行動の異文化比較

　日本人が遠くにいるアメリカ人を呼ぼうと手招きのジェスチャーをすると，アメリカ人はそれを「あっちへ行け」というメッセージとして受けとり，さらに遠くへ離れていってしまったという。これは，1つのジェスチャーが文化によってまったく異なる意味をもつこと，そしてそのことを互いに知らなければ否応なく誤解が生じてしまうことを示している。

　ジェスチャーのもつ意味の文化による違いについては，モリス（Morris, 1979）の調査研究がよく知られている。たとえば，手のひらを上に向けて5本の指をあわせる「手すぼめ」というジェスチャーに関する調査結果から，手すぼめの意味が文化によってじつに多様であること，またそのジェスチャー自体を用いない文化もあることがわかっている（図8-2）。また，金山（1983）の報告例からも，小指を立てる，人差し指を曲げるなどのジェスチャーが，日本と他の文化とではまったく異なる意味をもつことが示されている。

　この他にも，さまざまな異文化比較研究から，文化による非言語行動の違いが明らかになっている。代表的なものをあげておくと，視線行動については，日本は「視線を避ける文化」であるのに対し，ラテン系やアラブ系は「視線を

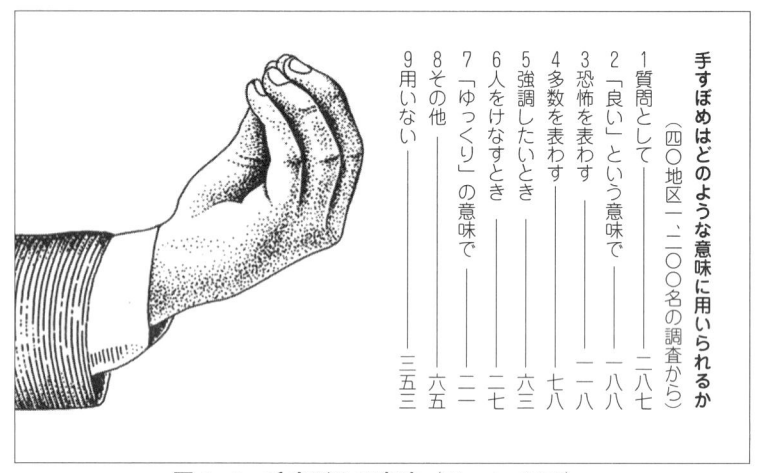

Ⅱ部 社会心理学的視点からみた人間関係

> 手すぼめはどのような意味に用いられるか
> （四〇地区一、二〇〇名の調査から）
> 1 質問として ————————————— 二八七
> 2 「良い」という意味で ————————— 一八八
> 3 恐怖を表わす ——————————————— 一八八
> 4 多数を表わす ——————————————— 一七八
> 5 強調したいとき ————————————— 一六三
> 6 人をけなすとき ————————————— 一二七
> 7 「ゆっくり」の意味で ————————— 一二一
> 8 その他 ——————————————————————— 六五
> 9 用いない ————————————————————— 三五三

図 8-2　手すぼめの意味（Morris, 1979）

合わせる文化」であり，アメリカの文化はその中間に位置するといわれている（井上, 1982）。表情については，対人場面では基本表情以外のさまざまな表情がみられ，その特徴が文化によって異なることがわかっている（コラム 8 参照）。また，身体接触については，日本人よりもアメリカ人のほうが接触量も多く触れる範囲も広いこと（Barnlund, 1975），対人距離については，ラテン系やアラブ系の文化のほうが北米よりも個体距離が小さいこと（Hall, 1966）などがそれぞれ研究により確認されている。

　非言語行動には豊富なバリエーションがあり，その 1 つひとつが文化によって異なる意味をもつことが多く，さらにその意味も状況によって変化することがある。そう考えると，他の文化の非言語行動に精通することはきわめて困難なことであり，異文化間コミュニケーションにおける摩擦や誤解は避けられないことのように思われる。しかし，こうした摩擦や誤解をいかにして軽減していくかが，これまでの，そしてこれからの重要な課題であると考えられる。より効果的な異文化間コミュニケーションが図られるよう，記号化と解読に関する一人ひとりの知識やスキルが高められていくことが望まれる。

コラム8 映画作品における表情

　文化をこえて共通する7つの基本表情が定義されて以来，数多くの異文化間研究を通してその信頼性と妥当性が検証されてきた。確かに幸福には幸福の，怒りには怒りの典型的な表情が存在するようであるが，かといって人が日常の対人場面で目にするのが，常にそうしたわかりやすい定義どおりの表情だけであるとは考えがたい。悲しくても微笑をうかべることもあれば，怒っていても無表情なこともあるだろう。エクマンら（Ekman & Friesen, 1975）は，これを**表示規則**（感情を顔にあらわすか否かを社会的場面に応じて管理する規則）によるものであると説明している。文化によって表示規則はさまざまであるので，表示規則が反映された表情には文化による違いがあると考えることができる。

　対人場面における日本人の表情の特徴をとらえるために，三浦（2002, 2003）は映画作品を分析対象とした研究を行なった。日本でポピュラーな邦画と洋画からさまざまな感情をあらわす場面を取り出し，各場面における表情を視線行動も含め分析した。その結果，日本人の表情には，基本表情とも，欧米人の表情とも異なる，恐れにおける口角下げ，怒りにおける鼻の皺寄せ，嫌悪における視線下げなどの特徴があることがわかった（写真参照）。映画作品を用いた研究は，異文化理解につながる有効なアプローチの一つとして，今後もさらに活用されていくことが期待できる。

嫌悪の表情（『生きる』より）

映画作品における日本人の表情
（三浦, 2002, 2003より）

Ⅲ部
現代社会のコミュニケーションと人間関係

第9章
ネット社会の人間関係

　人はひとりで生きる存在ではない。多くの人々とかかわりをもち，互いに支え，支えられながら生きている。こうした人間関係の総体が「社会」を創り上げている。そして，そんなわれわれの社会を支えるしくみの1つにインターネットがある。

　この章では，ネットコミュニティで生じやすい事象について，われわれにとってポジティブな影響をもたらすものとネガティブな影響をもたらすものの両方を取り上げて，ネットコミュニティにおける利用者の対人コミュニケーション行動のありようと，そうした行動と個人の心理との関係にみられる特徴について，社会心理学の実証的研究によって得られた知見と結びつけながら考える。

第1節 インターネットにおけるコミュニケーション

　インターネットは，元来はコンピュータどうしをつなぐネットワークとして考え出されたしくみ（図9-1）だが，今ではわれわれの人間関係，そして社会を支えるための，人間どうしをつなぐネットワークとして活用されている。対面をともなうコミュニケーションより劣るとの指摘を受け，既存マスメディアからも多くの批判にさらされながらも，今では多くの人々がネットを介したコミュニケーションを積極的に受け入れ，活用している。今この瞬間にも，ネットワーク上で多くのコミュニティが産声をあげ，またそこで多くの人々が相互作用を行なっている。特に近年では，**ブログ***や**ソーシャルネットワーキングサービス（SNS）***などといった，数多くの人が集うネット上の場，すなわちインターネット上のヴァーチャルなコミュニティ（以下，ネットコミュニティと呼ぶ）での自己表現や他者との交流がさかんである。

—153

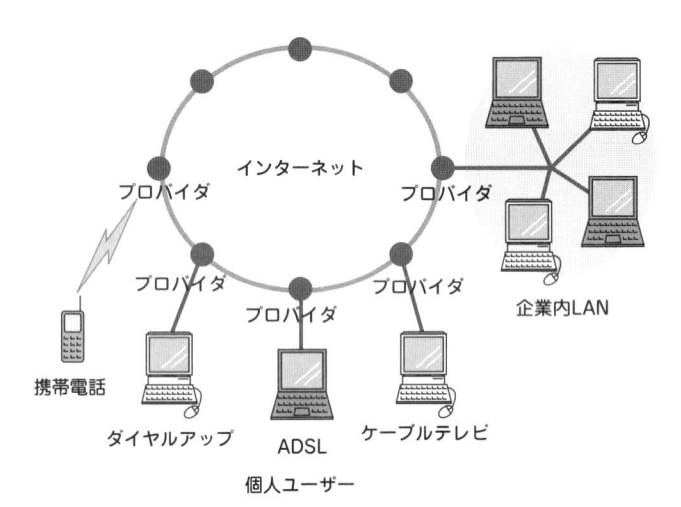

III部 現代社会のコミュニケーションと人間関係

出典：http://www.johotsusintokei.soumu.go.jp/statistics/data/080418_1.pdf

図9-1　インターネット接続のしくみ

ブログ

ウェブログの省略形。日記形式で記事が蓄積されていくウェブサイトで，インターネット上の専用サイトで記事を入力すれば簡単に作成することができる。読者とのコミュニケーション機能（コメントやトラックバック）を備えている。

ソーシャルネットワーキングサービス（SNS）

社会的ネットワーク（人と人とのつながり）をインターネット上で構築するサービス。プロフィール・ブログ・コミュニティ・メッセージ送受信機能などを備え，既存の人間関係の維持と新しい人間関係の構築の両方をサポートする場となる。

第9章 ネット社会の人間関係

第2節 インターネット発展の歴史と人間行動

　インターネットがわれわれの社会生活に浸透してきたスピードはめざましい（図9-2）。その勃興期には，研究者やコンピュータ技術者などのごく限られた利用者しかいなかったインターネットがこれほどまでに身近な存在となったのは，通信に関する規制の緩和や，技術の格段の進歩による経済的・時間的コストの削減とともに，1991年にその基本技術が開発された**ワールド・ワイド・ウェブ**（World Wide Web，以下ウェブと呼ぶ）の登場に負うところが大きい。

　ウェブは，インターネット上で提供される複数の文書を相互に関連づけ，結びつける仕組み（ハイパーテキストシステム）であり，ネットワーク上の不特定多数の人と，従来よりもはるかに容易に文字・画像（静止画・動画）・音声などのマルチメディア情報をやりとりすることを可能にした。ウェブの登場により，コミュニケーションメディアとしてインターネットを利用する人々が爆発的に増加し，インターネットは，個人が送り手になって行なうパーソナルコミュニケーション（川上，2001）の場として大きな役割を果たすようになった。

　個人がウェブで能動的に情報の送り手となるための形態にはさまざまなものがあるが，最も主要な手段は**ウェブサイト**（ホームページと通称される）を構

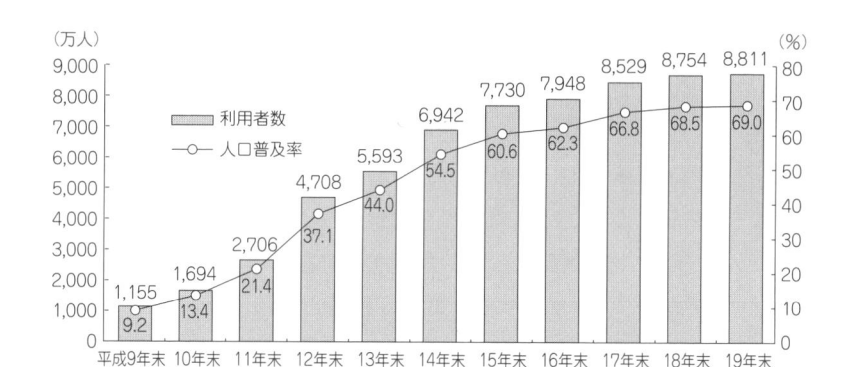

出典：http://www.johotsusintokei.soumu.go.jp/statistics/data/080418_1.pdf

図9-2　インターネットの利用者数と人口普及率の推移（個人）
（総務省　平成19年度通信利用動向調査）

— 155 —

築することである。個人によるウェブサイトの作成・公開がさかんに行なわれ始めたのは，1990年代半ば頃である。インターネット上に息づき始めた数多くの個人ウェブサイトは，ほどなくさまざまなきっかけを探索して連帯し，相互のコミュニケーションを基盤として議論したり交流したりするためのコミュニティを形成するようになった。ウェブでは，「**ハイパーリンク**」と呼ばれる機能を使うことによって，容易にいくつものウェブサイト（すなわちその作者たち）が「つながる」ことができ，またそのつながりは作者以外の多くの閲覧者に対しても目に見える形で実現される。あるウェブサイト作者が，自サイトと友だちのウェブサイトを結びつけたければ，自サイトにごく簡単な命令（リンクタグ）を添えて友だちのウェブサイトのアドレスを記述するだけでよい。このハイパーリンクによって，ウェブにはそこに参加する人々の対人ネットワークが可視化されて表出するのである。この可視化が行なわれることによって，そこで展開される人間関係に対する意識が高まり，それぞれのウェブサイトどうしのつながりはごく弱い紐帯（きずな）によるものであっても，血縁・地縁といった従来型のコミュニティの柱となってきた強い紐帯と同程度，あるいはそれ以上の結びつきの強さを発揮しえたのである。

第3節 ネット社会の人間関係に関する社会心理学的研究

　コンピュータや携帯電話といった機器を介したネット上のコミュニケーション（Computer-Mediated Communication：CMC）[*]は，対面をともなうコミュニケーション（Face-to-Face communication：FtF）と大きく異なる特性をいくつかもっている。そして，それらが引き起こす事象には，コミュニケーションの主体である個人やそこで展開される人間関係にポジティブな影響をもたらすものとネガティブな影響をもたらすものの両方が数多く観察されている。CMCは，コンピュータネットワークという技術を利用したコミュニケーションであるから，その技術がもつ特徴を反映したものとなり，それが技術を利用しないFtFと異なる特徴をもつのはある意味当然のことである。ただ，もし，単に技術のみが人間のコミュニケーション行動を規定する（こうした考え方を「技術決定論」と呼ぶ）ならば，さまざまな形態をもち，さまざまな人によっ

てさまざまな状況で展開されるCMCのどこであっても同様の現象が常に起こるはずである。しかし，実際には必ずしもそうではない。さらに，技術決定論に依拠したのでは，「なぜ」CMCがFtFとは異なる特性をもつに至るのか，という「理由」に関する説得的な議論ができない。

そこで社会心理学者たちは，彼らの中心的な研究テーマ・関心である「状況に対する人間の反応メカニズムの解明（個人の行動や心理と周囲の状況の関係の定式化）」に関してこれまでに蓄積されてきた数々の知見をCMC場面に適用することによって，その「なぜ」を読み解こうと試みている。以下では，こうした社会心理学的研究のうちいくつかを紹介しながら，ネット上の人間関係で起きるさまざまな現象の発生メカニズムを考えてみよう。

> **CMC**
> パソコンや携帯電話といったコンピュータを利用したコミュニケーション。同期的なもの（例：携帯電話による通話・チャットなど）と非同期的なもの（例：メール・ブログ・SNSなど）に大別することができ，近年は文字に加えて画像や音声を伝達するものも多い。

1——対人魅力とCMC

社会心理学の主要テーマの1つに「対人魅力」の研究がある（詳しくは，第6章参照）。この分野では，人はどのような他者をどのような状況で好意的に認知し，好意的な感情をもち，接近を試みるのかに関して多くの研究が行なわれている。たとえば，ネットコミュニティで多くの恋愛事例が観察されることと，対照的に「ネット上でのつきあいには慎重になる」という意見が多くあることは，この対人魅力というコインの表裏であると考えられる。

このコインの表裏に大きくかかわるCMCの特性は，対面をともなわない点である。CMCには，コミュニケーションの際に相手に伝わる情報に，社会的情報（性別・年齢など）や非言語的情報（表情・ジェスチャー・声の調子など）といった，FtFなら言語に付随して容易に伝わるさまざまな手がかりが含まれない（詳しくは，第8章参照）。FtFでは，こうした情報が顕在化することが，時にコミュニケーション場面における「格差」を感じさせることがある。CMCにおいて，コミュニケーション内容が外見や社会的地位といった情報を

—157

ともなわずに相手に伝達されることは，こうした格差に対する危惧を低下させるから，多くの人々に平等にアクセスする可能性を増大させる。たとえば，スプロールとキースラー（Sproull & Kiesler, 1991）は，社会的地位が低い個人と高い個人の発言率の差が，FtFよりもCMCでは小さくなり，CMCでは社会的地位が低い個人がよく発言するようになることを明らかにしている。つまり，ネットコミュニティでは，対面場面では地位の低さゆえに発言をためらうような個人にとっても，自由な自己表現を行なうことによる不利益をこうむる可能性が低下するのである。そうなると，誰しもが普段の自分とは異なる自分を表現しやすくなることが考えられる。

　現実社会における自分とは異なる自分の1つに「本当の自分」があると考えられる。人は誰でも世間のしがらみがあって，あるいは他者からの評価懸念にとらわれて普段は表出しにくいが本来の自分はこうなのだ，という意識を，多かれ少なかれもっているだろう。こうした本当の自分が，CMCでは表現されやすい。たとえばマッケナとバージ（McKenna & Bargh, 1998）は，ニュースグループ（インターネット上に投稿されたテーマや目的別の記事の集まり，掲示板のようなもの）のログ分析と参加者を対象とした質問紙調査の結果，同性愛やSM愛好のように現実社会ではマイノリティかつ存在が隠されがちなアイデンティティ（周縁的アイデンティティ）をもつ人々によって形成されたネットコミュニティでは，そうではない（現実社会で主流の，あるいは存在が一見して明らかなマイノリティの）コミュニティよりもメンバーによる関与が積極的で，なおかつその積極性が利用者本人の自己受容を増大させ，現実社会でのカミングアウトを促進し，社会的孤立を低減していることを明らかにしている。

　また，オンラインカウンセリングの有用性も，多くの研究で確かめられている。CMCでは，コミュニケーション主体どうしが物理的な時間と空間を共有しなければならない「対面」をともなう必要がないのだから，コミュニケーションするために時間を割く必要も激減し，短期間に非常に濃密なやりとりをすることも可能になる。

　こうしたことから，ネットコミュニティにおいては，FtFでは発生しえない自由なコミュニケーションが展開される可能性があり，素の自分をさらけ出し

あうことで，急速に深い相互理解に進展する傾向がある。そして，自分のことを親しく打ち明ける行動，すなわち自己開示の深さが増すことは，相手の好意度を増す（奥田, 1997）ので，一度も会ったことのない二人が恋に落ちる「ネット恋愛」が発生しやすいのである。しかも，CMCにおいては，ハイパーパーソナルコミュニケーションと呼ばれる，同等水準のFtFによる相互作用で経験するものを上回る水準の感情や情動が生じる例がいくつか報告されている（Walther, 1996）。これが発生することにより，ネット恋愛がより急速に熱烈になることも容易に想像できるだろう。

　しかし，対面をともなわないというCMCの特性が，いつも人間どうしの絆を深めるほうにばかり作用するわけではない。「本当の自分」を表出しやすくなることと同じくらい，「偽の自分」を演じることも，また容易なのである。特に，コミュニケーションにおいてやりとりする情報の中に視線や表情といった視覚的手がかりが含まれないことによって，コミュニケーション中に嘘をつくことのコストが低下し，また同時に，相手の発言の虚実を確認することも困難になる。つまり，嘘をついてもばれにくく，嘘をつかれても見抜きにくいというわけである。コーンウェルとランドグレン（Cornwell & Lundgren, 2001）は，チャットルーム利用者を対象として，現実の社会生活とネットコミュニティの両方で嘘をついたことがあるかどうかを調査した結果から，嘘がつかれる絶対的な比率はどちらの場合でも全体的に低い水準にあるものの，「年齢」や「身体的特徴」に関してはネットコミュニティで嘘がつかれやすい傾向を見出している（表9-1）。FtFでは見た目がわかるためにごまかしのきかない点に関して，CMCでは嘘の自由度が高いのである。こうした嘘が横行していると考えるならば，ネットコミュニティで出会った相手の自己表現なんてしょせんは「眉唾もの」で信用できない，と考える人がいるのも無理はない。

　さらに，CMCでは完全に匿名でコミュニケーションに参加したり，何度もハンドルネームを変更して1人で複数人を演じたりすることも容易である。もちろん，システム管理者がサーバー上のアクセス記録を詳細に調べれば個人を特定することがほとんどの場合で可能だが，単なる参加者のレベルであれば，個人を特定されない／できない状況でもコミュニケーションが成立する。また，ネットコミュニティは，現実社会のコミュニティよりも参加する際の障壁が少

Ⅲ部 現代社会のコミュニケーションと人間関係

表9-1 サイバースペースと現実空間の関係における嘘
(Cornwell & Lundgren, 2001)

何に関する嘘か	サイバースペース上の関係	現実空間での関係
趣味	15%	20%
年齢	23%	5%
経歴	18%	10%
身体的特徴	28%	13%
その他	15%	5%

ないのと同時に，そこから離脱することにもリスクが少ない。そうなると，次にいつ同じ相手とやりとりできるかどうかは，時期にせよ相手にせよ特定することがむずかしい。人は，接触頻度が多い他者に対して，そうでない他者よりも好意を抱きやすい傾向があり，これを単純接触効果（Zajonc, 1968）と呼ぶ（詳しくは，第6章p.100を参照）。また，誰かと共同作業を行なうような場面で，長期間同じメンバーで作業するという予期を与えられた場合は，一回限りで終了すると教示された場合に比べると，メンバーたちは相互に好意的な態度で接することも知られている（Walther, 1994）。こうしたことから考えると，接触頻度の効果が期待できないようなCMC場面では，相手に好意的な感情をもちにくかったり，あるいはもたれにくかったりすることも多くあるに違いない。

このように，CMCにおいて，FtFでは当然のようにコミュニケーション内容に付随し，伝達されるさまざまな手がかりが「ろ過」されることは，そこで築かれる人間関係に対して，ポジティブにもネガティブにも作用するのである。

2 ── 社会や集団の規範とCMC

次に，ネットコミュニティという「集団」でしばしば生じる，あるネガティブな現象について考えてみよう。それは**炎上**である。炎上とは，主にブログのような「自己表現」+「他者との交流」複合型のネットコミュニティにおいて，ブログ作者の自己表現に対して，他者からの（ほとんどの場合ネガティブ／誹謗中傷的な）コメントが集中的に寄せられることをいう。この言葉は，古典的なCMCメディア（ニュースグループや電子掲示板など）においてしばしば生じた言い争いやけんかのことを**フレーミング**（flaming；「めらめらと燃え上が

第9章 ネット社会の人間関係

る」の意）と呼んだことに由来している。つまり，現在のブログに限ったことではなく，以前から多くのネットコミュニティで同種の現象が発生していたのである。では，こうした炎上が発生する心理的メカニズムは，いったい何なのだろうか。

ジンバルドー（Zimbardo, 1969）は，匿名性[*]が保証されたり責任が分散した状況に置かれた個人は**没個性化**し，そのことによって自己規制能力が低下するために，通常の社会的規範（守るべきルール）を守らず，非合理

> **匿名性**
> インターネット上では，コミュニケーション主体どうしの「識別性の欠如（群衆の中で誰が誰とも区別ができない状態）」と「視覚的な匿名（話す相手を見ることができない状況）」のいずれか，あるいは両方をさして匿名性と呼ぶ。

的で衝動的な行動に走りやすく，またそれが周囲の他者に伝染しやすくなることを，模擬監獄を使った実験で実証的に明らかにしている（コラム9-1参照）。

人間が没個性化した状況で何が起きたかを残酷なまでにリアルに描き出したジンバルドーの実験をふまえて，ネットコミュニティでの炎上について考えてみるとどのような解釈が可能だろうか。先ほど述べたように，ネットコミュニティは匿名性が高いことで普段の現実社会のしがらみからの解放感が得られやすい場であるが，これはジンバルドーが模擬監獄実験で（図らずも）つくり出した状況に類似している。こうした場では，没個性化が生じやすく，自己の行動に対する統制力が低下することから，現実社会での自分を見失い，その結果として，「誰が何を書き込んだかなどどうせわからないのだから，やりたい放題やってやれ」とばかりに炎上が生じると考えることができる。この考えにそえば，炎上とは，CMCのもつ特性が，集団としてあるべき姿を維持しようとする規範を弱めることによって生じた，無秩序な状態であるといえる。匿名掲示板にアドレスが「晒された」見ず知らずの人のブログにアクセスして，愉快犯的に誹謗中傷のコメントの集中砲火を浴びせるような行為は，こうしたメカニズムによるものだろう。

しかし，炎上は常にこうした無秩序の中から生じているのだろうか。ブログというネットコミュニティを眺めていると，ある個人のブログにコメントが殺到して炎上したというエピソードは枚挙に暇がないが，その多くは，不正や犯

—161

罪行為など，社会的に不適切な行為を公表したブログに対する批判の殺到をきっかけにしている。こうしたケースは，先ほどのように，規範意識の欠如した単なる無秩序状態が引き起こしたと解釈することはむずかしい。むしろ，当該ブログの記述を「許せない」「糾弾すべき」という共通した考えをもつ人々（集団）が，その考え（集団の規範）をブログ作者にアピールしようとする行為ではないだろうか。そこで，匿名状況で個人の没個性化が生じた場合でも，そのことによってかえって集団としての規範が強まるケースがあり，それが「炎上」を引き起こすという考え方を紹介しよう。これを「没個性化効果の社会的アイデンティティ的解釈（SIDE）」モデルという。

　社会的アイデンティティ理論（Tajfel & Turner, 1979）では，われわれのアイデンティティは社会的なものと個人的なものから成り立っていると考えられている（第7章p.119も参照）。前者を社会的アイデンティティといい，個人の，自らが所属している集団（「私はA大学の学生である」といった現実集団への所属と，「私は民主党支持者である」といった抽象的な集団への所属の両方を含む）への所属意識のことをさす。これに対して後者は個人的アイデンティティといい，性格や能力など内的属性の点から，自分という個人が他者とは異なる存在であると理解することをさす。ライヒャー（Reicher, 1984）は，没個性化が進み，個々の違いがわかりにくい状況では，個人は集団に没入し，社会的アイデンティティが目立ちやすくなる（脱個人化する）ために，集団規範に同調する行動が現われやすいと主張した。これがSIDEモデルである。つまり，SIDEモデルに従えば，「われわれは○○である」という集団への所属意識（社会的アイデンティティ）が高められている場合に没個性化が生じると，その集団を構成するメンバー相互の個々の違いが小さくなり，結果として集団としての一体化が進むことになる。これをオンライン上で実証的に検討したのが，スピアーズら（Spears et al., 1990）の実験（コラム9-2参照）である。

　スピアーズらの実験は，たとえ視覚的に匿名な状況にあっても，自分がコミュニケーションを行なっている相手との仲間意識が強ければ，個人がそれぞれ勝手に振る舞うような行動はむしろ控えられ，周囲に合わせるような行動が増加することを示し，SIDEモデルを実証した。こうしたメカニズムは，ネットコミュニティにおいて，マイノリティの意見がよってたかって叩かれたり，個

人や企業の不正に炎上の矛先が向けられたりする現象にそのままあてはめることができそうである。

以前は，CMCのような視覚的に匿名な状況は，常に自分勝手で無秩序な行動を増加させると考えられていた。しかし，上記で紹介したSIDEモデルとその実証研究で示されたように，必ずしもそうとは限らない。特に，インターネット利用者が増加し，インターネット上のヴァーチャルな社会が必ずしも特殊な状況ではなくなった現在では，視覚的に匿名だからといって野放図に振る舞うことのリスクは少なくない。インターネット上であっても，自分がコミュニケーションを行なう相手との仲間意識が強ければ，自分勝手な行動は控えられ，まわりの意見に合わせるような行動がむしろ増加する。とすると，利用者相互に仲間意識をもたせることは，炎上に代表されるようなCMCでみられる問題行動を抑えるうえで，一定の効果をもつと考えることができる。しかし，この仲間意識をもたせるという方法も決して万能ではない。確かにこの方法は，自分勝手で無秩序な行動を抑えるうえでは有効である。だが，CMCにおいて仲間意識を強めるということは，その仲間内の規範に合わせて行動すべきだという圧力を強めることにもつながる。その結果，自分勝手な行動は減少するかもしれないが，必要以上に仲間の意見に合わせようとし，また仲間にもそれを強制しようとする傾向が生じる可能性がある。さらに，先に言及したハイパーパーソナルコミュニケーションがここでも生じるとすれば，その程度はFtFにおける批判や非難よりも強烈なものになることが予想されよう。没個性化により無秩序な状態が生じるにせよ，集団の規範に合わせようとする過度の力が働くにせよ，CMCでの判断や行動は，FtFと比べて極端なものになりやすく，それが炎上につながることがあるのである。

第4節 ネットコミュニティの未来

この章では，ネットコミュニティにおける「自己表現」と「他者との交流」を目的とするコミュニケーションにおいて生じる，個人や人間関係にとってポジティブ・ネガティブ両方の影響を与える現象における対人コミュニケーション行動と心理との関係を，社会心理学的な実証的研究をふまえながら，特に対

Ⅲ部 現代社会のコミュニケーションと人間関係

人魅力と規範をキーワードとして解説してきた。

現在，着実に進む利用者の増加や技術の進歩によって，ネットコミュニティと現実社会におけるコミュニティとの境界線は徐々に曖昧になり，シームレス化が進んでいる。われわれの社会生活に占めるネットコミュニティの比重は，ほんの数年前とも比べものにならないほど大きくなっており，それはこれからも増していくことだろう。他方，対面による対人コミュニケーションや地縁や血縁によって形成されるコミュニティが絶無になるわけではもちろんなく，両者をうまく共存させることが，われわれにとって大きな課題である。

ここで取り上げた研究の中には1990年代のものも多く，「現在，あるいは今後のわれわれの状況にあてはめるのは困難なのではないか」という疑問をもたれた方もあるかもしれない。しかし，こうしたネット社会・現実社会双方のコミュニティが「完全に」同質になることはない。ゆえに，程度の差こそあれ，ネットコミュニティで展開される対人コミュニケーション行動には，ここで取り上げた社会的手がかりや非言語的手がかりの欠如や匿名性のように，物理的な空間と時間を共有するかどうかという違いを反映したCMCの本質的な特徴があらわれるはずである。また，こうした特徴が，コインの表裏のように，ある状況ではポジティブに，別の状況ではネガティブに作用することも，おそらく同様であろう。現代社会に生きるわれわれにとってまず必要なことは，こうしたネットコミュニティのもつ特徴とメカニズムをよく知ることである。そして，その善し悪しのどちらかだけを一面的に眺めるのではなく，自らの幸福な人間関係や社会生活の実現のためにそれをどうポジティブに生かすかを考え，適切な選択を志向することが必要である。そうした試みがあってこそ，ネットコミュニティでのコミュニケーションと現実社会での生活との間に，より豊かな関係が育まれるはずだ。

［注記］本章の一部は，三浦麻子「ネットコミュニティでの自己表現と他者との交流」(2008) をもとにしている。

コラム 9-1　模擬監獄実験

　模擬監獄実験は1971年にアメリカのスタンフォード大学で行なわれた。参加者は，新聞のアルバイト求人広告に応じた75名の一般市民から予備調査によって選ばれた21名で，心身ともに安定し，精神的成熟度も高く，過去に一度も反社会的行為に関係したことがない，模範的な人物である。うち11名が看守役，10名は囚人役にランダムに割り当てられた。この実験で重視されたのは，両参加者が各役割を極力リアルに演じられる状況をつくることだった。囚人役たちは実験に協力していた市警察によって自宅付近で「逮捕」され，手錠をかけられて取り調べを受け，指紋を採取された後，目隠しをされてスタンフォード大学の地下実験室を改造した模擬監獄に連行された。監獄では囚人服を着用させられ，足には鉄鎖がはめられて，四六時中「収監」された。一方看守役たちは，囚人に対する身体的な懲罰や暴力を禁じられたうえで，制服着用の上で警笛と警棒を持たされて8時間交替で「勤務」にあたったが，他の時間は自宅に戻り，普段通りの生活を続けることができた。

　実験開始後まもなく，双方に顕著な変化がみられ始めた。囚人役たちには受動的な言動が目立ち始める一方で，看守役は命令口調の言動を多くとるようになり，囚人役たちを口汚く侮辱するようになった。囚人役たちが反抗的な態度を取ったときのみならず，冗談を言ったり笑い声を立てたりしただけでも看守役たちが「懲罰」の対象とするようになったので，囚人役たちはすぐに何の反応もしなくなった。しかし，囚人役たちが無反応になったあとも，看守役たちの攻撃的行動は着々と増幅し，彼らは自らの役割を演じることに心地よさすら感じているようであったという（右に実験の様子を撮影した写真を示す）。結局，2日目には囚人役の半数が抑うつ・怒り・号泣などの病的な徴候を示し始め，釈放せざるをえなくなった。結果的に，2週間を予定していた実験は6日目に打ち切られた。

ジンバルドーの監獄実験の様子
(http://www.prisonexp.org/slide-14.htm所収)

コラム 9-2 社会的アイデンティティの目立ちやすさの実験

スピアーズら（Spears et al., 1990）は，CMC場面でSIDEモデルを検証するために，社会的アイデンティティの目立ちやすさを実験的に操作した研究を行なった。この実験では，3名の学生が電子会議システムを使って議論を行なう際に，全員を1つの部屋に集めるか個別の部屋に入れるかによって視覚的な匿名性を操作し，また，各参加者が同じ集団に所属するメンバーであると教示するかそれぞれ無関係の個人であると教示するかによって，社会的アイデンティティの目立ちやすさを操作した。参加者は，事前に議論のテーマについての意見分布に関する具体的な情報（たとえば，賛成と反対のどちらが多数派か）を与えられたうえで，個人の態度を問われる。集団での議論のあとに，再度個々のメンバーの態度を測定して，事前に測定した態度からの変容の程度（多数派の意見＝集団としての規範的態度に近づくかどうか）が求められた。この実験の結果，下図に示すように，視覚的な匿名性が維持され，社会的アイデンティティが目立ちやすい条件で，個人の事後の態度が最も集団としての規範的態度に近い方向に変容し，逆に，匿名性があっても個人的アイデンティティが目立ちやすい条件では，まったく逆方向の変容が生じていることがわかった（図で数値がプラスだと事後の個人の態度が集団としての規範的態度に近づいたことを，マイナスだとそれから離れたことを示している）。さらに，この実験のように集団のメンバーであることを人為的に「押しつけた」状況だけではなく，授業の一環で電子メールを利用している大学生たちの集団における相互作用でも，同様の現象が起こることが確認されている（Postmes et al., 2000）。

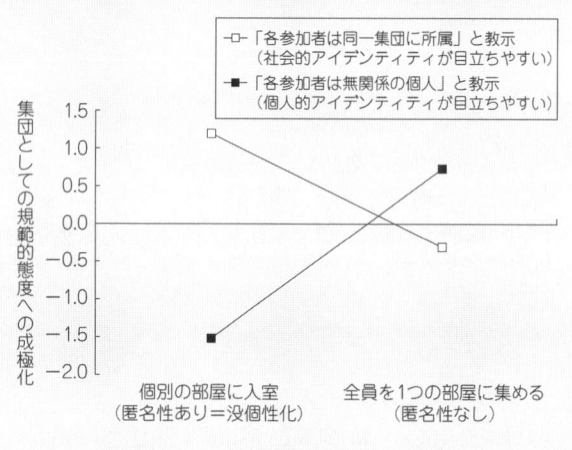

集団としての規範的態度への成極化
（Spears et al., 1990をもとに作成）

コラム 9-3　インターネット依存度（中毒）尺度

　ヤング（Young, 1998）は，インターネットに過度に依存した個人が現実社会での生活をおろそかにすることに警告を発し，インターネット依存度を簡便に知るための尺度を作成している。尺度は20項目からなっており，自分の現在の状況に最もあてはまる選択肢を5段階（1＝まったくない，2＝めったにない，3＝ときどきある，4＝たびたびある，5＝常にそうだ）から1つ選び，合計得点を求めてみよう。

1. 思っていたよりも長くオンラインにいた経験はあるか？	
2. オンラインで長く過ごしたために，家事をおろそかにしたことはあるか？	
3. パートナーと仲良くするより，インターネットで得られる刺激のほうを求めることがあるか？	
4. オンラインで新しく知りあいを作ることがあるか？	
5. 周囲の誰かに，あなたがオンラインで過ごす時間について文句を言われたことがあるか？	
6. オンラインで費やす時間のせいで，学校の成績や勉強に悪影響が出ているか？	
7. ほかにしなくてはいけないことがあるときに，電子メールをチェックするか？	
8. インターネットが原因で，仕事の能率や成果に悪影響を与えているか？	
9. オンラインで何をしているかと聞かれたとき，自己弁護をしたり，秘密主義になったりするか？	
10. インターネットで楽しむことを考えて，現実の生活の問題を頭から閉めだそうとすることがあるか。	
11. 次にオンラインにアクセスするのを楽しみにしている自分を意識することがあるか？	
12. インターネットのない生活は退屈で，空しく，わびしいだろうと，不安に思うことがあるか？	
13. オンラインにアクセスしている最中に誰かに中断された場合，ぶっきらぼうに言い返したり，わめいたり，いらいらしたりするか？	
14. 深夜にログインするために，睡眠不足になることがあるか？	
15. オフラインにいるときにインターネットのことを考えてぼんやりとしたり，オンラインにいることを空想したりするか？	
16. オンラインにいるときに「あと2, 3分だけ」と言い訳するか？	
17. オンラインにいる時間を短くしようと試して失敗したことがあるか？	
18. どれだけ長くオンラインにいたのかを人に隠そうとするか？	
19. ほかの人と出かける代わりに，もっと長い時間をオンラインで過ごすほうを選んだことがあるか？	
20. オフラインにいると気分が落ち込み，機嫌が悪くなって，イライラするが，オンラインに戻るとすぐに払拭できるという経験があるか？	

注）オンライン＝インターネットに接続している状態
　　オフライン＝インターネットに接続していない状態

Ⅲ部 現代社会のコミュニケーションと人間関係

<採点方法>
　それぞれの回答で選択した番号の数を合計して得点を算出する。得点が高いほどインターネットに対する依存度が高いと考えられる。ヤングによると，
- 20〜39点　平均的なオンライン・ユーザー。
- 40〜69点　あなたはインターネットが原因となる一般的な問題を経験している。それが生活に与える影響について，よく考える必要がある。
- 70〜100点　あなたのインターネットの使用は，生活に重大な問題をもたらしている。すぐにでも対処しなくてはならない。

であるという。かなり前に作成された尺度であり，現在も同じ基準に照らして考えてよいかどうかは議論の余地があるが，自分がどの程度ネット上の活動や人間関係に「はまって」いるかを知る目安となるだろう。あるいは，携帯電話端末の利用にあてはめて考えると，携帯電話利用への依存度を測定する尺度も作成できるかもしれない。

第10章
健康増進のコミュニケーション

　健康を維持し，病気から回復するために必要な専門知識や技術は何かと問われれば，医学・薬学をはじめとする生命科学諸分野をあげる人が多いことだろう。しかし健康や病気の回復には，人間関係やコミュニケーションも深くかかわっている。健康にかかわるコミュニケーション，すなわちヘルスコミュニケーション（health communication）の領域には，①健康行動を促進するためのコミュニケーション，②ストレスを緩和するためのコミュニケーション，③治療場面での医療者－患者，医療者－家族間などのコミュニケーション，④HIV，末期がん，不妊治療など，特定の疾患にかかわるコミュニケーション，などが考えられる（木村，1999）。本章では将来，医療職に就く人だけではなく，患者となる可能性のあるほとんどすべての人にとってかかわりのある，健康増進のコミュニケーションを中心に，その背景も含めて考えてみよう。

第1節　健康をめぐる価値観

1——健康の概念

　健康が単に肉体的な状態だけをさすのでないことは，「健康とは肉体的，精神的および社会的に完全に良好な状態にあることで，単に疾病または虚弱でないということではない」というWHOの健康の定義にも表現されている。1999年のWHO総会では，身体・精神・社会に加えて「霊的に良好な状態」（spiritual well-being）という語を加えようという提案も行なわれている。では，一般の人々は健康とはどのような状態だと考えているのだろうか。島内ら

—— 169

Ⅲ部 現代社会のコミュニケーションと人間関係

表10-1　一般人が考える健康概念（島内・助友, 2000）

- 幸福なこと
- 心身ともに健やかなこと
- 人を愛することができること
- 何事にも前向きに生きられること
- 仕事ができること
- 生きがいの源
- 健康を意識しないこと
- 病気でないこと
- 快食, 快便, 快眠
- 身体が丈夫で元気がよく, 調子がよいこと
- 心も身体も人間関係もうまくいっていること
- 家庭円満であること
- 規則正しい生活ができること
- 長生きできること
- 前向きに生きられること

（2000）の調査によると仕事や生きがい, 家族関係, 心や気持ちのもちようなど, 身体的な状態だけでなく社会生活や人間関係などの要因が豊富に含まれた広い概念であることがわかる（表10-1）。

　世論調査によると,「自分の健康は自分で守るべきであり, 積極的に健康づくりや病気予防に努めることが大切である」と考えている人は82％にも上り,「日常の節制などしなくても病気になれば治療してもらえばよい」と考える人（14％）を大きく上回る（内閣府, 1990）。しかし健康の維持管理はすべてに優先する重要事とみなされているかというと,「優先すべき」と考えている人は50％以上いるものの,「健康は充実した生活を送るために必要なものであって, それ自体を目的とするようなものではない」と考える人も40％以上存在している（内閣府, 1990）。健康は大切なことではあるが, それが過度に強調されることを警戒する思想家もいる（佐藤, 2000）。個人の考えが尊重される現代社会においては, 健康も個人が選ぶ価値観の1つとして相対化されているといえるかもしれない。

2── ヘルスプロモーションとヘルスコミュニケーション

　日本をはじめとして, 住居, 食物, 教育, などを安定して享受できる人の割

合が多い先進国においては，医療や健康に関して以下のような傾向がみられる。

> **先進国における医療・健康問題の傾向**
>
> 1. 感染症を中心とする急性疾患の患者の減少と，慢性疾患患者の増加
> 2. 精神・心理的要因が関連する健康問題（自殺，うつ病など）の増加
> 3. 人口の高齢化に伴う，健康に不安を抱えた人の増加
> 4. 健康や環境問題に対する関心の高まり
> 5. 医療費の増大

　これらの問題に対応するには，健康の問題を個人の責任にまかせておくのではなく，社会全体で取り組んでいく必要がある。そこで，「すべての人々があらゆる生活舞台（労働・学習・余暇・愛の場）で健康を享受することのできる公正な社会の創造」（WHO, 1998）を目標とする**ヘルスプロモーション(health promotion)**＊が提唱され，医療・保健以外の各機関にも協力を求め，住民に働きかけて積極的な参加をうながすことの必要性が強調されるようになった。つまりヘルスプロモーションには個人に対する支援と，公共政策や地域活動など社会・経済および自然の環境整備という両面がある。ヘルスプロモーションの個人に対する働きかけの場面において強調されるのが，**ヘルスコミュニケーション**である。

> **ヘルスプロモーション**
>
> 1986年にWHOの会議で採択されたオタワ憲章では「人々が自らの健康をコントロールし，改善することができるようにするプロセス」と定義されている。

　ヘルスコミュニケーションの定義にはいくつかあるが，米国立がん研究所は，以下のように定義している。「個人およびコミュニティが健康増進に役立つ意思決定を下すために必要な情報を提供し，意思決定を支援する，コミュニケーション戦略の研究と活用」（National Institute of Health, National Cancer Institute, 2004）。この定義に従えば，ヘルスコミュニケーションは，単にメッセージを送るだけで完結するのではなく，人々の信念，態度，行動を変化させ

て初めてその目標を達成できるものとみなされる。また，ノートハウスとノートハウス（Northouse & Northouse, 1992）の定義では，ヘルスコミュニケーションは個人間コミュニケーションのレベルでは，医療者間および医療者と患者のコミュニケーションが含まれる。一方，マスコミュニケーションのレベルでは，国家や世界規模の保健計画や健康増進活動が含まれており，具体的な実践と結びついている。

3──日本におけるヘルスプロモーション活動

日本では2000年から2010年までの間「21世紀における国民健康づくり運動（通称：健康日本21）」が展開されており，その評価をもとにその後のヘルスプロモーションが推進されている（健康・体力づくり事業財団　2003）。健康日本21の取り組みの対象は多岐にわたっているが，いわゆるメタボリックシンド

健康日本21とは

概　要：21世紀の日本が，健やかで心豊かに生活できる活力ある社会とするため，壮年期死亡の減少，健康寿命の延伸および生活の質の向上を目的として2000年から10年間実施され，その効果が検証される。国，地方自治体，医療保健機関をはじめ学校，民間企業，マスメディア，ボランティア団体など広範な団体が相互に連携している。

基本方針：
1. 一次予防（健康増進や生活習慣の改善により疾病の予防をはかること）の重視。
2. 健康づくり支援のための環境整備。
3. 70の目標と100の指標の設定と評価。
4. 多様な実施主体の連携による運動の推進。

取り組みの対象：
①栄養・食生活，②身体活動・運動，③休養・こころの健康づくり，④たばこ対策，⑤アルコール対策，⑥歯の健康，⑦糖尿病対策，⑧循環器病対策，⑨ガン対策。
それぞれの現状が分析され，具体的な到達目標が数値で示されている。

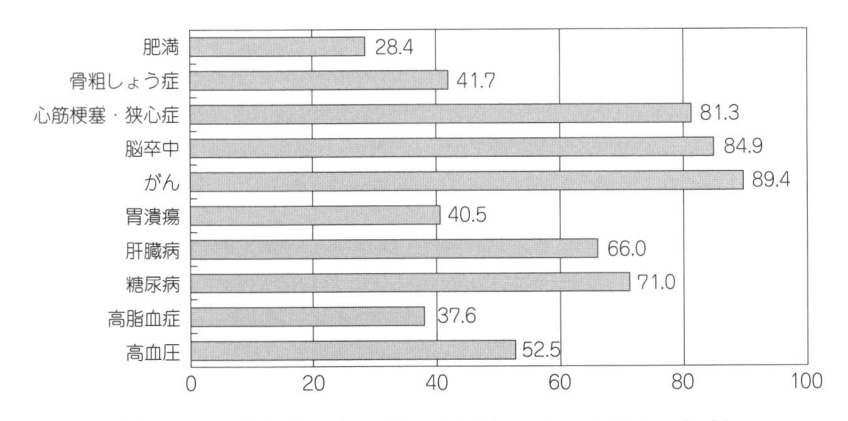

第10章　健康増進のコミュニケーション

病気	%
肥満	28.4
骨粗しょう症	41.7
心筋梗塞・狭心症	81.3
脳卒中	84.9
がん	89.4
胃潰瘍	40.5
肝臓病	66.0
糖尿病	71.0
高脂血症	37.6
高血圧	52.5

図10-1　非常に怖いと思う病気（内閣府, 2000をもとに作成）

ローム（内蔵脂肪型肥満，糖尿病，高脂血症，高血圧症など冠動脈硬化危険因子を重複して持っている病態のこと）対策も，その中心的な課題の１つである。

では，一般の人々はこれらの健康リスクをどのように認識しているのだろうか。厚生労働省の調査（2003）によると，未知の感染症や災害などの不慮の事故よりも，「生活習慣病を引き起こす生活習慣」のほうをはるかに健康リスクが高いと認識されていた。また図10-1に示すように，がんや脳卒中，心筋梗塞のほか糖尿病や高血圧の怖さも十分に認識されているようであった。しかし，肥満については他の病気に比べて怖いと思う人が28％と少なく，逆に怖いと思わない人が19％と多い。内蔵脂肪型の肥満は，さまざまな生活習慣病の元凶となるきわめて危険な状態であるにもかかわらず，その恐ろしさがあまり認識されていないのである。

ある調査では，肥満しているにもかかわらず，「減量する意思がない」と答えた人は30％，また別の調査では，生活習慣の改善を「実行しようと思わない」人が20％以上存在した（内閣府, 2000）。その理由としてあげられた「面倒くさい」「酒やたばこを制限したくない」「病気になっても治療すればよい」などの回答をあわせると40％近くに上った。これらの人々の多くは，生活習慣を改善するのは「病気の自覚症状が出てからでよい」（47.6％）と考えているようである。

長年の生活習慣は，その人にとって快適であったり都合がよいからこそ習慣

化したわけで，それらを変えるのは容易なことではない。生活習慣の改善や健康の維持に必要なこととして，「家族など周囲の人の理解や協力」をあげた人が54％，専門家の指導やアドバイスをあげた人が39％であった（内閣府, 2000）。健康増進のためには本人の意欲はもちろんだが，家族や専門家の支援が必要であることがわかる。

　健康日本21の実施にあたっては，住民の自発的な参加や動機づけが重視され，そのために住民と専門家とのコミュニケーションをとおして，両者の意識のギャップをなくすことが強調されている。一方通行の情報伝達や教育ではなく，双方向のコミュニケーションをとおして個人を動機づけ，支援することなしに健康増進を実現することはむずかしいからである。次節では，そのために必要なヘルスコミュニケーションに関連した重要概念について説明しよう。

第2節 ヘルスコミュニケーションに関連した重要概念

1——動機づけ

　一定の目的をもった行動を発現，維持させる過程の総称を**動機づけ**（motivation）という。生活習慣の改善，慢性疾患の治療，長期にわたるリハビリテーションなどにおいては特に，本人の動機づけが非常に重要である。動機づけは内的要因と外的要因の両方が関連して生起する。たとえば，空腹という内的な**動因**（drive）のあるときに，外的な**誘因**（incentive）となるおいしそうなケーキが提示されれば，摂食への動機づけが高まり摂食行動へとつながるだろう。

　飢え，渇き，眠気，呼吸，排泄，苦痛回避など生命維持にかかわる動因を**生理的要求**または，一次的要求と呼ぶ。一方，賞賛，達成，優越，親和，などへの要求は**社会的要求**または二次的要求と呼び，生理的要求とは区別される。スポーツの練習を積むことによって大会に優勝し，賞賛，達成感，優越感などが得られ，さらに上達しようと練習への動機が高まる場合などである。生理的要求はそれが満たされれば行動は終息するが（**動因低減説**），社会的要求の場合はさらにあらたな動機づけへとつながることもまれではない。マレー

(Murray, H. A.) は，TAT（絵画統覚法）という投影法の心理検査によって親和，支配，求護，養護，達成，優越，承認などの社会的要求を明らかにしている。

　生理的要求の充足や，褒美，賞賛など外部から与えられる強化ではなく，自らの関心や好奇心，解決や達成によって得られる喜びがもたらす動機づけを**内発的動機づけ**といい，継続的な学習や健康増進場面では特に重視されている。内発的動機づけを高めるには，その行動が強制されたものではなく，自発的な行動であると感じられること，行動そのものあるいはそれを達成したときにもたらされる感覚が快適なことが重要である。しかしダイエットやリハビリテーションは行動そのものが常に楽しいものとは限らない。達成の喜びを得るまでの間，自分はやり遂げられるという自信や希望を維持し，途中で挫折しないためにも周囲の支援が欠かせない。

2――自己効力感（セルフエフィカシー）

　バンデューラ（Bandura, A.）によれば，人の行動を決定する先行要因には，結果予期と効力予期がある。結果予期は自分のある行動がどのような結果になるかという予期であり，効力予期はある結果を生み出すために必要な行動を，自分がどの程度うまくできるかという予期である。肯定的な効力予期をもつことができれば，人は自信に満ちて積極的に行動し，挑戦することができる。一方，否定的な効力予期しかもてなければ，人は自分を卑下したり，劣等感をもち，無気力になる。バンデューラは，効力予期は結果予期や過去の経験よりも行動変容により大きな影響を及ぼすと考え，**自己効力感（self efficacy）**[*]の重要性を指摘している（Bandura, 1977, 1995）。

　自己効力感を高めるには次頁に示すような経験が有効であるとされている。自己効力感は単なる自信よりはるかに広い概念で，他者の存在や励ましなど社会的なかかわりの中で高められることに意味がある。健康増進場面においても成功体験者の経験談を聞いたり，

> **自己効力感**
> **（self efficacy）**
>
> バンデューラによる社会的学習理論の概念の1つで，目標を達成する自分の能力に関する，本人の個人的な評価や判断，自己有効感。

同じ目標をもつ人たちの自助グループを活用することは多い。また，成功体験を得られるようにするため，専門家がその人のレベルに合った目標を設定したり，遂行の過程での励ましやアドバイスをするなどの支援も欠かせない。

自己効力感に関連する要因

1. 遂行行動の達成……実際に行動し達成できたという成功体験を得ること
2. 代理的経験…………自分と似たような状況にある人の成功体験を見聞きすること
3. 言語的説得…………仲間や指導者から励ましや評価を得ること
4. 情動的喚起…………自分の生理的・情動的な状態をコントロールすることで，過度の緊張状態を和らげ，ほどよいリラクゼーション状態を作り出すことを習得する

　自己効力感の査定には，①個人が自分の自己効力感を全般的にどの程度に認知しているかという一般的な強度の測定と，②特定の行動に対する自己効力感の強度の測定，という二側面がある。一般的な自己効力感の測定用としては，「一般的セルフ・エフィカシー尺度（GSES）」（坂野・東條, 1986）がある（コラム10-2参照）。不安傾向やうつ病が治療による症状の改善にともなって，得点が上昇する傾向が見出されている（坂野, 1989）。

　一方，特定の行動に対する自己効力感の測定には，禁煙，減量，糖尿病など疾患や目的に合わせたさまざまな尺度がある。たとえば，糖尿病患者の食事自己管理に関する自己効力感尺度では，「人に料理を勧められたときでも，食べすぎない」「好きなものでも食べすぎないでいられる」などの項目に対して，自信の程度を6段階で回答する形式になっている（住吉ら, 2000）。ジェフリーら（Jeffery et al., 1984）は，減量プログラムの参加者のうち，開始時に自己効力感の高かった人のほうが，体重減少が有意に大きかったことを明らかにしている。また，リッチマンら（Richman et al., 2001）は，体重管理のプログラムにおいて，参加者はプログラム終了後には，開始前よりも食事を食べすぎないことに対する自己効力感が上昇したことを明らかにしている。つまり，自己

効力感は，ある行動結果の予測因子であるとともに，専門家らによる介入によっても高めることが可能なのである。

3 ── ソーシャルサポート

現代日本のように都市化，核家族化，高齢化し，伝統的な地域社会の影響力の低下した社会では，人が病気，貧困，災害，高齢などによって心身の不適応状態に陥ったとき，それを支える家族，友人，専門家などの人的なネットワークが十分に機能するかどうかは重要な問題である。**ソーシャルサポート**（**social support**）は社会的支援とも訳されるが，その定義はさまざまで，非専門家による非物質的な援助のみをさす場合もあれば，あらゆる人間関係における有形・無形の援助をさすこともある（第7章p.129も参照）。共通していることは，それらが「個人の心身の健康や適応状態を高める」という点であり，細かい定義にこだわるよりも，対人関係と心身の健康との関連を研究する領域としてとらえる傾向にある。最近では心理学のみならず，福祉，医療，看護などの領域においても注目を集めている。

ソーシャルサポートの研究には，実際に実行されたサポートと心身の健康との関連を明らかにしようとするものと，サポートの受け手が認知したサポートと心身の健康との関連を明らかにしようとするものがある。ソーシャルサポートの効用には，実際にサポートを受ける，あるいは受けたと本人が認知することによって，直面する問題にうまく対処することができ，それが心身の健康につながる，という側面と，実際にソーシャルサポートを受けるかどうかにかかわらず，必要なときにはサポートを受けることができると思えることが，健康によい方向に働く，という側面があることがわかっている（浦, 1992）。

ソーシャルサポートの内容は，**道具的サポート**[*]と**情緒的サポート**[*]に分類されることが多いが，医療，福祉，看護などの専門家から提供されるサポートには，その両方が含まれる可能性がある。

医療や健康に関連したソーシャルサポート研究には，減量や運動の必要な疾患をはじめ，血液透析，アトピー性皮膚炎，がん，糖尿病，リハビリテーションなど自己コントロールが必要だったり，心身の苦痛が多い慢性疾患の患者を対象としたものが多くみられる。また，認知症，統合失調症，小児がんなどの

Ⅲ部 現代社会のコミュニケーションと人間関係

患者家族を対象としたものもある。

医療現場では，ソーシャルワーカーや看護師などの専門家は対象者がどのようなサポートを必要としているかを，判断して適切なサポートを提供する必要がある。また，対象者が実際に誰から，どのような形のサポートをどの程度受けているのかを把握しておくことも大切である（松原, 2002）。たとえば慢性疾患患者に対するソーシャルサポート尺度（金ら, 1998）では，「あなたを精神的に支援してくれる人がいる」「あなたの病気のことについて話ができる人がいる」といった質問によって，患者が受けている（と認知する）ソーシャルサポートを測定している。

ダコフとテイラー（Dakof & Taylor, 1990）の研究によると，がん患者が有益なサポートの送り手と感じているのは配偶者，配偶者以外の家族，友人，医師であった。患者は配偶者を含めた家族からの有益なサポートとして「そばに付き添っている」「関心，共感，愛情を示す」「患者ががんであることを静かに受け入れる」などをあげた。このように患者が有益と感じているソーシャルサポートを明らかにすることで，患者の支援に役立てることができる。また，患者本人のみならず，家族に負担の多い難病患者や認知症の老人を抱える患者家族に対するソーシャルサポート研究では，家族のニーズや悩みの理解や，支援のあり方に示唆を得ることができるだろう。

ただし，ソーシャルサポートが実際の病気治療や健康増進に直接役立つかどうかについては，必ずしも一致した研究結果は得られていない。たとえば，ゲルゼウスキ（Gierszewski, 1983）は，減量プログラムに参加した人たちを対象に，家族や友人のサポートの量と体重変化の関係を調べたが，有意な相関は見出せなかった。一方，モリスキーら（Morisky et al., 1985）は高血圧治療において，家族のソーシャルサポートを高める介入をしたグループは，そうでない

道具的サポート
問題に対処するうえで役立つ助言や支援，サービス，あるいは金銭・物品の提供などのこと。

情緒的サポート
話を聞く，慰める，励ます，愛情や信頼を示すなどの行為で，家族や友人など親密な他者から提供されることが多い。

グループに比べて降圧剤の服用に対する**アドヒアランス**（患者が積極的に治療に参加すること）や，血圧のコントロールが良好であることを明らかにしている。

4 ── 説得

　医療者と患者のコミュニケーションにおいては，しばしばカウンセリング理論から転用された「共感」や「傾聴」の重要性が強調される。確かに患者の立場に立って共感的な理解を示し，その語りを傾聴することは医療者−患者のよい関係を確立するために大切である。しかし，健康増進場面においては，医療者は患者の立場や考えを理解するだけではなく，そこからさらに一歩進めて，専門家として相手の考えや行動を変化させるように働きかけることが必要な場合もあろう。そこで用いられるのが**説得的コミュニケーション**（persuasive communication）である。日常で用いられる「説得」という語には，嫌がる人を無理に説き伏せるような意味が含まれる場合もあるが，学術語としての説得[*]に命令・指示・強制は含まれない。また，説得に使用される情報は真実であることが前提なので，嘘をついたり，論拠を示さずに要請するだけの行為を説得とは呼ばない。

　説得的コミュニケーションに含まれる基本的な要素は，①誰が，②どのような言葉で，③どのような手段を用いて，④誰に，伝えるかということである。そのうち，①の説得的コミュニケーションの送り手の効果については，以下のような要因が影響することが明らかになっている。すなわち，同じ内容を同じ手段で同じ相手に伝えても，メッセージの送り手である説得者の専門性の高さや，信頼性，魅力などによって，説得の効果が違ってくるということである。よって医療者は専門的な知識や技能をもっているだけではなく，人としての好感度を高め，わかりやすく受け入れやすい話し方を心がけることも大切である。

> **説得**
> 主に言語によって他者の態度や行動を特定の方向に変化させることを目的として行なう行為。受け手を納得させるための説得的議論を含む。

III部　現代社会のコミュニケーションと人間関係

> **説得におよぼす送り手の効果**
>
> ①専門性
> ②信頼性
> ③魅力：好感，類似性
> ④勢力
> ⑤性別・髪型・服装・声・ジェスチャーなどの要因
> ⑥メッセージスタイル：話しぶり，力強さ，速度，ユーモアなど

　医療者が患者を「説得」する際によく用いるのは「（症状や生活習慣を）このまま放置していたら，将来，恐ろしい〇〇病になりますよ」といった恐怖心に訴える方法であろう。これを**恐怖喚起コミュニケーション**という。受け手に強い恐怖感情を引き起こす「恐怖情報」と，だからこういう治療を受けましょう，あるいは生活習慣を改めましょうといった対処行動をすすめる「勧告情報」から構成される。一般的に強い恐怖は態度変容，すなわち説得の受容が得られやすいが，強すぎる恐怖は相手を萎縮させ，**心理的リアクタンス**(psychological reactance)*を引き起こし，逆効果になる場合もある（Brehm & Brehm, 1981）。被説得者に積極的に治療への意思決定や治療プロセスにかかわってもらうことで**コミットメント（自我関与）**を高めるやり方のほうが，長い目でみると有効だといえるだろう。

> **心理的リアクタンス**
> (psychological reactance)
>
> 人が自分の態度や行動の自由を脅かされたときに生じる，自由の回復を求める動機。

　次節では，コミットメントを高める説得的コミュニケーションを利用したゲームを紹介する。

第3節　説得を用いたヘルスコミュニケーションのためのゲーム

1 ── ゲームを用いた体験学習

　ジャニスとキング（Janis & King, 1954）や原岡（1962）は，**役割演技（ロ**

ールプレイング）によって自分の意見を人に話すという積極的参加をした人のほうが，話や意見を聞くだけの受身の人よりも，態度変容が大きいことを示している。また，キースラーとサクムラ（Kiesler & Sakumura, 1966）は，人は特定の行動にコミットすると，反論に対する抵抗が生じる（反論に屈しにくくなる）ことを見出している。反論への抵抗に関しては，マクガイヤとパパジョージス（McGuire & Papageougis, 1961）が，あらかじめ反論を経験して免疫をつけておくと，説得に対して自分の見解を防御できる効果があることを見出し，これを病気に対する予防接種になぞらえて**接種理論**と名づけている。これらの研究成果を健康増進場面に適用し，人々の生活習慣を変えるには，人に自分の意見を積極的に話させることによって，コミットメントを高めたり，さまざまな誘惑や反対意見を予想して，あらかじめ抵抗力をつけておくことが有効だと考えられる。そのための1つの手法として，コミュニケーションゲームを利用した学習方法がある。

　学習の手段としてのゲームの使用は，座学に代表される伝統的な学習方法と比べて，①動機づけと興味，②認知学習（認識を深める），③情緒的学習（共感の促進，視点の転換など）において有効だとされている（高橋, 1997）。専門家間，非専門家間，専門家と非専門家の間に対話による交流を促進することもできる（Duke, 1974）。ゲームは今日では，教育，ビジネス，軍事，政策科学などの分野で幅広く利用されている手法である。

2──説得納得ゲーム

　杉浦は説得的コミュニケーションの理論と研究をもとに，環境教育のためのシミュレーションゲーム，**説得納得ゲーム（SNG）**を開発している（杉浦, 2003a, b, 2004, 2008）。

　説得納得ゲームは，参加者（プレイヤー）が説得者（説得する人）と被説得者（説得される人）の二手に分かれて，説得者がある事柄（たとえば環境にやさしい生活の工夫など）について自分のアイデアを被説得者にすすめ，制限時間内に何人説得できたかを点数で競うゲームである。説得者は自由に説得相手を選んでアプローチすることが可能である。また，被説得者は簡単に説得に屈しないように反論したり質問したりすることができる。参加者はゲームの前半

と後半で役割を交代するので，1回のゲームの中で説得者と被説得者の両方の役割を体験することができる。説得納得ゲームはゲームの枠組みはそのままに，消費者教育，コミュニケーショントレーニング，販売・交渉，感染症対策のリスクコミュニケーションなどに応用する試みも行なわれている（川野，2004；杉浦・鈴木・吉川，2006；杉浦，2008）。

3 ── 健康増進ゲーム

西垣と杉浦は，説得納得ゲームは健康教育場面にも転用可能であると考え，**健康増進ゲーム**を開発し，医療コミュニケーションの授業の中で実施した（西垣・杉浦，2005，コラム10-1参照）。その後，現職の看護師や看護学生に対して実施し，コミュニケーションをとおして意見や態度が変化する自己に対する気づきや，健康増進への動機づけの効果を検討した（西垣，2005a；西垣，2005b）。健康増進ゲームを医療職や医療系学生が体験すると，生活習慣の改善を説得される側の立場や感情の理解に役立ち，言葉だけではなく非言語コミュニケーションも含めてどのように説得すると相手に受け入れられやすいのか，などを体験的に学ぶことができることがわかった。さらに，医療系以外の学生にも健康心理学の授業に健康増進ゲームを取り入れて実施したところ，自分が設定した健康増進の目標の実行率や食生活に対する配慮など，健康に対する態度や行動が肯定的に変化し，その効果はゲームを含まない健康教育プログラムの受講生よりも大きかった（Nishigaki, 2008a；Nishigaki, 2008b，表10-2）。

健康増進ゲームは，医師や保健師の協力を得て，生活習慣病を指摘された人に対する企業内の健康教室や糖尿病予防教室のプログラムに取り入れる試みもなされている。健康診断で食事や運動習慣の改善をすすめられた会社員を対象にした研究では，体脂肪率や中性脂肪値に有意な変化が認められた（Nishigaki, 2007；西垣・森岡・澤野，2007）。長年の生活習慣や健康に対する価値観を変え，身体的な測定値に目に見える効果が現われるまでには，保健師，栄養士，運動療法士など専門家のアドバイス，家族の励まし，定期的に行なわれる血糖値や体重の測定などを組み合わせ，数か月におよぶ地道な取り組みが必要であり，一回のゲームのみで変化するわけではない。しかし，ゲームという仮想状況の中で，自らが実践しようとしている健康によい行動を他者に説得

表10-2 介入群と対照群の食事バランスガイドに対する評価と態度
（Nishigaki, 2008aをもとに作成）

		全参加者 mean (SD)	介入群 mean (SD)	対照群 mean (SD)	t	df	p
DVD・ゲーム	興味がわいた	3.93 (0.69)	4.05 (0.73)	3.81 (0.62)	1.56	72	ns
	重要性が理解できた	4.18 (0.82)	4.05 (0.90)	4.31 (0.73)	-1.34	72	ns
	理解するのに役立った	4.05 (0.68)	4.16 (0.75)	3.94 (0.58)	1.36	72	ns
	実践してみたい	3.82 (0.82)	4.00 (0.77)	3.64 (0.87)	1.90	72	+
食事バランスガイド	十分な知識がある	3.73 (0.83)	3.95 (0.80)	3.50 (0.81)	2.38	72	**
	興味がわいた	3.64 (0.87)	3.76 (0.88)	3.50 (0.85)	1.31	72	ns
	実践できる	3.41 (0.91)	3.61 (0.97)	3.19 (0.79)	1.99	72	**
	記録票を書くことができる	3.79 (0.88)	3.87 (1.02)	3.72 (0.70)	0.72	72	ns
	人に説明できる	3.27 (0.97)	3.61 (0.97)	2.92 (0.84)	3.25	72	***
	役に立つと思う	4.18 (0.82)	4.32 (0.84)	4.03 (0.77)	1.53	72	ns

***p<.01, **p<.05, +p>.10

注：介入群は健康増進ゲームを実施，対照群は教材DVDを鑑賞して，食事バランスガイドについて学んだ（食事バランスガイドについては，財団法人健康・体力づくり事業財団, 2008を参照）。

したり，反論に対して応対する経験は，これから健康的な生活に向かって一歩を踏み出すスタート地点に立っている人たちの動機づけを高めるうえで，十分効果が期待できることが明らかになった。

健康増進ゲームの説得で用いられる行動は，説得者が自らに課した目標行動であるが，ゲームの中で被説得者からの質問や反論に答えることは，単にその行動に対するコミットメントが高まるだけではなく，なぜそれが必要なのかを考え，自らの言葉で語る経験になるのではないかと考えられる。そしてそれが健康に対する理解や認知を，より強固にすることへとつながるものと思われる。「説得納得ゲーム」の開発者である杉浦は，何が妥当な行動であるか科学的に決着のついていない問題も数多く存在する中で，常識や正論を崩し価値の多様性を確認することの意義について言及している（杉浦, 2008）。「健康によい行動」とされていることを，無批判に取り入れるだけでは，巷にあふれるインチキな健康食品や健康器具を法外な値段で買わされるような事態にもなりかねない。自らの健康増進には何が必要で有効であるか，自分で吟味し理解したうえで行動に移すことが重要である。また，健康増進行動に対する専門家のサポートには，一般の人々の健康に対するリテラシーを高めることも含まれているはずである。経済的・人的に少ない資源で実践できるゲームは，そのための有効な手段になりうるだろう。

Ⅲ部 現代社会のコミュニケーションと人間関係

コラム 10-1 健康増進ゲームの基本的な手続き

(1) 参加者は自分がこれから実践しようとする「健康増進行動」を1つ選び，各自のゲーム用記録用紙に記入する。（健康増進行動を決定するにあたっては，生活習慣の自記式診断票などをあらかじめ実施し，その結果を参考にしてもよい。）
(2) 目標とする「健康増進行動」を人にすすめる場合，そのメリットをどのようにして説得するか各自考え，記録用紙に記入する。さらに，予想される被説得者からの疑問や反論を書き出し，それに対して自分はどう説明・反論するかを考えて記入する。
(3) 2グループに分けられた参加者の一方が健康増進を普及させるためのボランティア役となり，もう一方の不健康な生活者に対して健康行動を実践するように説得をする。説得者は自由に被説得者にアプローチして，説得的コミュニケーションを行なう。被説得者は，質問や反論をするように奨励されるが，納得できた場合は，説得者の持っている記録用紙に実行を約束する署名をする。最後まで納得できず実行を約束しない場合は，記録用紙に×を記入する。説得者は約10分間の制限時間の中で，なるべく多くの人を説得するように努める。
(4) 制限時間終了後，もとの座席にもどり，ゲーム前半の振り返りを行なう。
(5) 後半は，説得者と被説得者の役割を入れ替え，同じ手続きを繰り返す。
(6) 全体の振り返り（デブリーフィング）を行なう。
(7) ゲーム終了後，自分が他者に説得した健康増進行動を実践する。実践できたかどうか記録をつける。（実践期間はその内容によって2週間から数か月間。）

注意：①食事や運動に関する健康増進行動の場合は，ゲーム後実践に移る前に，その目標行動が適切なものであるかのチェックを受け，医師，保健師，栄養士などの専門家の指導・監督のもとで行なうこと。
②健康増進の目標行動の実践中に体調不良などになった場合は，直ちに中止し，専門家に相談すること。
③このゲームは，対象者やねらいによって細部はアレンジされることがある。

コラム 10-2　一般的セルフ・エフィカシー尺度
(坂野, 1989)

以下の各項目を読んで，今のあなたにあてはまるかどうかを判断してください。あてはまる場合には「Yes」，あてはまらない場合には「No」を○で囲んでください。Yes，Noどちらにもあてはまらないと思われる場合でも，より自分に近いと思うほうに必ず○をつけてください。

1.	何か仕事をするときは，自信をもってやるほうである。	Yes No
2.	過去に犯した失敗やいやな経験を思い出して，暗い気持ちになることがよくある。	Yes No
3.	友人より優れた能力がある。	Yes No
4.	仕事を終えたあと，失敗したと感じることのほうが多い。	Yes No
5.	人と比べて心配性なほうである。	Yes No
6.	何かを決めるとき，迷わずに決定するほうである。	Yes No
7.	何かをするとき，うまくゆかないのではないかと不安になることが多い。	Yes No
8.	引っ込み思案なほうだと思う。	Yes No
9.	人より記憶力がよいほうである。	Yes No
10.	結果の見通しがつかない仕事でも，積極的に取り組んでゆくほうだと思う。	Yes No
11.	どうやったらよいか決心がつかずに仕事にとりかかれないことがよくある。	Yes No
12.	友人よりも特に優れた知識をもっている分野がある。	Yes No
13.	どんなことでも積極的にこなすほうである。	Yes No
14.	小さな失敗でも人よりずっと気にするほうである。	Yes No
15.	積極的に活動するのは，苦手なほうである。	Yes No
16.	世の中に貢献できる力があると思う。	Yes No

＜採点法＞

1，3，6，9，10，12，13，16はYesを1点，2，4，5，7，8，11，14，15はNoを1点として計算し，合計点を出す。

GSES 5段階評定点

セルフ・エフィカシー得点	5段階評定値				
	1	2	3	4	5
成人男性	～4	5～8	9～11	12～15	16
成人女性	～3	4～7	8～10	11～14	15～
学生	～1	2～4	5～8	9～11	12～
セルフ・エフィカシーの程度	非常に低い	低い傾向	普通	高い傾向	非常に高い

第11章
医療者ー患者関係

　教師ー生徒，弁護士ー依頼人，カウンセラーークライエントなど，専門家とその受益者の関係にはいろいろあるが，医療者ー患者ほどあらゆる人にとって身近な関係はほかにないのではないだろうか。現代人の多くは病院で生まれ，病院で死を迎える。誕生の瞬間も臨終の床でも，そこに立ち会うのは医師，看護師をはじめとする医療者である。病や傷を負い弱っているときには，医療者のケアを受けて回復し，時には命すら救われる。医療者の存在抜きには，現代人の一生は成り立ちえないほどである。医療者には国家資格と業務独占的な大きな責任と権限が与えられ，人々の期待や尊敬は高い。同時に期待の高さや切実さは，それが満たされないとき不信や不満も誘発しやすい。本章では，医療者と患者の双方の側から，医療者ー患者関係を考えてみたい。

第1節 日本の医療に対する信頼と不信

1 ── 医療に対する信頼の調査結果

　大手の新聞社や通信社は，定期的に医療に対する世論の動向を調べて発表しているが，そこには一般人の医療に対する信頼や満足感を問う質問が含まれることが多い。ある調査では「医師は患者の信頼にこたえているか」という質問に対して，80％近くの人が「こたえている」または「ある程度こたえている」と回答している（日本世論調査会, 2001）。しかし別の調査では，「自分や家族が診療を受けた医師に不満をもったことがある」と答えた人が40％を超えていた（読売新聞, 2006）。また，厚生労働省の実施した調査では「医療機関や医師に対して不安を感じることがある」人が，「よくある」と「ときどきある」を

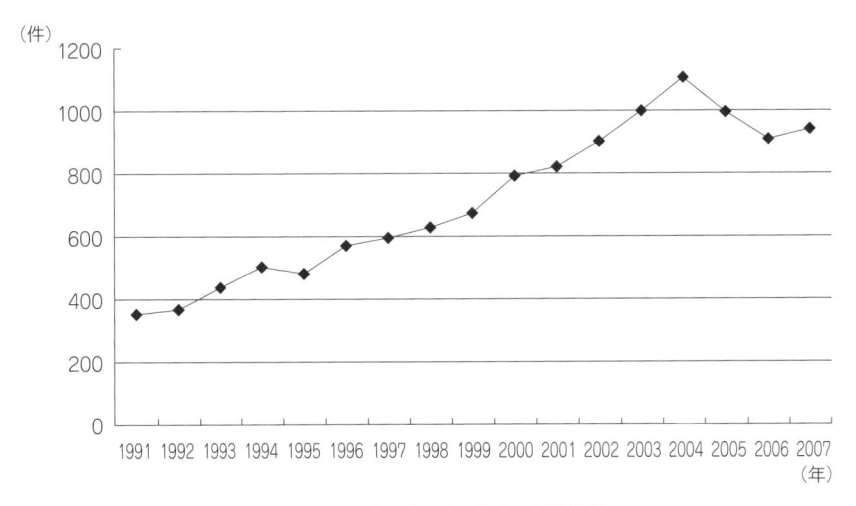

図11-1　医事関係訴訟新規受付件数
（最高裁判所ＨＰのデータをもとに作成）

あわせて70%を超えていた（厚生労働省, 2004）。

　これらの調査はそれぞれしかるべき手続きを踏んで実施されているにもかかわらず，結果に大きな開きがあるのはなぜだろうか。1つは質問が，制度を含めた医療全般に対することなのか，特定の医療者を想定して回答を求められたものなのか，調査によってまちまちなためだろう。また，調査によっては，過去1年間に一度も医療機関を受診していない人が含まれているものもあり，回答者が自らの経験に基づいて回答したというより，マスコミの報道や世間の風潮に影響された可能性もある。ただ，これらの調査結果や，医療関係の訴訟件数の変化（図11-1）などからは，医療のあり方に対してなんらかの不安や不満を感じ，それを表明する人が増加傾向にあることがうかがえる。

2——信頼社会の時代

　このような不安は必ずしも医療に限ったことではない。近年，教育，雇用，年金，食品，環境，金融など，さまざまな問題に対してその安全性，信頼性に対する不安が広がっているようにみえる。村上（2005）は，それは現代社会の構造的な性格なのだと指摘している。現代社会は教育や年金をはじめ，過去に

は個人の手にゆだねられていたさまざまな機能や能力を，社会の仕組みの中に組み込んできた。しかし，文明の発達した社会は，その成員にとって必ずしも好ましく安全な環境とはいえなくなり，その結果，現代人はさまざまな不安を背負うことになったのである。

　山岸（1999）によると，日本社会を特徴づけていた集団主義的な社会関係のもとでは，安定した集団や関係の内部で社会的不確実性を小さくすることによって，互いに安心していられる場所が提供されていた。このような安定した社会関係が失われていくにつれ，人々は社会のあり方に不安を感じるようになっている。しかし，山岸はこのような社会的不確実性の高い社会においてこそ，信頼が人間関係にとって意味をもつようになると主張している。そして「安心社会」の崩壊は，むしろ日本を「信頼社会」へ作り替えるためのよい機会であるとも述べている。

　そこで本章では，客観的な測定のむずかしい医療に対する人々の安心や不安ではなく，「信頼」を中心的概念として取り上げる。また，医療保険制度や診療報酬，医師や看護師の不足問題など医療制度に関連した問題はひとまず置いて，医療者と患者の関係に注目してみたい。「医療は本来，患者と医療従事者の信頼関係，ひいては，医療に対する信頼のもとで，患者の救命や健康回復を最優先としておこなわれるべきものである」（厚生労働省，2002）という言葉を待つまでもなく，信頼は医療の根幹である。人が生死にかかわる状態にあるとき，傍らにいる医療者を信頼できないとしたらきわめて不幸なことである。同様に，患者の治療に尽くしながら，医療者が患者に信頼されないとしたら，これほど報われないことはないだろう。「医療を必要とする人々は，期待を実現してくれる安全で確かな医療を求めて，どうしたらよいか戸惑っています。医療に従事する人々は，医療への期待に応え患者さん本位の医療を実現しようと努めながら，その思いが実現できないことに戸惑っています」（医療の質・安全学会，2005）という事態を改善するためには，医療者と患者に今，何が求められているのだろうか。

第2節 医療における信頼と医療者との関係

1 ——信頼についての研究

　信頼（trust）は，心理学では主に3つの立場から研究されてきた。1つ目は精神分析の理論に基づき発達的観点から研究する立場，2つ目はパーソナリティ特性の1つとして対人態度やコミュニケーションに影響を与える要因として研究する立場，3つ目は「囚人のジレンマ*」などゲーム理論と方法を用いて対人行動を研究する実験社会心理学の立場，である。いずれの立場も信頼を，人間関係の中で不可欠な対人行動の重要概念として扱っている。

　一方，医療の場においても信頼は，医療者患者関係の中核となる概念であるとみなされている。患者の医療者に対する信頼は，患者の不安を鎮め，自分はケアされているという安心感もたらす（Mechanic & Meyer, 2000）。さらに信頼によって患者と医療者の人間関係は協調的になり，防衛的なコミュニケーションが減少する（Northouse & Northouse, 1992）。その結果，患者の満足感や治療への協力性が高まり，最終的には患者の健康状態の改善につながることが期待される（Pearson & Raeke, 2000）。医療者患者間の信頼なくしては，よい医療の実現は困難であるといっても過言ではない。

　医療における信頼の研究が注目されるようになった背景には，医療者と患者の関係が**パターナリズム（父権主義）** *から，患者の権利や自律性を尊重する立場に変化してきた（Emanuel & Emanuel, 1992）ことが大きい。医療が専門家である医療者から患者に対して一方通行的に施されるのではなく，医療者と患者の共同作業であるためには，信頼に裏づけられた水平的な関係が不可欠だか

> **囚人のジレンマ**
> **(prisoners' dilemma)**
> 共犯と思われる容疑者二人が警察に捕まり，以下のような条件を提示されるというゲーム。①二人とも黙秘を続けた場合，懲役3年，②共犯者が黙秘を続け，自分が自白した場合，懲役1年，共犯者は15年，③二人とも自白した場合，懲役10年。囚人は共犯者と協同して黙秘すべきか，裏切って自白すべきか，いずれの行動を選択するかが，相手への信頼の指標となる（詳しくは，第7章p.120を参照）。

らである。

2 ── 医師患者関係のモデル

医療者と患者のあり方が変化してきた背景にはいくつかの要因がある。慢性疾患の患者が増え，病気と共存しながら社会生活を営む人が増えてきたこと，病気の予防や治療上の効果に，患者の日常の食事，運動，飲酒などの生活習慣が深く関与していることが強調されるようになってきたこと，治療方法にさまざまな選択肢が増え，患者が自分のライフスタイルや価値観に合わせて選択できるようになってきたこと，などである。また，最近は一般の人が病気の原因や治療法，薬についての情報をはじめ，病院の評判や医師の経歴まで，インターネットをとおして簡単に手に入れることが可能になった。現代は医師，技術者，大学教授，法曹など「専門職」と呼ばれる人々の権威が失われた時代であるとの指摘もある（Krause, 1996）。かつては専門家だけが占有していた情報やそれにともなう神秘性やカリスマが，情報化時代の中で低下してきたことがその一因といえるだろう。

表11-1に示すようにエマニュエルとエマニュエル（Emanuel & Emanuel, 1992）は，医師患者関係を4つのモデルに分類し，その特徴を整理している。

(1) 父権モデル

父権モデルはパターナリズムに基づく伝統的な医師患者関係である。医師は患者の健康と幸福を優先し，自らの専門知識に照らして，患者にとって最善と判断した治療法を選択する。患者は治療方針について積極的に関与することはなく，医師は患者に必要な情報のみを与える。父権モデルでは患者の自律性よりは幸福が，患者の選択権よりは健康が重視される。患者の自律性は，医師から示された治療法に同意するかどうかという点に限定される。

(2) 情報提供モデル

情報提供モデルは「消費者モデル（consumer model）」とも呼ばれ，父権モデルの対極である。患者は医師が提供するあらゆる情報の中から自分が希望す

パターナリズム
（paternalism）

父親が子どもに対するように医師など権威ある立場のものが善意に基づいて，一方的に保護・指導する立場。患者の自己決定権を否定する立場であると批判されるようになった。父権主義ともいう。

表11-1　4つの医師患者モデルの比較（Emanuel & Emanuel, 1992をもとに作成）

	父権モデル (paternalistic)	情報提供モデル (informative)	解釈モデル (interpretive)	討議モデル (deliberative)
患者の価値観	客観的，医師と患者が共有	明確で堅固	未完で混乱しており，明確化が必要	話しあいにより発展や見直しが可能
医師の責務	患者の希望にこだわらず，患者の健康状態を回復させること	事実に関する適切な情報を提供し，患者の選択した治療法を実行すること	患者の適切な価値観を明確化し解釈するとともに，患者の選択した治療法を実行すること	患者に情報を提供して最もふさわしい価値観を表明することを援助し，患者の選択した治療法を実行すること
患者の自律の意味	客観的な価値を査定すること	医療を選択し，自らコントロールすること	医療に関連する事柄についての自己理解	医療に関連する事柄についての自己成長
医師の役割	保護者	優れた技術者	カウンセラー	友人または教師

る治療法を自ら選択する。つまり，消費者が商品を選ぶように，医療を選択するわけである。すべての決定権は患者にあるので，医師は専門技術者として情報の提供と治療の実行に徹する。医師の価値観や，患者の価値観が治療上適切なものかどうかの判断は必要とされない。

(3) 解釈モデル

解釈モデルでの医師の役割は，患者自身がまだ明確にできていない価値観を明らかにし，その価値観に沿うような治療法を選択することを手助けすることである。医師は心理カウンセラーのように，患者が医学的価値についての自己理解を深める過程に立ち会う。

(4) 討議モデル

討議モデルは解釈モデルと似ているが，医師患者間の話し合いが重視され，その過程で患者自身の考えや価値観が変化，あるいは成長していくところに強調点がある。医師の役割は成長を助ける友人または教師のようなものと考えられており，患者に対する積極的な説明や助言も含まれている。

エマニュエルらは，話しあいをとおして患者が自己理解・自己成長していける討議モデルを最も好ましいものとして，医師患者のみならず，法律家と依頼

人や教師と生徒，宗教的指導者と信者の関係にとっても理想であると述べている（Emanuel & Emanuel, 1992）。私たちがどのモデルをよしとするかは個人の価値観にもよるが，いずれのモデルの場合も実際の診療場面でうまく機能するには，医療者と患者の人間関係が信頼に基づいた良好なものでなければならないだろう。

第3節 医療における信頼の概念と測定

1 ── 信頼の概念

誰かを「信頼」しようとするとき，あなたは相手の何を信頼するのだろうか。その人の能力か，あるいは人柄だろうか。信頼の概念を整理した山岸（1998）は，①相手の能力に対する期待としての信頼と，②相手の意図に対する期待としての信頼を区別すべきとしている。また，他者一般に対する**一般的信頼**と，特定の相手についての情報に基づく**情報依存的信頼**を分けている。ただし山岸（1998）も認めているように，私たちは日常生活の中ではこれらを特に意識して区別せずに使う場合も多いと思われる。

一方，医療分野での信頼研究において**患者の信頼（patient trust）**[*]は，①医師がある種の行動をとるだろうという信念や期待の集合体とみなす立場と，②感情的側面をより強調して，医師や医師の意図に対する確信や信任によって患者が得られる安心の感覚とみなす立場がある（Pearson & Raeke, 2000）。いずれの立場でも患者の信頼には，「意図」だけではなく医師の「能力」も含まれている。たとえば，トムとキャンベル（Thom & Campbell, 1997）が患者の面接調査から明らかにした医師に対する信頼要因には，医師の診療能力や，患者とのコミュニケーション能力が含まれている。メカニックとマイヤー（Mechanic & Meyer, 2000）の調査からも，患者の信頼の概念には対人的技能と専門技能

患者の信頼
(patient trust)

医師が患者にとっての最善の利益を尽くす意図と能力をもっているだろうという患者の確信。

が含まれていることが明らかにされている。ピアソンとラーク（Pearson & Raeke, 2000）は，患者の信頼の源となると考えられている医師の行動は，能力，思いやり，守秘，頼りがい，であると分析している。さらにレインら（Laine et al., 1996）の研究では，患者は医師の臨床技能，対人スキル，患者への情報の提供をほぼ同程度に重要であると考えていることが明らかにされている。

2 ── 信頼の測定

　患者の信頼を測定するための尺度はいくつかある。これらの尺度で測られる信頼の内容には，「医師の頼りがい」「自信」「守秘」（Anderson & Dedrick, 1990）や，「医師の高潔さ」「代理権」「能力の高さ」（Safran et al., 1998）などが含まれている。カオら（Kao et al., 1998）による「Patient Trust Scale（患者信頼尺度）」のように，医療制度上の制約の中で医師が必要な治療を行なってくれるかどうかについての質問が含まれている場合もある。また，欧米で開発された尺度は，かかりつけにしている特定の家庭医に対する信頼を回答させるものが多い。患者が自由に医療機関を選択できる日本の医療制度のもとでの医師に対する信頼を測定する，信頼性のある尺度は見あたらない。

　そこで西垣ら（2004）は，慢性疾患をもつ患者を対象にした面接調査を実施し，医療機関を選択し，初診から継続して受診するに至る間の患者の医師に対する信頼の要因を分析し，①医師の医学的能力，②医師の態度・言動，③医師の感情・コミュニケーションにかかわる要因，を明らかにした。さらに西垣（2008）は，この結果をもとに質問紙を作成し，10代から70代までの日本人約300名を対象に調査し，①患者配慮的診療態度，②親しみやすさ・疎通性，③権威・外面的評価，という医師に対する信頼の3因子を見出している（コラム11-2参照）。患者配慮的診療態度因子には，治療技術や医療情報の説明だけではなく，患者に対する共感的な態度も含まれていた。どの因子を重視するかは，対象者の年齢や性別によって相対的な違いがあり，入院経験や現在の通院の有無とは無関係であった。50代以上の人はその他の年齢層に比べ，「権威・外面的評価」を重視する傾向があった。また，女性は男性よりも「患者配慮的診療態度」を重視する人の割合が多かった。「患者が期待する態度や価値観にあわ

せ，医師がさまざまなスタンスをとる必要のある場面が増えている」という箕輪と佐藤（1999）の指摘を裏づける形となった。

第4節　診療場面における医師患者コミュニケーション

　実際の診療の場では，医師患者の信頼関係はどのように構築されていくのだろうか。ローター（Roter, D.）は，診療の場で医師と患者の間に交わされる「会話」の重要性を指摘している。会話をとおして医師と患者は互いを知ることができ，相手に何を期待しているのか，そして二人の間にどのような人間関係が築かれているのかを表現することができるからである（Roter & Hall, 2007）。さらに医師患者の会話は，より正確な診断，より効果的な治療の選択を可能にし，結果としてより早い患者の回復が期待できるという。

　未知のウィルスの爆発的感染や，大量の死傷者の出る大災害など緊急な治療を要する事態は，日常的に発生しているわけではない。たとえ重篤な病気であっても，急性期を過ぎると継続的な治療が中心になる現代医療において，会話を無視した医師患者関係はニーズに十分合っておらず，治療効果を最大限に引き出すことができないとローターらは指摘する。そして現代の医師患者のコミュニケーションが改善されるべき点として，以下の8つをあげている（Roter & Hall, 2007）。

医師患者のコミュニケーションの改善点の提案
（Roter & Hall, 2007）

1. 患者は自分の症状や健康について語るという要求が満たされるべきである。同時にそれを聴くという医師のニーズも満たされるべきである。
2. 患者は自分の症状や健康についての専門家である。また，コミュニケーションはそれらを患者自身がどのように受け止めているかを反映するものである。
3. コミュニケーションは，病に対する患者の精神状態と身体的経験の関係を表現する。それらは尊重されるべきものである。
4. コミュニケーションは，医師の専門性が最大に生かされるものであるべきである。

> 5. コミュニケーションの感情的側面も認知され，注目されるべきである。
> 6. コミュニケーションの互恵性が守られ，医師と患者は互いに何を期待するか，話し合われるべきである。
> 7. コミュニケーションによって医師患者は，ステレオタイプ化された役割分担や自分への期待を乗り越えることができる。また，コミュニケーションによって両者は権力（power）を得ることができる。
> 8. コミュニケーションは，医師患者関係の構築を促進し，その関係が診療過程と成果を左右する力をもつ。

　このようなコミュニケーションを重視する医療の考え方は，検査，注射，手術，投薬などの治療行為が中心とみなされがちな現代医療の中で，必ずしも主流ではなかった。理由の1つとして考えられるのは，疾病とは身体の器質的な異変であり，治療はそれを手術や薬品で修復することであるという生物・医学的（bio-medical）な医療モデルが実証主義・客観主義に基づく科学であるのに対して，コミュニケーションが科学的に分析され，その効果が証明されることが少なかったためではないかと思われる。そこでローターは，医師患者の会話を科学的に分析する方法として，RIAS（Roter Interaction Analysis System）*と呼ばれる手法を開発している。

　RIASの分析カテゴリーは，医療面接の3つの機能モデル*（Cole&Bird, 2000）の枠組みに基づいており，社会情緒的カテゴリーと業務的カテゴリーに大別される。関係を構築する社会情緒的カテゴリーには，挨拶や社交的会話，同意，相づち，共感，励ましなどが含まれている。一方，患者の情報を集め診療や助言を行なう業務的カテゴリーは，情報提供，助言・指示，開かれた質問，閉じた質問，プロセス（意見や許可の要請，確認，サービスの要請など）に分類され，さらにその中に下位カテゴリーが存在する。

> **RIAS**
> **(Roter Interaction Analysis System)**
>
> ベールズ（Bales, R. F.）の小集団内の問題解決や意思決定場面の評価システムを応用して，ローター（Roter, D.）によって開発された診療場面における医師患者間の会話をコード化する方法。会話のコード化は逐語録ではなく，録音・録画媒体から直接行なわれる。

RIASは欧米諸国を中心に，200を超える学術論文が発表されており，患者満足度やアドヒアランス，医師患者関係を改善するために効果的な医療面接のあり方に対して多くの示唆が得られている。

RIASは日米のコミュニケーションスタイルの違いに配慮して，開発者の了解を得て改良され，日本の医療面接の分析にも用いられている（Ishikawa et al., 2002；Takayama et al., 2004）。最近は，医療系大学におけるコミュニケーション教育の広まりとともに，薬剤師，看護師，歯科医師，鍼灸師などと患者のコミュニケーションの分析に用いようとする動きがあり，今後は医師に限らずさまざまな医療職と患者との会話の分析に活用されると思われる。

> **医療面接の機能モデル**
>
> コール（Cole, S. A.）らによる医療面接技法において，医療面接の機能は，①医師患者関係の構築，②患者の健康問題の評価，③患者の健康問題のマネジメント（教育・調整・動機づけ），であるとされている（Cole & Bird, 2000）

第5節 医療者患者のコミュニケーションにおける重要概念

医療者と患者のコミュニケーションにとって重要な要因として，ノートハウスとノートハウス（Northouse & Northouse, 1992）は，①共感，②統制，③信頼，④自己開示，⑤確認をあげている。本節では，共感と統制について解説しよう。

1 ── 共感

共感（empathy）*が，医療のみならず，対人コミュニケーションの中でも重要であることはよく知られている。共感の定義にはさまざまあるが，共通していることは相手に対する「理解」が含まれている点である。共感は認知的，感情的，伝達の3つのプロセスから成り立っている。すなわち，他者が感じていることを感じ（感情），その考え方を受け入れ（認知），理解したことを相手に伝える（伝達）段階が含まれている。ノートハウスらは，共感と**同情**（sympathy）との違いを次のように説明している。同情は相手に対して示す懸

念や哀しみ，哀れみであり，他者の苦境に対してそのような自己の感情表現を行なうことによって，その人の苦痛を和らげようとすることである。これに対して共感は，他者とともに感じ，他者の見方を理解しようとする試みであるという（Northouse & Northouse, 1992）。ただし，共感のどのプロセスを強調するかについては，見解の相違がある。

フォックス（Fox, 2006）によれば，古典的な医学教育のテキストには「患者に対して十分に距離を置き，客観的な態度をとる」ことと，「（患者に対して）繊細で理解に満ちたケアを提供するに足る関心を払う」ことの重要性が記されている。客観的な立場を保ちつつ理解するということは，自己の認知的枠組みの中で相手の感情を推測するという意味合いが強いであろう。一方，ハルパーン（Halpern, 2001）は，医師が患者の感情状態を体験的に感じとるという意味での共感の重要性を強調している。いずれの定義に従うにしても，それを言語または非言語によって相手に伝える努力は不可欠である。「あなたの辛さに着目していますよ，とお声かけをしていただけたので，とても感謝しています。」（西垣, 2005）という患者の言葉に示されるように，患者は自分の症状や感情が医療者に理解され，受け容れられていることに安心するからである。

> 共感
> （empathy）
> 二者間で，一方が体験している心理的現象特に感情を他方が同じように感じること。カウンセリングにとって中心的な概念であるが一般医学にも取り入れられ，医療者と患者およびその家族のコミュニケーションにとって不可欠であるとされている。

2 ── 統制の所在（locus of control）

ある人が他者に影響を与えたり，他者から影響を受けることを**統制**（control）といい，統制は対人関係を理解するうえでの鍵概念の1つである。統制には対人関係の中に存在する関係統制と個人内における自己統制がある。自己統制の1つがロッター（Rotter, J. B.）による**統制の所在**（locus of control）＊である。

ロッターの概念は健康領域にも応用され，個人の健康や健康行動に関する統制の所在を**健康統制感**（health locus of control）と呼んでいる（Rotter, 1966,

1967)。ウォルストン（Wallston, B. S.）らは，自分の健康に関して自分の行為の結果とみなす内的統制と外的要因の結果とみなす外的統制について測定する尺度を開発した。さらに，外的統制を有力な他者（powerful others）と運や偶然（chance）に区別した多次元尺度も開発している（Wallston et al., 1978）。

堀毛（1991）は，日本人の健康観にはこの3次元はうまく適合しないと指摘し，自分自身（internal），家族（family），専門家（professional），運（chance），超自然（supernatural）の5因子からなる日本版主観的健康統制感尺度（JHLC）を開発した。JHLCは，生活習慣や権威主義的傾向，健康教育行動などと関連があることが見出されている。西垣（2008）がJHLCの尺度を使用して，一般の人が患者になったときのタイプと健康統制感の関連を調べたところ，医師の患者配慮的な診療態度を重視する人は，医師の外面的権威を重視する人に比べて，自分自身（internal）の統制をより高く評価していることがわかった。この結果から，内的統制のタイプの人は，自分の健康を自ら管理し，医師と水平的な関係を築こうとする傾向にあるといえよう。

> **統制の所在**
> **（locus of control）**
>
> ロッター（Rotter, J. B.）は，自己の行動を統制するのは自分の力か外部の力かという認知によって，内的統制－外的統制という一次元の性格概念を考案した。内的統制の人は自分の能力や努力によって結果を統制できると考えるが，外的統制の人は，自分以外の強力な他者や運などによって結果が統制されると感じる。

ただし，統制の所在の概念を健康領域に用いることには一定の限界があるという指摘もある。たとえばルイス（Lewis, 1982）は，病気の進行が個人の努力次第だという考えをもつことで，患者が罪悪感や自己を責める気持ちをもってしまう可能性を指摘している。そのようなときにこそ，医療者の共感やサポートが意味をもつのだと思われる。

第6節 セルフケアと看護師患者関係

患者が自分自身の健康維持や病気回復に対して自律的な考えをもつかどうかは，看護師との関係にも影響する。オレム（Orem, 2001）は「人は本来自分

(self）の世話をすることができる存在である」という考えに基づき，**セルフケア**に焦点を当てた看護理論を構築している。セルフケアの**要件**（requisite）には，空気・水・食物の摂取，排泄，活動と休息のバランスの維持，危機の予防，社会的相互作用のバランスの維持，社会集団での人間の機能と発達の促進などが含まれる。それらが欠如したときに，バランスを回復させるために行なわれる援助が看護ケアである。

　セルフケアの援助を行なう看護師と患者の関係には，3つの側面があるという。それらは，①社会的関係（social relationship），②対人相互関係（interpersonal relationship），③技術的関係（technical relationship）である（岡谷，1996）。社会的関係とは，患者は専門職としての看護師に社会的契約としてケアをゆだねているということである。ケアの内容や責任の範囲は，その契約によって決められている。よって看護師患者関係は，その契約の範囲で成立する。同時にケアを提供する看護師は，患者との間に信頼関係を形成することも大切である。患者との間に関係性を成立・発展させることは，ケアの効果を高めることになり，また，看護師自身の成長にもつながる。さらに，看護師は患者に対して，専門職としての知識や技術を用いてケアを提供するが，それに先立ち患者のニードや欠如しているセルフケアが何であるかをアセスメントし，計画を立てる必要がある。これら3つの側面のうち技術的な関係は，社会的関係と対人的相互関係の成立を基盤として初めて成立するものである。

　看護師の専門家としての役割は多様であるが，**援助役割**（helping role）はその第一にあげられることが多い。熟達化（第3章p.49参照）の観点から看護師の仕事を記述したベナー（Benner, P.）は援助役割の内容を以下のように記述している。

ベナーによる看護師の援助役割（Benner, 1982より）

1. 癒しの関係：雰囲気を作り，癒しへの意欲を高める。
2. 痛みや衰弱に直面したとき，安楽をもたらし，その人らしさを保つ。
3. 存在すること：患者とともにいる。
4. 患者が自分の回復の過程に参加し，コントロールできるようにする。

> 5. 痛みの種類を見きわめ，適切な対処方法を選択し，痛みの管理やコントロールを行なう。
> 6. 触れることによって安楽をもたらし，コミュニケーションを図る。
> 7. 患者の家族に情緒的サポートと情報提供的サポートを行なう。
> 8. 情緒的・発達的な変化を通じて患者を導くこと：新しい選択肢を提供し，古いものを破棄すること：方向づけ，指導，仲介。

　中でも看護師の癒しの役割について，ベナーは①患者だけでなく，看護師にも希望が見えること，②患者の病気，痛み，恐れ，不安や他のストレスの高い感情を受容するために，どのような解釈や理解をすべきか見つけること，③患者が社会的・情緒的・霊的（spiritual）サポートを利用できるように援助すること，の3つを具体的にあげている。そして，これらの役割がうまく機能するためには，看護師患者関係が相互に尊重しあい，誠意あるケアリングに基づいていなければならないとしている（Benner, 1982）。

　最近は，患者の生きる希望や意欲，人生の意味・目的を見出し成就しようとする欲求や問いかけに対する援助が，**スピリチュアルケア**として注目されている。特に終末期や緩和ケアにたずさわる看護師にとって，身体，精神だけでなく霊的（spiritual）な苦痛と痛みをともなう患者とどう向きあうかは，重要な課題である。

第7節　患者の役割と責任

1——患者の役割

　かつてパーソンズ（Parsons, T.）は，**患者の役割**（the sick role）を右のように定義した（Parsons, 1951）。

　しかし慢性疾患が増加し，治療の選択肢が広くなった現代の患者は，医療者の権威や専門性に頼り，医療サービスを受けるだけの受動的な存在ではなくなってきている。患者は治療の意思決定に参加し，自らの健康回復に自律的に関与していくことを，今後いっそう期待されるようになると思われる。

> **パーソンズによる患者の役割（Parsons, 1951）**
>
> 1. 通常の社会的責務を免除される。
> 2. 自らの意志や決断で病気を回復させることは期待されない。
> 3. 病気を好ましくない状態としてとらえ，回復しようと望むことを期待される。
> 4. 医学的な援助や助言を専門家に求め，回復の過程で専門家に協力する。

　西垣（2007）が医師に対して行なった面接調査では，患者との信頼形成を阻害している要因としてあげられたものに，①医療に対する過剰なサービスの期待，②医療の限界に対する理解の不足，③死に対する実感のなさ，④インターネット，テレビ番組，マスコミなどの影響，があった。患者の自律とは，単に権利を主張することではなく，責任もともなうものである。最近は医療者と患者が互いの立場や思いを共有してよりよい医療を目指そうとする動きも出てきた。尾藤（2007）は研究の一環として，医療者と医療サービスの受益者，法律家，倫理学者，心理学者などが参加する「共に考える医療ワークショップ」を開催し，医療者，受益者（患者）双方に対する提言をまとめている。以下は，医療の受益者に対する提言である（黒澤ら, 2008）。

> **医療の受益者に対する提言（黒澤ら, 2008）**
>
> 1. 医療受給者は，医療の不確実性についてご理解ください。
> 2. 医療受給者は，公正な医療サービスには制約があることをご理解ください。
> 3. 医療受給者は，医療者も同じ人間であることをご理解ください。
> 4. 医療受給者は，医師がきちんと話を聞ける環境を整えることにご協力ください。
> 5. 医療受給者は，人生を生き抜くための医学知識を学んでください。
> 6. 医療受給者は，わからないことは医療者に徹底的に質問してください。

医療も社会制度の1つである以上，経済的な負担がともなう。社会公益資源としてそのあり方には，国民のコンセンサスや理解と協力が必要である。マスコミで報道されるような「モンスターペイシェント（医療現場で常識やモラルに欠けた行動をとる患者）」など，一部の無理解な人のために，医療者と患者の信頼や制度そのものが損なわれるようなことはあってはならないことである。そのためには人々が医療の当事者の一方として，「賢い患者」になることも必要だろう。

2——賢い患者

現在の制度のもとでは，普通の風邪で紹介状も持たずに大学病院の外来を受診しても，待ち時間ばかりが長く満足のいく医療を受けるのはおそらくむずかしいだろう。一方，開業医の中には患者の道しるべとなるべく知識を提供することも務めであると考えている人も多い。そのような親切で頼りになるかかりつけ医をもつことは，患者にとって非常に有益だと思われる。最近はインターネット上にHPを作っている開業医も増えてきた。医師の基本的な診療方針や専門を知る手がかりとして活用できるだろう。

これからの時代は，医師との信頼関係を築くうえで，患者が自分の考えをもち，判断することも重要である。ある患者は自らの体験をふまえ，「自分の治療，自分の目的を明らかにして，自分の治療をするために必要なサポートを（医師に）依頼することが"患者の道"」であり，「自分は何が聞きたいのかを知り，何をしたいのかをわかっておかないと，"（医師に対して）どうしましょう？"って言うのはだめだ」（西垣，2005）と語っている。とはいえ患者が独力で医療情報を見きわめたり，意思決定をすることには困難がともなう。医療者と良好な関係をもつことができれば，さまざまな局面で味方になってくれるはずである。逆に医療者も人間であるから，あからさまに敵対的な態度を示す患者には，心から親切にはできないだろうし，それは結果として患者本人が不利益をこうむることになる。現代の医療者に聖人や天使，あるいはカリスマを期待するより，患者の側も医療者を一人の人間と思ってつきあうほうがよいのではないだろうか。

アリゾナ大学医学部教授で，統合医学（integrative medicine）の権威でも

あるワイル（Weil, A.）は，進行した食道がんが発見された患者に対して，家族や友人が権威ある西洋医学の病院，著名な代替療法センター，ヒーリングの啓発本，インターネット上の膨大な情報，催眠療法家など，それぞれが最善と信じる策を提案・紹介する中で，患者本人は混乱に陥り，命にかかわる慎重な決定ができない状態に陥ってしまう様子を描いている（Weil, 1997）。ワイルは，「ほとんどの人は大病に対してまったく準備ができていないので，なんとかして自律性を維持して入念な行動計画を練ろうとあがいているうちに，力が尽きてしまうのだ」（Weil, 1997）と述べ，元気なうちから，いざというときに助言を求める先や，受けたい治療を考えておくことと，心の平静を保つ術を身につけておくことをすすめている。

　私たちの生には限りがあるからこそ，いかに生きるかを考える必要が出てくる。命にかかわる病気や死に対する心構えをもち，医療者や家族に「おまかせ」するという選択肢も含めて最終的に自ら納得して選択しなければ後悔を残すことになるだろう。よりよく生きることが医療の目的になることは，医療者にとっても患者にとっても重要なことと思われる。医療者と患者が医療の限界と不確実性についてある程度理解を共有することができ，そのうえに共感的なコミュニケーションが成立すれば，信頼を土台としたパートナーシップを築くことができるのではないだろうか。

　グレイ（Gray, M）は，よりよいコミュニケーションがとれるように医療専門職能の教育に投資するよりも，賢い患者を育てることを優先すべきであると述べている（Gray, 2002）。医療を賢く利用する患者が増えれば，医療者も必然的に変わらざるをえなくなる，という意味であろう。人間として生まれた以上，老・病・死を避けられる人はいない。医療者とよい関係を結ぶことは，現代人が人生をより豊かに生きるための，条件の1つといえるのではないだろうか。

コラム 11-1　うまくいかなかった医療者－患者関係
（看護対人行動学研究会, 2000）

　以下は，ある看護師が実際に経験した患者についての事例です。患者，看護師，医師のそれぞれの感情と対応についてあなたはどう考えますか。

　患者は60代の男性。右肺がんで中下葉切除術を受けたが進行が速く，余命の長くない患者だった。妻と次女との3人暮らし。長女は結婚して出産間近な状態で，妻はうつ病があり内服治療していた。患者の身の回りの世話は，調子のいい時は妻が面会して行なうが，主に次女が看ていた。手術前の印象としては，やや暗く，対人関係が不得手のようだが理解力は十分あると感じた。
　患者のことが問題となり始めたのは，手術後3週間ほどたった頃だった。手術後，胸水貯留があり，全身倦怠感，食欲不振，呼吸苦が患者を苦しめた。患者はいら立ち，たびたび看護師に皮肉混じりの攻撃的な態度を見せていた。
　大きな問題が起きたのは，私が日勤のリーダーをして，準夜のスタッフに申し送りを終えた後だった。日勤で，患者が「内服薬が多い」とスタッフに訴え，私が内服薬の説明をするために患者の所へ行った。患者は納得せず「こんな効かへん薬ばっかり持って来やがって。薬はもう一切飲まへん。全部持って帰れ！」と言い，話を聞こうとしなかった。薬を引き上げ，医師にそのことを伝えた。医師は患者が内服しないことを了解し，与薬しなくていいと言った。
　そのことを準夜のスタッフに申し送りした。スタッフが検温に訪床した時，その患者が睡眠薬を希望した。「薬は一切飲まないんじゃないですか？」とスタッフが言うと患者が興奮し，「この病院はほかの患者と差別するんか！　苦しんでる患者に対してそれでも看護師か！」と言い，口論となった。結局，その看護師は泣いてナースステーションに戻り，その旨を私に訴えた。
　その後，患者がナースステーションを訪れ，興奮したままそこにいた数人の看護師に訴え始めた。その内容は，「自分は薬を一切飲まないとは言っていない」「この病院は患者を差別する，税金でご飯を食べてるくせに仕事をしない」「看護師は患者に奉仕するのが当たり前だから感情をもつな」などであった。机を叩き，いすをけり，こちらの言うことには耳を貸さなかった。2時間ほどナースステーションで，医師や看護師を罵倒して自室に戻った。
　その後，1週間ほどで退院になった。その間，看護師は患者を怖がり接触を避け，何事も起こらず退院することを望んだ。結局患者は，「こんな病院，後ろ足で砂かけて出て行く」と言って退院した。

コラム 11-2 信頼できる医師の要因尺度
(西垣, 2008をもとに作成)

次にあげる項目に関して,「信頼できる医師の資質」としてどれくらい重要だと思いますか。あなたの考えに最も近いところに○をつけてください。

	非常に重要である	やや重要である	どちらともいえない	あまり重要ではない	ほとんど重要ではない
	5	4	3	2	1

1. 私が気にしている医療上の心配事を,くだらないことだと見なさないこと。
2. 私の病名・症状などの医学情報を他の人に,無断で他の人に漏らさないこと。
3. 治療の選択肢について十分な情報を与えてくれること。
4. 必要なら,他の専門の病院に紹介してくれること。
5. 健康に関する私の価値観を尊重してくれること。
6. 髪が茶髪でないこと。
7. わたしの気持ちや不安に注意を払い,配慮を示してくれること。
8. 一人の人間として,私のことを尊重してくれること。
9. 有名な大学の出身であること。
10. 患者さんの評判がよいこと。
11. 治療上の腕がすぐれていること。
12. 男性であること。
13. 私の治療上の希望を最優先してくれること。
14. 清潔な身だしなみであること。
15. 親しみやすい雰囲気を持っていること。
16. 私の話をよく聞いてくれること。
17. 治療に関するいろいろなアドバイスをしてくれること。
18. 年齢が若すぎないこと。
19. 年齢が高齢すぎないこと。
20. 医師として有名であること。
21. 頼りがいのある態度で接してくれること。
22. 言葉遣いや態度が丁寧であること。
23. 個人的にも親しい関係であること。
24. 悪い知らせはあえて,私には知らせないでくれること。

【採点】

「非常に重要である」を5点,「やや重要である」を4点,「そちらともいえない」を3点,「あまり重要でない」を2点,「ほとんど重要でない」を1点として下記の項目をそれぞれ合計する。

	平均値	SD
患者配慮的診療態度の因子:1, 2, 3, 4, 7, 8, 11	31.7	3.0
親しみやすさ・疎通性の因子:5, 13, 14, 15, 16, 17, 21, 22, 23	35.6	4.2
権威・外面的評価の因子:6, 9, 10, 12, 18, 19, 20, 24	17.8	2.9

注)平均値は,20〜70代の一般人289名の平均。

引用・参考文献

■第1章

Ainsworth, M. D. S., Blehar, M. C., Waters, E., & Wall, S.　1978　*Patterns of attachment: A psychological study of the Strange Situation.*　Erlbaum.

Ainsworth, M. D. S., & Eichberg, C. G.　1991　Effects on infant-mother attachment of mother's unresolved loss of an attachment figure or other traumatic experience. In C. M. Parkes, J. Stevenson-Hinde & P. Marris(Eds.), *Attachment across the life cycle.* Routledge. pp.160-183.

Bowlby, J.　1969　*Attachment and loss. Vol.1. Attachment.*　Basic Books.　黒田実郎・大羽蓁・岡田洋子・黒田聖一（訳）　1991　母子関係の理論—愛着行動　岩崎学術出版社

Condon, W. S., & Sander, L. W.　1974　Synchrony demonstrated between movements of the neonate and adult speech. *Child Development,* **45**, 456-462.

Fantz, R. L.　1961　The origin of form perception. *Scientific American,* **204**(5), 66-72.

Field, T. M., Woodson, R., Greenberg, R., & Cohen, D.　1982　Discrimination and imitation of facial expressions by neonates. *Science,* **218**, 179-181.

藤永保　1990　幼児教育を考える　岩波新書

藤本忠明・東正訓　2004　ワークショップ人間関係の心理学　ナカニシヤ出版

舟島なをみ　2005　看護のための人間発達学　医学書院

Harlow, H. F., & Mears, C.　1979　*The human models: Primate perspectives.* Washington, D. C.: Winston & Sons.

池田由子　1987　児童虐待—ゆがんだ親子関係—　中公新書

今泉信人・南博文（編著）　1999　発達心理学（教育・保育双書6）　北大路書房

Kaye, K.　1977　Toward the origin of dialogue. In H. R. Schaffer(Ed.), *Studies in mother-infant interaction.* New York: Academic Press. Pp.89-117.

数井みゆき・遠藤利彦・田中亜希子・坂上裕子・菅沼真樹　2000　日本人母子における愛着の世代間伝達　教育心理学研究, **48**(3), 323-332.

数井みゆき・遠藤利彦（編著）　2005　アタッチメント—生涯にわたる絆　ミネルヴァ書房

厚生省　2003　社会福祉行政業務報告（厚生省報告例）

厚生労働省　2006　社会福祉行政業務報告（福祉行政報告例）

厚生労働省　2007　子ども虐待対応の手引き
　http://www.mhlw.go.jp/bunya/kodomo/dv12/00.html

Lorenz, K.　1949　*Er redete mit dem Vieh, den Vogeln und den Fischen; King Solomon's ring.*　日高敏隆（訳）　1998　ソロモンの指輪—動物行動学入門—　早川書房

Main, M., & Goldwyn, R.　1984　Predicting rejection of her infant from mother's representation of her own experience: Implications for the abused-abusing intergenerational cycle. *Child Abuse and Neglect,* **8**, 203-217.

Main, M., & Solomon, J.　1990　Procedure for identifying infants as disorganized/disoriented during the Ainsworth strange situation. In M. T. Greenberg, D. Cicchetti & E. M.

Cummings(Eds.), *Attachment in the preschool years*. University of Chicago Press. pp.121-160.
毎日新聞　2008　児童虐待4万件超─きょうだいも対応で顕在化─　6月17日付夕刊
毎日新聞　2008　児童虐待最悪に─今年上半期162件，死者は29人─　8月8日付朝刊
正高信男　1993　0歳児がことばを獲得するとき─行動学からのアプローチ─中公新書
村田孝次　1981　児童心理学入門　培風館
無藤隆・岡本祐子・大坪治彦（編）　2004　よくわかる発達心理学　ミネルヴァ書房
無藤隆・久保ゆかり・遠藤利彦　1998　発達心理学（現代心理学入門2）　岩波書店
中島義明・安藤清志・子安増生・坂野雄二・繁桝算男・立花政夫・箱田裕司（編）　1999　心理学辞典　有斐閣
繁多進（編著）　2006　乳幼児発達心理学─子どもがわかる 好きになる─　福村出版
島田照三・黒川新二（編）　1988　母性喪失　同朋舎出版
Steiner, J. E.　1979　Facial expression in response to taste and smell stimulation. In H. W. Reese & L. P. Lipsitt(Eds.), *Advances in Child Development and Behavior*. Vol.13 Academic Press. Pp.257-296.
Thomas, A., Chess, S., & Birch, H. G.　1970　The origin of personality. *Scientific American*, **223**, 106-107.
若井邦夫・高橋道子・高橋義信・堀内ゆかり　2006　グラフィック乳幼児心理学　サイエンス社
Wissenfield, A. R., & Malatesta, C. Z.　1982　Infant distress: Variables affecting responses of caregivers and offers. In L. M. Hoffman, R. J. Gandelman & H. R. Schiffman(Eds.), *Parenting: It causes and consequences*. Lawrence Erlbaum Associates.

■第2章
浅野智彦　2006　若者の現在　浅野智彦（編）　検証・若者の変貌─失われた10年の後に─　勁草書房　Pp.233-260.
崔　京姫・新井邦二郎　1998　ネガティブな感情表出の制御と友人関係の満足感および精神的健康との関係　教育心理学研究, **46**, 432-441.
ドロシー・ロー・ノルト　1991　子ども　Arne Lindquist och Jan Wester. *"Ditt eget samhälle" SAMS 2.* Stockholm: Almqvist & Wiksell.　川上邦夫（訳）　あなた自身の社会　スウェーデンの中学教科書　p.155.
福森崇貴・小川俊樹　2006　青年期における不快情動の回避が友人関係に及ぼす影響─自己開示に伴う傷つきの予測を媒介要因として─　パーソナリティ研究, **15**, 13-19.
福重　清　2007　変わりゆく「親しさ」と「友だち」─現代の若者の人間関係─　高橋勇悦他（編）　現代日本の人間関係　団塊ジュニアからのアプローチ　学文社　Pp.27-61.
謝　文慧　1999　新入幼稚園児の友だち関係の形成　発達心理学研究, **10**, 199-208.
栗原　彬　1996　やさしさの存在証明─若者と制度のインターフェイス─　増補新版　新曜社
前田健一　1995　児童期の仲間関係と孤独感：攻撃性，引っ込み思案および社会的コンピタンスに関する仲間知覚と自己知覚　教育心理学研究, **43**, 156-166.

松井　豊　1990　友人関係の機能　斎藤耕二・菊池章夫（編）　社会化の心理学ハンドブック　川島書店　Pp.283-296.

宮下一博　1995　青年期の同世代関係　落合良行・楠見　孝（編）　講座生涯発達心理学4　自己への問い直し：青年期　金子書房　Pp.155-184.

水野将樹　2004　青年は信頼できる友人との関係をどのように捉えているのか―グランデッド・セオリー・アプローチによる仮説モデルの生成―　教育心理学研究, **52**, 170-185.

森野美央　2005　幼児期における心の理論発達の個人差，感情理解発達の個人差，及び仲間との相互作用の関連　発達心理学研究, **16**, 36-45.

長沼恭子・落合良行　1998　同性の友達とのつきあい方からみた青年期の友人関係　青年心理学研究, **10**, 35-47.

長尾　博　1997　前思春期女子のchum形成が自我発達に及ぼす影響―展望法と回顧法を用いて―　教育心理学研究, **45**, 203-212.

落合良行・佐藤有耕　1996　青年期における友達とのつきあい方の発達的変化　教育心理学研究, **44**, 55-65.

岡田　努　1993　現代の大学生における「内省および友人関係のあり方」と「対人恐怖的心性」との関係　発達心理学研究, **4**, 162-170.

岡田　努　2007　大学生における友人関係の類型と，適応及び自己の諸側面の発達の関連について　パーソナリティ研究, **15**, 135-148.

小塩真司　1998　青年の自己愛傾向と自尊感情，友人関係のあり方との関連　教育心理学研究, **46**, 280-290.

千石　保　1991　"まじめ"の崩壊：平成日本の若者たち　サイマル出版社

柴橋祐子　2004　青年期の友人関係における「自己表明」と「他者の表明を望む気持ち」の心理的要因　教育心理学研究, **52**, 12-23.

菅原育子・片桐恵子　2007　中高年者の社会参加活動における人間関係―親しさとその関連要因の検討―　老年社会科学, **29**, 355-365.

Sullivan, H. S. 1953　*The interpersonal theory of psychiatry*. New York:Norton.　中井久夫・宮崎隆吉・高木敬三・鑪　幹八郎（共訳）　1990　精神医学は対人関係論である　みすず書房

高井範子　2008　人間関係観の発達的変化と生き方態度との関連―青年期から老年期を対象として―　大阪大学大学院人間科学研究科紀要, **34**, 1-19.

辻　大介　1999　若者のコミュニケーションの変容と新しいメディア　橋元良明・船津　衛（編）　子ども・青少年とコミュニケーション　北樹出版　Pp.11-27.

山田和夫　1992　ふれ合い恐怖―子どもを"愛"せない母親たちと青少年の病理―　芸文社

吉田　甫　1999　ギャング・エイジ　中島義明（編者代表）　心理学辞典　有斐閣　p.173.

■3章

安達智子　2001　進路選択に対する効力感と就業動機，職業未決定の関連について―女子短大生を対象とした検討―　心理学研究, **72**, 10-18.

安達智子　2004　大学生のキャリア選択―その心理的背景と支援―　日本労働研究雑誌, **533**, 27-37.

明石要一　2006　キャリア教育がなぜ必要か―フリーター・ニート問題解決への手がかり―

明治図書出版

Bandura, A. 1977 Self-Efficacy: Toward a unifying theory of behavioral change. *Psychological Review*, **84**, 191-215.

Collins, A., Brown, J. S., & Newman, S. E. 1989 Cognitive apprenticeship: Teaching the craft of reading, writing and mathematics. In L. B. Resnick(Ed.), *Knowing, learning, and instruction: Essays in honor of Robert Glaser*. Hillsdale, N.J.: Lawrence Erlbaum Associates.

第1回子ども生活実態基本調査報告書　2005　ベネッセ教育研究開発センター研究所報，vol.33.　p.102

Erikson, E. H. 1959 Identity and the Life Cycle. *Psychological Issues Monograh*, Vol.1, No.1. New York: International Universities Press. 小此木啓吾(訳編)　1973　自我同一性―アイデンティとライフ・サイクル―　誠信書房

波多野誼余夫・稲垣佳世子　1989　人はいかに学ぶか―日常的認識の世界―　中公新書

Ibarra, H. 2003 *Working Identity: Unconventional Strategies for Reinventing Your Career*. Boston, MA.: Harvard Business Press. 金井壽宏(監修)　宮田貴子(訳)　2003　ハーバード流キャリア・チェンジ術　翔泳社

柏尾眞津子　1997　女子学生の目標と時間的展望との関連について　人間科学(関西大学大学院)，**46**, 175-185.

柏尾眞津子　2006　時間的展望（time perspective）　白井利明（編）よくわかる青年心理学　ミネルヴァ書房　Pp.30-31.

柏尾眞津子　2007　時間的展望研究の動向3　社会心理　都筑学・白井利明（編）時間的展望研究ガイドブック　ナカニシヤ出版　Pp.73-84.

柏尾眞津子　2009　青年の仕事の意味　青年心理学研究　印刷中

加藤敏明　2006　事例研究　若年者就労支援における自治体とNPOの協働について―NPO法人かながわ就職支援研修センターの実務から―　自治体学研究，**92**, 48-51.

苅谷剛彦　2004　階層化社会と教育危機―不平等再生産から意欲格差社会へ―　有信堂高文社

川﨑友嗣　2005a　変わる私立大学「就職支援」から「キャリア形成支援」へ　IDE現代の高等教育，**467**, 45-49.

川﨑友嗣　2005b　「時間的展望」から見たキャリアデザインとその支援　シリーズキャリアデザイン論第17回　文部科学教育通信（教育新社），**132**, 22-23.

小杉礼子　2003　フリーターという生き方　勁草書房

楠見孝　1992a　仕事の熟達化に及ぼす社会的支援と知識・技能の構造化―飲食店アルバイトの事例研究―　日本教育心理学会第34回総会発表論文集, 389.

楠見孝　1992b　仕事の熟達化における知識・技能の構造化と社会的支援の役割　日本認知科学会　学習と対話研究分科会発表資料　SIGLAL, **92**(2), 11-19.

楠見孝　1993　仕事の熟達化に及ぼす社会的支援と知識・技能の構造化(2)―大学生の販売アルバイトの事例研究―　日本教育心理学会第35回総会発表論文集, 442.

楠見孝　1995　青年期の認知発達と知識獲得　落合良行・楠見孝（編）　講座　生涯発達心理学―自己への問い直し―　金子書房　Pp.71-72.

Lewin, K. 1951 *Field Theory in social science*. Cartwrigt, D.(Ed.). New York: Harper. 猪股

　　　　佐登留（訳）　1974　社会科学における場の理論　誠信書房
Marcia, J. E.　1966　Development and validation of ego identity status. *Journal of Personality and Social Psychology*, **3**, 551-558.
大野久　1995　青年期の自己意識の生き方　落合良行・楠見孝（編）　自己への問い直し—青年期—　金子書房　Pp.89-120.
佐藤博樹・小泉静子　2007　不安定雇用という虚像—パート・フリーター・派遣の実像—　頸草書房
Schein, E. H.　1978　*Career Dynamics*. Addison-Wesley.　二村敏子・三善勝代（訳）　1991　キャリア・ダイナミックス　白桃書房
白井利明　1994　大学の進路指導に関する実践的研究—キャリア・カウンセリングの実習を通じて—　進路指導研究, **15**, 30-36.
白井利明　1996　時間的展望とは何か—概念と測定—　松田文子・調枝孝治・甲村和三・神宮英夫・山崎勝之・平伸二（編）　心理的時間—その広くて深いなぞ—　北大路書房　Pp.380-394.
白井利明　1997　時間的展望の生涯発達心理学　勁草書房
白井利明　2001　＜希望＞の心理学—時間的展望をもつかどうか—　講談社
白井利明　2006　世代間関係　白井利明（編）よくわかる青年心理学　ミネルヴァ書房　Pp.178-179.
白井利明　2007　時間的展望研究の具体的展開—4．意欲を引きだす　都筑学・白井利明（編）　時間的展望研究ガイドブック　ナカニシヤ出版　Pp.135-139.
清水寛之　1996　未来展望と自己形成　若き認知心理学者の会　認知心理学者　教育評価を語る　北大路書房　Pp.206-215.
下村英雄　1996　大学生の職業選択における情報探索方略—職業的意思決定理論によるアプローチ—　教育心理学研究, **44**, 145-155.
下村英雄　2002　進路選択—進路選択に対する自己効力尺度（浦上，1995）—　堀洋道（監修）　吉田富二雄（編）　心理測定尺度集Ⅱ—人間と社会のつながりをとらえる＜対人関係・価値観＞—　サイエンス社　Pp.359-364
下村英雄・白井利明・川﨑友嗣・若松養亮・安達智子　2007　フリーターのキャリア自立—時間的展望の視点によるキャリア発達理論の再構築に向けて—　青年心理学研究, **19**, 1-19.
園田直子　2007　時間的展望研究の動向—3．文化・ジェンダー・社会変動　都筑学・白井利明（編）　時間的展望研究ガイドブック　ナカニシヤ出版　Pp.118-133.
Super, D. E.　1957　*The Psychology of Careers*. Harper & Brothers.　日本職業指導学会（訳）　1960　職業生活の心理学　誠信書房
竹内真一　1999　失業時代を生きる若者—転機にたつ学校と仕事—　大月書店
Taylor, K. M., & Betz, N. E. 1983 Applications of self-efficacy theory to the understanding and treatment of career indecision. *Journal of Vocational Behavior*, **22**, 63-81.
都筑学　1993　大学生における自我同一性と時間的展望　教育心理学研究, **41**, 40-48.
都筑学　1999　大学生の時間的展望—構造モデルの心理学的検討—　中央大学出版部
都筑学　2008a　小学校から中学校への学校移行と時間の展望縦断的調査にもとづく検討

ナカニシヤ出版
都筑学　2008b　中学校から高校への進路選択に伴う時間的展望の変化プロセスの研究　平成16〜19年度科学研究費補助金基盤研究（C）（2）研究成果報告書
浦上昌則　1993　進路選択に対する自己効力と進路成熟の関連　教育心理学研究, **41**, 358-364.
浦上昌則　1995a　学生の進路選択に対する自己効力に関する研究　名古屋大学教育学部紀要（教育心理学編）, **42**, 115-126.
浦上昌則　1995b　女子短期大学生の進路選択に対する自己効力と職業不決断—Taylor & Betz（1983）の追試的検討—　進路指導研究, **16**, 40-45.
湯浅誠　2008　反貧困—「すべり台社会」からの脱出—　岩波書店
若松養亮　2006　青年期のキャリア発達の特徴　白井利明（編）　よくわかる青年心理学　ミネルヴァ書房　Pp.114-115.
若松養亮・下村英雄・山田剛史・佐藤有耕・上瀬由美子　2005　就職と自己—「自己分析」という迷宮—　（自主シンポジウム）日本教育心理学会第47回総会発表論文集, S44-S45.

■第4章

American Psychiatric Association　2000　*Diagnostic and statistical manual of mental disorders. 4th ed.:DSM-Ⅳ*.　高橋三郎・大野　裕・染矢俊幸（訳）　2002　DSM-Ⅳ-TR 精神疾患の分類と診断の手引き　医学書院
Beck, A. T.　1976　*Cognitive therapy and the emotional disorders*. Madison: International University Press.　大野　裕（訳）　1990　認知療法　岩崎学術出版社
Buss, A. H.　1980　*Self-consciousness and social anxiety.* San Francisco: Freeman.
Cheek, J. M., & Buss, A. H.　1981　Shyness and sociability. *Journal of Personality and Social Psychology*, **41**, 330-339.
Dykman, B. M., Horowitz, L. M., Abramson, L. Y., & Usher, M.　1991　Schematic and situational determinants of depressed and nondepressed students' interpretation of feedback. *Journal of Abnormal Psychology*, **100**, 45-55.
榎本淳子　2008　大学生が抱える友人関係における悩みとその解決方法　—自由記述から—　日本発達心理学会第19回大会発表論文集, 544.
福島　章　1992　青年期の心—精神医学からみた若者　講談社現代新書
福島喜代子　2007　ソーシャルワークにおけるSSTの方法　北川清一・相澤譲治・久保美紀（編）　ソーシャルワーク・スキルシリーズ　相川書房
橋本　剛　2000　大学生における対人ストレスイベントと社会的スキル・対人方略の関連　教育心理学研究, **48**, 94-102.
平木典子　1993　アサーション・トレーニング—さわやかな＜自己表現＞のために—　金子書房
堀井俊章・小川捷之　1997　対人恐怖心性尺度の作成（続報）　上智大学心理学年報, **21**, 43-51.
Horney, K.　1942　*SELF-ANALYSIS.*　W.W.Norton & Co.,Inc.　霜田静志・國分康孝（訳）　1981　自己分析　誠信書房

今津芳恵　2005　社会的スキルの欠如が抑うつに及ぼす影響─女子中学生を対象とした場合─　心理学研究, 76, 474-479.
Jones, W. H., & Russell, D.　1982　The social reticence scale: An objective instrument to measure shyness. *Journal of Personality Assessment*, 46, 629-631.
梶田叡一　1980　自己意識の心理学　東京大学出版会
金子一史　2000　青年期心性としての自己関係づけ　教育心理学研究, 48, 473-480.
金子一史・本城秀次・高村咲子　2003　自己関係づけと対人恐怖心性・抑うつ・登校拒否傾向との関連　パーソナリティ研究, 12, 2-13.
笠原　嘉　1977　青年期　中央公論社
笠原　嘉　1993　対人恐怖　加藤正明（編者代表）　新版　精神医学事典　弘文堂　p.515.
岸本陽一　1994　シャイネスの経験：生理，認知，行動的側面　磯　博行・杉岡幸三（編）情動・学習・脳　二瓶社　Pp.151-164.
北西憲二　1998　自己意識過剰─対人不安─　こころの科学, 82, 37-41.
國分康孝　2001　ピアヘルパーハンドブック　日本教育カウンセラー協会（編）　図書文化社
Leary, M. R.　1983　*Understanding Social Anxiety*. Beverly Hills, California: Sage Publications. 生和秀敏（監訳）　1990　対人不安　北大路書房
Leary, M. R.　1986　Affective and behavioral components of shyness: Implications for theory, measurement, and research. In W. H. Jones, J. M. Cheek, & S. R. Briggs(Eds.) *Shyness: Perspectives on research and treatment*. New York: Plenum Press. Pp.27-38.
前田ケイ　1998　SST─社会生活技能訓練─　精神科治療学13巻（増）　Pp.299-302.
前田ケイ　1999　SSTウォーミングアップ活動集　金剛出版
鍋田恭孝　1997　対人恐怖・醜形恐怖：「他者を恐れ・自らを嫌悪する病い」の心理と病理　金剛出版
日本教育カウンセラー協会（編）　2001　ピアヘルパーハンドブック　図書文化社
西園昌久　1970　対人恐怖の精神分析　精神医学, 12(5), 375-381.
岡田　努・永井　撤　1990　青年期の自己評価と対人恐怖的心性との関連　心理学研究, 60, 386-389.
岡野憲一郎　1998　恥と自己愛の精神分析─対人恐怖から差別論まで─　岩崎学術出版社
Rogers, C. R.　1970　*Carl Rogers on Encounter Groups*. Harper & Row. 畠瀬　稔・畠瀬直子（訳）　1982　エンカウンター・グループ─人間信頼の原点を求めて─　創元社
Schlenker, B. R., & Leary, M. R.　1982　Social anxiety and self-presentation: A conceptualization and model. *Psychological Bulletin*, 92, 641-669.
菅原健介　1998　シャイネスにおける対人不安傾向と対人消極傾向　性格心理学研究, 7, 22-32.
高井範子　2008　青年期における人間関係の悩みに関する検討　太成学院大学紀要, 10, 85-95.
渡辺弥生　1996　講座サイコセラピー11　ソーシャル・スキル・トレーニング（略称SST）内山喜久雄・高野清純（監修）　講座サイコセラピー　日本文化社

■第5章

Baumeister, R. F.　1998　The self. In D. T. Gilbert, S. T. Fiske, & G. Lindzey(Eds.), *The handbook of social psychology*. (4th ed.), Vol.1.　New York: McGraw-Hill.　pp.680-740.

Baumeister, R. F., & Leary, M. R. 1995 The need to belong: Desire for interpersonal attachments as a fundamental human motivation. *Psychological Bulletin*, **117**, 497-529.

Brown, J. D., & Kobayashi, C.　2002　Self-enhancement in Japan and in America. *Asian Journal of Social Psychology*, **5**, 145-168.

大坊郁夫　1992　会話自体における自己開示と対人的親密さ　日本心理学会第56回大会発表論文集, 227.

Davis, M. H., & Franzoi, S. L.　1987　Private self-consciousness and self-disclosure. In V. J. Derlega & J. H. Berg(Eds.), *Self-disclosure: Theory, research, and therapy*.　New York: Plenum. Pp.59-80.

Diener, E., & Diener, M.　1995　Cross-cultural correlates of life satisfaction and self-esteem. *Journal of Personality and Social Psychology*, **68**, 653-663.

遠藤辰雄・蘭千壽・井上祥治　1992　セルフ・エスティームの心理学―自己価値の探求―　ナカニシヤ出版

遠藤由美　1997　親密な関係性における高揚と相対的自己卑下　心理学研究, **68**, 387- 395.

Festinger, L.　1954　A theory of social comparison processes. *Human Relations*, **7**, 117-140.

藤崎眞知代・高田利武　1992　児童期から成人期にかけてのコンピテンスの発達的変化―横断資料を通して―　群馬大学教育学部紀要　人文・社会科学編, **41**, 313-327.

Heine, S. J., Lehman, D. R., Markus, H. R., & Kitayama, S.　1999　Is there a universal need for positive self-regard? *Psychological Review*, **106**, 766-794.

Hofstede, G.　1991　*Cultures and organizations: software of the mind*.　McGraw-Hill.　岩井紀子・岩井八郎（訳）　1995　多文化世界　有斐閣

伊藤忠弘　1999　社会的比較における自己高揚傾向―平均以上効果の検討―　心理学研究, **70**, 367-374

James, W.　1892　*Psychology, briefer course*.　今田寛（訳）　1992　心理学　岩波文庫

Jones, E. E., & Pittman, T. S.　1982　Toward a general theory of strategic self-presentation. In J. Suls(Eds.), *Psychological perspectives on the self*. Vol.1.　Hillsdale, NJ: Erlbaum.　pp.231-262.

Jourard, S. M. 1971 *Self-disclosure: An experimental analysis of the transparent self*.　New York; Wiley Interscience.

Markus, H. R., & Kitayama, S.　1991　Culture and the self: Implications for cognition, emotion, and motivation. *Psychological Review*, **98**, 224-253.

Mori, D., Chaiken, S., & Pliner, P.　1987　"Eating lightly" and the self-presentation of femininity. *Journal of Personality and Social Psychology*, **53**, 639-702.

村本由紀子・山口勧　2003　"自己卑下"が消えるとき：内集団の関係性に応じた個人と集団の成功の語り方　心理学研究, **47**, 253-262.

小口孝司　1989　自己開示の受け手に関する研究―オープナー・スケール, RJ-JS-DQとSMIを用いて―　立教大学社会学部研究紀要応用社会学研究, **34**, 82-91.

Pennebaker, J. W., & Beall, S. K. 1986 Confronting a traumatic event: Toward an understanding of inhibition and disease. *Journal of Abnormal Psychology*, **95**, 274-281.

Rosenberg, M. 1965 *Society and the adolescent self-image.* Princeton, NJ: Princeton. University Press.

Schlenker, B. R. 1980 *Impression management: The self concept, social identity, and interpersonal relations.* Brooks-Cole.

柴田玲子・神前裕子・松村陽子 2004 「小学生版QOL尺度」の標準化にむけて 平成15年度厚生労働科学研究報告書, 21-36.

Spiegel, D., Bloom, J. H., Kraemer, H. C., & Gottheil, E. 1989 Effects of psychosocial treatment of patients with metastatic breast cancer. *Lancet*, **2**, 888-891.

高田利武 1993 青年の自己概念形成と社会的比較―日本人大学生にみられる特徴― 教育心理学研究, **41**, 339-348.

高田利武 1994 日常事態における社会的比較の様態 奈良大学紀要, **22**, 201-204.

高田利武 1999 日常事態における社会的比較と文化的自己観―横断資料による発達的検討― 実験社会心理学研究, **27**, 27-36.

Taylor, S. E., & Brown, J. D. 1988 Illusion and well-being: A social psychological perspective on mental health. *Psychologial Bulletin*, **103**, 193-210.

Tesser, A. 1988 Toward a self-evaluation maintenance model of social behavior. In L. Berkowitz(Ed.), *Advances in experimental social psychology.* Vol.21. New York: Academic Press. pp.181-227.

Weinstein, N. D. 1980 Unrealistic optimism about future life events. *Journal of Personality and Social Psychology*, **39**, 806-820.

Yamaguchi, Y. 1994 Individualism and collectivism: Theory, method, and applications. In U. Kim and H. C. Triandis(Eds.), *Cross-cultural research and methodology series.* Vol.18. Thousand Oaks, CA: Sage. Pp.175-188.

山本真理子・松井豊・山成由紀子 1982 認知された自己の諸側面の構造 教育心理学研究, **30**, 64-68.

■第6章

Acker, M., & Davis, K. E. 1992 Intimacy, passion, and commitment in adult romantic relationships: A test of the triangular theory of love. *Journal of Social and Personal Relationships*, **9**, 21-50.

Aron, A., Dutton, D. G., Aron, E. N., & Iverson, A. 1989 Experiences of falling in Love. *Journal of Social and Personal Relationships*, **5**, 234-257.

Aron, A., Norman, C. C., & Aron, E. N. 2001 Shared self-expanding activities as a means of maintaining and enhancing close romantic relationships. In J. Harvey & A. Wenzel(Eds.), *Close romantic relationships: Maintenance and enhancement.* New Jersey: Lawrence Erlbaum Associates. pp.47-66.

Byrne, D., & Nelson, D. 1965 Attraction as a linear function of proportion of positive reinforcements. *Journal of Personality and Social Psychology*, **1**, 659-663.

榎本博明　1993　自己開示と自己評価・外向性・神経症傾向との関係について　名城大学人間科学研究, **4**, 29-36.

Festinger, L., Schachter, S., & Back, K.　1950　*Social pressure in informal groups: A study of a housing community.* New York: Harper.

金政祐司・大坊郁夫　2003　愛情の三角理論における3つの要素と親密な異性関係　感情心理学研究, **10**, 11-24.

国立社会保障・人口問題研究所　2007　わが国独身層の結婚観と家族観：第13回出生動向基本調査　厚生統計協会

Levinger, G., & Snoek, J. D.　1972　*Attraction in relationships: A new look at interpersonal attraction.* General Learning Press.

松井豊・山本真理子　1985　異性関係の対象選択に及ぼす外見的印象と自己評価の影響　社会心理学研究, **1**, 9-14.

Reissman, C., Aron, A., & Bergen, M. R.　1993　Shared activities and marital satisfaction: Causal direction and self-expansion versus boredom. *Journal of Social and Personal Relationships*, **10**, 243-254.

Sprecher, S.　1998　Insider's perspectives on reasons for attraction to a close other. *Social Psychology Quarterly*, **61**, 287-300.

Sternberg, R. J.　1986　A triangular theory of love. *Psychological Review*, **93**, 119-135.

Sternberg, R. J.　1997　Construct validation of a triangular love scale. *European Journal of Social Psychology*, **27**, 313-335.

Wagner, R. V.　1975　Complementary needs role expectations, interpersonal attraction, and the stability of working relationships. *Journal of Personality and Social Psychology*, **32**, 116-124.

若尾良徳　2003　日本の若者にみられる2つの恋愛幻想―恋人がいる人の割合の誤った推測と，恋人がいる人へのポジティブなイメージ―　東京都立大学心理学研究, **13**, 9-16.

Walster, E., Aronson, V., Abrahams, D., & Rottman, L.　1966　Importance of physical attractiveness in dating behavior. *Journal of Personality and Social Psychology*, **4**, 508-516.

Walster, E., Walster, G. W., & Traupmann, J.　1978　Equity and premarital sex. *Journal of Personality and Social Psychology*, **36**, 82-92.

Winch, R. F., Ktsanes, T., & Ktsanes, V.　1954　The theory of complementary needs in mate-selection: An analytic and descriptive study. *American Sociological Review*, **19**, 241-249.

Zajonc, R. B.　1968　Attitudinal effects of mere exposure. *Journal of Personality and Social Psychology Monograph*, **9**, 1-27.

■7章

Cook, M.　1970　Experiments on orientation and proxemics. *Human Relations*, **23**, 15-19.

Davis, M. H.　1983　Measuring individual differences in empathy: Evidence for a multidimensional approach. *Journal of Personality and Social Psychology*, **44**(1), 113-126.

土肥伊都子　1999　ジェンダーに関する自己概念の研究―男性性・女性性の規定因とその機能―　多賀出版

Festinger, L. 1954 A theory of social comparison processes. *Human Relations*, **7**, 117-140.
Friedman, M., & Rosenman, R. F. 1974 *Type A behavior and your heart*. New York: Knopf.
Goldstein, A. P., Sparfkin, R. P., Gershaw, N. J., & Klein, P. 1980 *Skill Streaming the Adolescent: A Structured Learning Approach to Teaching Prosocial Skills*. Research Press.
箱井英寿 1990 共感性と援助規範意識との関連について─正準相関分析法を用いて─ 大阪薫英女子短期大学研究報告, **25**, 39-47.
箱井英寿・高木修 1987 援助規範意識の性別，年代，および，世代間の比較 社会心理学研究, **3**, 39-47.
岩舩展子・渋谷武子 1999 アサーティブ─自分も相手も尊重するハッピーコミュニケーション─ PHP研究所
本間昭子・真壁あさみ・和田由紀子 2006 ジグソー学習法による小児看護技術の教育効果 新潟青陵大学紀要, **6**, 69-77.
堀毛一也 1987 日本的印象管理様式に関する基礎的検討(1) ─社会的スキルとしての人あたりの良さの分析─ 第28回日本社会心理学会発表論文集, 39.
加藤隆勝・高木秀明 1980 青年期における情動的共感性の特質 筑波大学心理学研究, **2**, 33-42.
菊池章夫 1988 思いやりを科学する─向社会的行動の心理とスキル─ 川島書店
菊池章夫(編) 2007 社会的スキルを測る：Kiss_18 ハンドブック 川島書店
Latané, B., & Darley, J. M. 1970 *The unresponsive bystander. Why doesn't he help?* Appleton Crntury Crofts. 竹村研一・杉崎和子(訳) 1977 冷淡な傍観者─思いやりの社会心理学─ ブレーン出版
松井豊・堀洋道 1978 大学生の援助に関する規範意識の検討（１） 日本心理学会第42回大会発表論文集, 1298-1299.
松井豊・浦光博(編) 1998 人を支える心の科学 誠信書房
松沢正子 1996 １～２歳児における自他意識の発達と共感行動 性格心理学研究, **4**(1), 47-60.
Mehrabin, A., & Epstein, N. 1972 A measure of emotional empathy. *Journal of Personality*, **40**, 525-543.
森下正康 1990 幼児の共感性が援助行動におよぼすモデリングに及ぼす効果 教育心理学研究, **38**(3), 174-181.
西川正之(編) 2000 援助とサポートの社会心理学─助けあう人間のこころと行動─ 高木修(監修) シリーズ21世紀の社会心理学4 北大路書房
野口京子 2008 健康心理学がとってもよくわかる本 東京書店
齊藤勇 2003 図解雑学 人間関係の心理学 ナツメ社
齋藤和志 対人相互作用 社会心理学─個人と集団の理解─ 吉田俊和・松原敏浩(編)ナカニシヤ出版 Pp.123-140.
Sherif, M., & Sherif, C. W. 1969 *Social psychology*. Harper and Row.
Sommer, R. 1969 *Personal space*. The Behavioral basis of design, Englewood Cliffs, N.J.: Prentice-Hall. 穐山貞登(訳) 1972 「人間の空間：デザインの行動的研究」 鹿島出版会

高木修　1998　人を助ける心―援助行動の社会心理学―　サイエンス社
Tajfel, H., & Turner, J. C.　1986　The social identity theory of intergroup behavior. In S. Worshel & W. G. Austin(Eds.), *The psychology of intergroup relations*(2nd ed.)　Chicago: Nelson Hall. Pp.7-24.
田中康之　2001　実践記録 中学校歴史的分野「江戸幕府の成立」におけるジグソー学習法の試み　社会科教育開発研究, **1**, 45-52.
筒井昌博（編）　1999　ジグソー学習入門―驚異の効果を授業に入れる24例―　明治図書出版
浦光博　1992　支えあう人と人―ソーシャル・サポートの社会心理学―　サイエンス社
Zahn-Waxler, C., Radke-Yarrow, M., & King, R. A.　1979　Child-rearing and children's prosocial initiations towards victims of distress. *Child development*, **50**, 319-330.
和田実　1991a　対人的有能性とソーシャルサポートの関連―対人的に有能な者はソーシャルサポートを得やすいか?―　東京学芸大学紀要 第1部門　教育科学, **42**, 183-195.
和田実　1991b　対人的有能性に関する研究―ノンバーバルスキル尺度およびソーシャル・スキル尺度の作成―　実験社会心理学研究, **31**(1), 49-59.
和田実　1992　ノンバーバルスキルおよびソーシャルスキル尺度の改訂　東京学芸大学紀要 第1部門　教育科学, **43**, 123-136.
和田実　1994　大学生の性に対する態度,性行動と恋愛について　東京学芸大学紀要第1部門 教育科学, **45**, 155-165.
Wish, M., Deutsch, M., & Kaplan, S. J.　1976　Perceived dimensions of interpersonal relations. *Journal of Personality and Social Psychology*, **33**, 409-420.
山岸俊男（編）　2001　社会心理学キーワード　有斐閣

■第8章
Argyle, M.　1983　*The psychology of interpersonal behavior, 4th ed.* Penguin Books.
Argyle, M., & Ingham, R.　1972　Gaze, mutual gaze and distance. *Semiotica*, **6**, 32-49.
Argyle, M., Lefebvre, L., & Cook, M.　1974　The meaning of five patterns of gaze. European. *Journal of Social Psychology*, **4**, 125-136.
Barnlund, D.　1975　*Public and private self in Japan and the United States.* Tokyo: Simul Press.
Cranach, M.　1971　The role of orienting behavior in human interaction. In A. H. Esser(Ed.), *Behavior and environment.* Plenum Press. Pp.217-37.
大坊郁夫・奥田秀宇（編）　1998　親密な対人関係の科学（対人行動学研究シリーズ3）　誠信書房
Darwin, C.　1998　*The expression of the emotions in man and animals.* NY: Oxford University Press. (Original work published, 1872).
De Vito, J. A.　1986　*The interpersonal communication book.* (4th ed.). New York: Harper & Row.
Ekman, P.　1987　*Emotion in the human face.*(2nd ed.) Cambridge, UK: Cambridge University Press.
Ekman, P., & Friesen, W. V.　1975　*Unmasking the face: A guide to recognizing emotions from*

facial clues. Englewood Cliffs, NJ: Prentice-Hall. 工藤力(訳編) 1987 表情分析入門 誠信書房
藤本忠明・東正訓(編) 2004 ワークショップ人間関係の心理学 ナカニシヤ出版
深田博己 1998 インターパーソナルコミュニケーション―対人コミュニケーションの心理学 北大路書房
福井康之 1997 まなざしの心理学―視線と人間関係 創元社
Goffman, E. 1963 *Behavior in public spaces*. New York: The Free Press. 丸木恵祐・本名信行(訳) 1980 集まりの構造:新しい日常行動論を求めて 誠信書房
Hall, E. T. 1966 *The hidden dimension*. New York: Doubleday & Company. 日高敏隆・佐藤信行(訳) 1970 かくれた次元 みすず書房
Hall, E. T. 1976 *Beyond culture*. New York: Anchor.
今城周造(編著) 1996 社会心理学―日常生活の疑問から学ぶ― 北大路書房
井上忠司 1982 まなざしの人間関係―視線の作法― 講談社
Jourard, S. M. 1966 An exploratory study of body-accessibility. *British Journal of Social and Clinical Psychology*, 5, 221-231.
金山宣夫 1983 世界20ヶ国ノンバーバル事典 研究社出版
金沢吉展 2001 異文化とつきあうための心理学 誠信書房
Knapp, M. L. 1978 *Nonverbal communication in human interaction*. New York: Holt, Rinehart and Winston. 牧野成一・牧野泰子(訳) 1979 人間関係における非言語情報伝達 東海大学出版会
小林裕・飛田操 2000 教科書社会心理学 北大路書房
米谷淳 1998 対人コミュニケーション 蓮花一己・西川正之(編) 現代都市の行動学 福村出版 Pp.49-57.
米谷淳・米沢好史(編著) 2001 行動科学への招待―現代心理学のアプローチ― 福村出版
Mehrabian, A. & Wiener, M. 1967 Decoding of inconsistent communications. *Journal of Personality and Social Psychology*, 6, 109-114.
マツモト, D. 2002 文化と心理学―比較文化心理学入門― 北大路書房
Matsumoto, D., & Ekman, P. 1988 *Japanese and Caucasian Facial Expressions of Emotion (JACFEE) and Neutral Faces(JACNeuF). [Slides]*. Intercultural and Emotion Research Laboratory, Department of Psychology, San Francisco State University.
三浦彩美 2000 映画における日本人と欧米人の表情表出 国際文化学, 3, 49-68.
三浦彩美 2002 表情研究における「映画」の可能性 国際文化学, 6, 91-103.
三浦彩美 2003 映画作品における表情表出 神戸大学大学院総合人間科学研究科平成14年度博士論文
Morris, D. 1979 Gestures. 多田道太郎・奥野卓司(訳) 1991 ジェスチュア 角川書店
Patterson, M. L. 1983 *Nonverbal behavior: A functional perspective*. New York: Springer-Verlag. 工藤力(監訳) 1995 非言語コミュニケーションの基礎理論 誠信書房
Richmond, V. P., & McCroskey, J. C. 1995 *Nonverbal behavior in interpersonal relations*. Pearson Education. 山下耕二(編訳) 2006 非言語行動の心理学―対人関係とコミュニケーション理解のために― 北大路書房

Rosenberg, B. G., & Langer, J. A 1965 A study of postural-gestural communication. *Journal of Personality and Social Psychology*, **2**, 593-597.

Rotenberg, K. J., Simourd, L., & Moore, D. 1989 Children's use of a verbal-nonverbal consistency principle to infer truth and lying. *Child development*, **60**, 309-322.

齊藤勇（編著）　1997　感情と人間関係の心理―その25のアプローチ―　川島書店

齊藤勇（編）　1995　対人コミュニケーションの心理（対人社会心理学重要研究集3）　誠信書房

Samovar, L. A., Porter, R. E., & Jain, N. C. 1981 *Understanding intercultural communication.* Belmont, CA: Wadsworth.

Sarbin, T. R., & Hardyck, C. R. 1955 Conformance in role perception as a personality variable. *Journal of Consulting Psychology*, **19**, 109-111.

Scheflen, A. E. 1968 Human communication: Behavioral programs and their integration in interaction. *Behavioral Science*, **13**, 44-55.

吉田敦也・蓮花一己・金川智恵・佐古秀一・米谷淳（編著）　1991　行動科学ハンドブック　福村出版

■第9章

Cornwell, B., & Lundgren, D. C. 2001 Love on the Internet: Involvement and misrepresentation in romantic relationships in cyberspace vs. realspace. *Computers in Human Behavior*, **17**, 197-211.

川上善郎　2001　情報行動の社会心理学　川上善郎（編）　21世紀の社会心理学5：情報行動の社会心理学　北大路書房　pp.1-6.

McKenna, K. Y. A., & Bargh, J. 1998 Coming out in the age of the Internet: Identity 'demarginalization' through virtual group participation. *Journal of Personality and Social Psychology*, **75**, 681-694.

三浦麻子　2008　ネットコミュニティでの自己表現と他者との交流　電子情報通信学会誌, **91**, 137-141.

奥田秀宇　1997　人をひきつける心：対人魅力の心理学　サイエンス社

Postmes, T., Spears, R., & Lea, M. 2000 The formation of group norms in computer-mediated communication. *Human Communication Research*, **26**, 341-371.

Reicher, S. D. 1984 Social influence in the crowd: Attitudinal and behavioral effects of de-individuation in conditions of high and low group salience. *British Journal of Social Psychology*, **23**, 341-350.

Spears, R., Lea, M., & Lee, S. 1990 De-individuation and group polarization in computer-mediated communication. *British Journal of Social Psychology*, **29**, 121-134.

Sproull, L., & Kiesler, S. 1991 *Connections: New ways of working in the networked organization.* Cambridge, MA: MIT Press.

Tajfel, H., & Turner, J. C. 1979 An integrative theory of intergroup conflict. In W. G. Austin & D. A. Foulger(Eds.), *The Social Psychology of Intergroup Relations. Monterey*, CA: Brooks Cole. pp.33-47.

Walther, J. B. 1994 Anticipated ongoing interaction versus channel effects on relational communication in computer-mediated interaction. *Human Communication Research*, **20**, 473-501.

Walther, J. B. 1996 Computer-mediated communication: impersonal, interpersonal, and hyperpersonal interaction. *Communication Research*, **23**, 3-43.

Young, K. S. 1998 *Caught in the Net: How to recognize the signs of Internet addiction—and a winning strategy for recovery.* New York: John Wiley & Sons, Inc. 小田嶋由美子（訳） 1998 インターネット中毒―まじめな警告です― 毎日新聞社

Zajonc, R. 1968 Attitudinal effects of mere exposure. *Journal of Personality and Social Psychology*, **9**, 1-27.

Zimbardo, P. G. 1969 The human choice: Individuation, reason, and order versus deindividuation, impulse, and chaos. *Nebraska Symposium on Motivation*, **17**, 237-307.

■第10章

Bandura, A. 1977 Self-efficacy: Toward a unifying theory of behavioral change. *Psychological Review*, **84**, 191-215.

Bandura, A.(Ed.) 1995 *Self-efficacy in changing societies.* Cambridge University Press. 本明寛・野口京子（監訳） 1997 激動社会の中の自己効力 金子書房

Brehm, S. S., & Brehm, J. W. 1981 *Psychological Reactance: Theory of freedom and control.* Academic Press.

Dakof, G. A., & Taylor, S. E. 1990 Victim's perceptions of social support: What is helpful from whom? *Journal of Personality and Social Psychology*, **58**, 80-89.

Duke, R. D. 1974 *Gaming, the future's Language.* John Wiley and Sons Inc. 中村美枝子・市川新（訳） 2001 ゲーミングシミュレーション 未来との対話 ASCII

Gierszewski, S. A. 1983 The relationship of weight loss, locus of control, and social support. *Nursing Research*, **32**(1), 43-47.

原岡一馬 1962 態度変容に関する研究―個人の積極的参加と意見変容― 教育・社会心理学研究, **3**, 17-30.

Horsley, A. D. 1977 The effects of a social learning experiment on attitudes and behavior toward environment conservation. *Environment and Behavior*, **9**, 349-384.

Janis, I. L., & King, B. T. 1954 The Influence of role playing on opinion change. *Journal of Abnormal and Social Psychology*, **49**, 211-218.

Jeffery, R. W., Bjornson-Benson, W. M., Rosenthal, B. S., Lindquist, R. A., Kurth, C. L., & Johnson, S. L. 1984 Correlates of weight loss and its maintenance over two years of follow-up among middle-aged men. *Preventive Medicine*, **13**(2), 155-168.

川野健治 2004 アドバイス納得ゲームによるパーソナリティ理解の促進：説得納得ゲームの転用可能性 日本パーソナリティ心理学会 第13回大会発表論文集, 46-47.

健康・体力づくり事業財団 2003 「地域における健康日本21実践の手引き」（財）健康・体力づくり事業財団普及啓発部

Kiesler, C. A., & Sakumura, J. 1966 A test of a model for commitment. *Journal of Personality and Social Psychology*, **3**, 349-353.

木村堅一　1999　コミュニケーションの健康心理学　深田博己（編著）　コミュニケーション心理学　北大路書房

金外淑・島田洋徳・坂野雄二　1998　慢性疾患患者におけるソーシャルサポートとセルフ・エフィカシーの心理的ストレス軽減効果　心身医学, **38**(5), 317-323.

厚生労働省（監修）　2003　「平成15年版　厚生労働白書」　ぎょうせい

松原千明　2002　健康行動理論の基礎　医歯薬出版株式会社

McGuire, W. J., & Papageorgis, D.　1961　The relative efficiency of various types of prior belief-defense in producing immunity against persuasion. *Journal of Abnormal and Social Psychology*, **62**, 327-337.

Morisky, D. E. DeMuth, N. M., Field-Fass, M., Green, L. W., LeVine, L. W. 1985　Evaluation of family health education to build social support for long-term control of high blood pressure. *Health Education Quarterly*, **12**(1), 35-50.

内閣府　1990　健康づくりに関する世論調査　内閣府政府広報室

内閣府　2000　生活習慣病に関する世論調査　内閣府政府広報室

National Institute of Health, National Cancer Institute　2004　*Making health communication program work*. NIH Publication.　米国立がん研究所（編）　2008　中山健夫（監修）　ヘルスコミュニケーション実践ガイド　日本評論社

西垣悦代　2005a「健康増進ゲーム」が健康に対する態度と行動に及ぼす影響　日本健康心理学会第18回大会　大会発表論文集　p.137.

西垣悦代　2005b　「健康増進ゲームがコミュニケーションの気づきと健康増進の動機づけに及ぼす効果」　日本社会心理学会第46回大会　大会論文集, 754-755.

Nishigaki, E.　2007　Development and effects of the health promotion program at workplace. *Proceedings of the 3rd Asian congress of health psychology*. p.26.

Nishigaki, E.　2008a　Effects of the health education program with gamings imulation for college students. *International Journal of Psychology*, **43**(3/4), 154.

Nishigaki, E.　2008b　Development and effects of the health promotion program applying gaming-simulation technique. *Proceedings of the 5th International Conference of Health Behavioral Science*. pp.174-178.

西垣悦代・森岡郁晴・澤野夏子　2007　「ゲーミングを用いた職場における健康増進プログラムの実践と効果」　産業衛生学雑誌, **49**, 419.

西垣悦代・杉浦淳吉　2005　ヘルスコミュニケーションのための健康増進ゲームの開発と実践　日本心理学会　第69回大会

Northouse, P. G., & Northouse, L. L.　1992　*Health communication: strategies for health professionals*.(2nd ed.) Connecticut: Appleton & Lange.　信友浩一・萩原明人（訳）　1998　ヘルス・コミュニケーション：これからの医療者の必須技術　九州大学出版会

Richman, R. M., Loughman, G. T., Droulers, A. M., Steinbeck, K. S., & Caterson, I. D.　2001　Self-efficacy in relation to eating behaviour among obese and non-obese women. *International Journal of Obesity*, **25**(6), 907-913.

坂野雄二　1989　一般的セルフ・エフィカシー尺度の妥当性の検討　早稲田大学人間科学研

究, **2**, 91-98.
坂野雄二・東條光彦　1986　一般的セルフ・エフィカシー尺度作成の試み　行動療法研究, **12**, 73-82.
佐藤純一　2000　「生活習慣病」の作られ方—健康言説の構築過程—　佐藤純一・池田光穂・野村一夫・寺岡伸悟・佐藤哲彦　「健康論の誘惑」　文化書房博文社　pp.103-146.
島内憲夫・助友裕子　2000　ヘルスプロモーションのすすめ　垣内出版株式会社
杉浦淳吉　2003a　環境教育ツールとしての「説得納得ゲーム」—開発・実践・改良プロセスの検討—　「シミュレーション＆ゲーミング」, **13**(1), 3-13.
杉浦淳吉　2003b　環境教育ツールとしての「説得—納得ゲーム」の実践とその評価　日本グループダイナミックグ学会第50回大会発表論文集　pp.228-229.
杉浦淳吉　2004　環境教育ツールとしての「説得—納得ゲーム」の開発に関する社会心理学的研究　平成14年度〜平成16年度科学研究費補助金　研究課題番号14710078　報告書
杉浦淳吉　2008　社会的相互作用による協働知の生成を目指した「説得納得ゲーム」の評価と普及　平成18年-19年度科学研究費補助金　報告書
杉浦淳吉・鈴木あい子・吉川肇子　2006　「交渉ゲームとしての『SNG（説得納得ゲーム）：販売編』の開発」　シミュレーション＆ゲーミング, **16**(1), 37-49.
住吉和子・安酸史子・山崎絆・古瀬敬子・土方ふじこ・小幡桂子・中村絵美子・菊地徹子・渥美義仁・松岡健平　2000　糖尿病患者の食事の実行度と自己効力，治療満足度の縦断的研究　日本糖尿病教育・看護学会誌, **4**(1), 23-31.
高橋啓介　1997　学習技法としてのシミュレーションゲーム　広瀬幸雄（編著）　シミュレーション世界の社会心理学：ゲームで解く葛藤と共存　ナカニシヤ出版　pp.186-204.
浦光博　1992　セレクション社会心理学8　支えあう人と人—ソーシャルサポートの社会心理学—　サイエンス社
WHO　1998　Health Promotion Glossary.
財団法人健康・体力づくり事業財団　2008　食事バランスガイド：あなたの身体を大切に　財団法人健康体力づくり事業財団出版

■第11章

Anderson, A., & Dedrick, R. F.　1990　Development of the trust in physician scale: a measure to access interpersonal trust in patient-physicians relation-ships. *Psychological Reports*, **67**, 1091-1100.
Benner, P.　1982　*From Novice to Expert: Excellence and Power in Clinical Nursing Practice.* 井部俊子・井村真澄・上泉和子（訳）　1992　ベナー看護論：達人ナースの卓越性とパワー　医学書院
尾藤誠司　2007　わが国における医師のプロフェッショナリズム探索と推進・教育に関する事業研究　平成18年度科学研究費補助金　研究成果報告書
Cole, S. A., & Bird, J.　2000　*The Medical Interview: The three function approach.*(2nd ed.) Mosby, Inc.　飯島克巳・佐々木將人（訳）　2003　メディカルインタビュー：三つの機能モデルによるアプローチ　第2版　メディカル・サイエンス・インターナショナル
Emanuel, E. J., & Emanuel, L. L.　1992　Four models of the physician-patient relationship.

Journal of American Medical Association, **267**, 2221-2226.
Fox, J. 2006 "Notice how you feel": An alternative to detached concern among hospice volunteers. *Qualitative Health Research*, **16**(7), 944-961.
Gray, M. 2002 *The Resourceful Patient*. Rosetta Press. 斉尾武郎(監訳) 2004 患者は何でも知っている：EBM時代の医師と患者 中山書店
Halpern, J. 2001 *From detached concern to empathy: Humanizing medical practice*. Oxford University Press.
堀毛裕子 1999 日本版 Health Locus of Control 尺度の作成 健康心理学研究, **4**, 1-7.
医療の質・安全学会 2005 設立趣意書 http://qsh.jp/syuisho.htm
Ishikawa, H., Takayama, T., Yamazaki, Y., Seki, Y., Katsumata, N. 2002 Physician-patient communication and patient satisfaction in Japanese cancer consultations. *Social Science and Medicine*, **55**, 301-311.
看護対人行動学研究会(編) 2000 リーダーシップ＆コミュニケーション対処術 日総研 p.114-115.
Kao, A. C., Green, D. C., Zaslavsky, A. M., Koplan, J. P., & Cleary, P. D. 1998 The relationship between method of physician payment and patient trust. *Journal of American Medical Association*, **280**, 1708-1714.
厚生労働省 2002 「医療安全推進総合対策」 医療安全対策検討会議報告書
厚生労働省(監修) 2004 厚生労働白書 平成16年版 ぎょうせい
Krause, E. A. 1996 *Death of the guilds: professions, states, and the advance of capitalism, 1930 to the present*. Yale University Press. New Haven and London.
黒澤聡子・尾藤誠司・大生定義 2008 「ともに考える医療」ワークショップ開催報告(未公刊資料)
Laine, C., Davidoff, D., Lewis, C. E., Nelson, E. C., Nelson, E., Kessler, R. C., & Delbanco, T. 1996 Important elements of outpatient care: a comparison of patients' and physicians' opinions. *Annals of Internal Medicine*, **125**, 640-645.
Lewis, F. 1982 Experienced personal control and quality of life in late-stage cancer patients. *Nursing Research*, **31**(2), 113-119.
Mechanic, D. & Meyer, S. 2000 Concept of trust among patients with serious illness. *Social Science and Medicine*, **51**, 657-668.
箕輪良行・佐藤純一 1999 医療現場のコミュニケーション 医学書院
村上陽一郎 2005 安全と安心の科学 集英社新書
日本世論調査会 2001 医療 医師に「一応の信頼」80％ (2002月4日 中日新聞)
西垣悦代 2005 患者の視点からみた医療者との関係と信頼 現代のエスプリ, **458**(クリニカル・ガバナンス特集号), 149-160. 至文堂
西垣悦代 2007 日本の医師患者関係の現状とこれから 佐藤達哉(編) ボトムアップな人間関係 東信堂 pp.4-24.
西垣悦代 2008 医師に対する信頼の観点からみた日本の患者タイプの特徴 健康心理学研究, **21**(1), pp.1-9.
西垣悦代・浅井篤・大西基喜・福井次矢 2004 日本人の医療に対する信頼と不信の構造

対人社会心理学研究, **4**, 11-20.

Northouse, P. G., & Northouse, L. L. 1992 *Health communication: strategies for health professionals.*(2nd ed.) Connecticut: Appleton & Lange. 信友浩一・萩原明人（訳） 1998 ヘルス・コミュニケーション：これからの医療者の必須技術　九州大学出版会

岡谷恵子　1996　こころを病む人のセルフケア援助の看護モデル　南裕子（編）基本セルフケア看護：心を癒す　講談社　pp.19-27.

Orem, D. E. 2001 *Nursing: Concepts of practice.*(6th ed.) Mosby-year book. 小野寺杜紀（訳）2005 オレム看護論：看護実践における基本概念（第4版）　医学書院

Parsons, T. 1951 *The social system.* Free Press. 佐藤勉（訳）1974　日高六郎（編）現代社会学体系(14)社会体系論　青木書店

Pearson, S. D., & Raeke, L. H. 2000 Patient's trust in physicians: many theories, few measures, and little data. *Journal of General Internal Medicine*, **15**, 509-513.

Rotter, J. B. 1966 Generalized expectancies for internal versus external control of reinforcement. *Journal of Clinical Psychology*, **43**, 56-67.

Rotter, J. B. 1967 A new scale for the measurement of interpersonal trust. *Journal of Personality*, **35**, 1-7.

Roter, D. L., & Hall, J. A. 2006 *Doctors Talking with Patients/Patients Talking with Doctors: Improving communication in medical visits.* (2nd edition.) Greenwood Publishing Group Inc. 石川ひろの・武田裕子（監訳）2007 患者と医師のコミュニケーション：よりよい関係づくりの科学的根拠　篠原出版新社

Safran, D. G., Kosinski, M., Tarlov, A. R., Rogers, W. H., Taira, D. A., Liberman, N. & Ware, J. E. 1998 The primary care assessment survey: tests or data quality and measurement performance. *Medical Care*, **36**, 728-939.

Takayama, T., Yamazaki, Y. 2004 How breast cancer outpatients perceive mutual participation in patient-physician interaction. *Patient Educational Counseling*, **52**(3), 279-289.

Thom, D. H., & Campbell, B. 1997 Patient-physician trust: an exploratory study. *The Journal of Family Practice*, **44**, 169-176.

Wallston, B. S., Wallston, K. A., & Devellis, R. 1978 Development of the multidimensional health locus of control(MHLC) scales. *Health Education Monographs*, **6**, 160-170.

Weil, A. 1997 *Eight Weeks to Optimum Health.* Alfred A. Knoph Inc. 上野圭一（訳）1999 心身自在　角川文庫

山岸俊男　1998　信頼の構造　東京大学出版会
山岸俊男　1999　安心社会から信頼社会へ：日本型システムの行方　中公新書
読売新聞2006世論調査「医療」（2月4日）
　　http://www.yomiuri.co.jp/feature/fe6100/koumoku/20060204

人名索引

●A
エインズワース（Ainsworth, M. D. S.） 9
アーガイル（Argyle, M.） 143
アロン（Aron, A.） 104, 110
アロンソン（Aronson, E.） 123

●B
バンデューラ（Bandura, A.） 52, 175
バージ（Bargh, J.） 158
ビール（Beall, S. K.） 85
ベック（Beck, A. T.） 60
ベナー（Benner, P.） 199
ベッツ（Betz, N. E.） 52
バード（Bird, J.） 195
ボウルビィ（Bowlby, J.） 8, 9
ブラウン（Brown, J. D.） 82
バーン（Byrne, D.） 101, 102

●C
キャンベル（Campbell, B.） 192
コール（Cole, S. A.） 195
コンドン（Condon, W. S.） 5
クック（Cook, M.） 127, 128
コーンウェル（Cornwell, B） 159, 160
クラーナック（Cranach, M.） 142

●D
大坊郁夫 86, 113
ダコフ（Dakof, G. A.） 178
ダーリー（Darley, J. M.） 131
ダーウィン（Darwin, C.） 142
デイヴィス（Davis, M. H.） 132
ディーナー（Diener, E.） 83
ディーナー（Diener, M.） 83
土肥伊都子 129
デューク（Duke, R. D.） 181

●E
エクマン（Ekman, P.） 142
エマニュエル（Emanuel, E. J.） 189, 190
榎本淳子 61, 62
エリクソン（Erikson, E. H.） 36

●F
ファンツ（Fantz, R. L.） 3
フェスティンガー（Festinger, L.） 76, 99, 116
フォックス（Fox, J.） 197
フリードマン（Friedman, M.） 126

●G
ゴフマン（Goffman, E.） 138
ゴールドシュタイン（Goldstein, A. P.） 128
グレイ（Gray, M.） 203

●H
箱井英寿 132
ホール（Hall, E. T.） 145, 147
ハルパーン（Halpern, J.） 197
ハーディック（Hardyck, C. R.） 142
ハーロウ（Harlow, H. F.） 6
橋本剛 56
平木典子 65
堀毛一也 129
堀毛裕子 198
ホルネイ（Horney, K.） 66, 68
福島章 59
福重清 22

●I
イバーラ（Ibarra, H.） 39
イシカワ（Ishikawa, H.） 196

人名索引

●J
ジェームズ（James, W.） 71, 73
ジャニス（Janis, I. L.） 180
ジョーンズ（Jones, W. H.） 88, 89
ジュラード（Jourard, S. M.） 85, 144

●K
梶田叡一 61
金政祐司 113
笠原嘉 59
柏尾眞津子 44, 47
片桐恵子 29
加藤敏明 37
ケンプ（Kempe, C.） 12
キースラー（Kiesler, C. A.） 181
キースラー（Kiesler, S.） 158
菊地章夫 129
キング（King, B. T.） 180
キタヤマ（Kitayama, S.） 74, 75
小杉礼子 46
楠見孝 49

●L
ランジャー（Langer, J. A.） 141
ラタネ（Latané, B.） 131
リアリィ（Leary, M. R.） 57
レヴィンジャー（Levinger, G.） 96
レヴィン（Lewin, K.） 40
ランドグレン（Lundgren, D. C.） 159, 160

●M
マーシャ（Marcia, J. E.） 37
マーカス（Markus, H. R.） 74, 75
正高信男 5
松井豊 28, 98
マクロスキー（McCroskey, J. C.） 139, 140
マクガイヤ（McGuire, W. J.） 181
マッケナ（McKenna, K. Y. A.） 158

メカニック（Mechanic, D.） 189
メーラビアン（Mehrabian, A.） 132, 138, 142
メイヤー（Meyer, S.） 189
三浦彩美 149
三浦麻子 164
水野将樹 28
森野美央 18
森下正康 132
モリス（Morris, D.） 147
村上陽一郎 187
村本由紀子 84, 94
マレー（Murray, H. A.） 174

●N
長尾博 21
ネルソン（Nelson, D.） 101, 102
西垣悦代 182, 193, 201
野口京子 133
ノートハウス（Northouse, P. G.） 172, 189

●O
落合良行 24
小口孝司 95
岡田努 27
大野久 37
オレム（Orem, D. E.） 199
小塩真司 27

●P
パーソンズ（Parsons, T.） 200
ピアソン（Pearson, S. D.） 189
ペネベーカー（Pennebaker, J. W.） 85
ピットマン（Pittman, T. S.） 88, 89

●R
ラーク（Raeke, L. H.） 189
ライヒャー（Reicher, S. D.） 162
リスマン（Reissman, C.） 111

― 227 ―

リッチモンド（Richmond, V. P.） 139, 140
ロジャース（Rogers, C. R.） 66
ローゼンバーグ（Rosenberg, M.） 73, 93
ローゼンバーグ（Rosenburg, B. G.） 141
ローゼンマン（Rosenman, R. F.） 126
ロテンベルグ（Rotenberg, K. J.） 146
ローター（Roter, D. L.） 194
ロッター（Rotter, J. B.） 197

●S
坂野雄二 176
サンダー（Sander, L. W.） 5
サービン（Sarbin, T. R.） 142
佐藤有耕 24
シャイン（Schein, E. H.） 45
シェリフ（Sherif, C. W.） 119
シェリフ（Sherif, M.） 117, 119
白井利明 41, 42, 50
スノーク（Snoek, J. D.） 96
ソマー（Sommer, R.） 127
スピアーズ（Spears, R.） 162, 166
スピッツ（Spitz, R.） 8
シュプレッカー（Sprecher, S.） 103
スプロール（Sproull, L.） 158
シュタイナー（Steiner, J. E.） 3
スタンバーグ（Sternberg, R. J.） 104, 106
菅原育子 29
菅原健介 57
杉浦淳吉 181, 183
サリバン（Sullivan, H. S.） 19, 20
スーパー（Super, D. E.） 35, 45

●T
タジフェル（Tajfel, H.） 162
高田利武 77, 78

高橋啓介 181
高井範子 29, 55
タカヤマ（Takayama, T.） 196
テイラー（Taylor, K. M.） 52
テイラー（Taylor, S. E.） 82
テッサー（Tesser, A.） 78
トム（Thom, D, H.） 192
都筑学 37, 40, 41, 44
辻大介 24
ターナー（Turner, J. C.） 162

●U
浦光博 129, 177

●W
和田実 129
若松養亮 35
ウォルストン（Wallston, B. S.） 198
ウォルスター（Walster, E.） 98
ワルサー（Walther, J. B.） 160
ワイル（Weil, A.） 203
ウィーナー（Wiener, M.） 138
ウィニコット（Winnicott, D. W.） 7
ウィッシュ（Wish, M.） 122

●Y
山田和夫 22
山岸俊男 188
ヤマグチ（Yamaguchi, Y.） 83
山口勧 84, 94
ヤング（Young, K. S.） 167
湯浅誠 44

●Z
ザイアンス（Zajonc, R. B.） 100, 160
ジンバルドー（Zimbardo, P. G.） 161, 165

事項索引

●あ
哀願　88, 91
愛他的行動　128, 130
愛着　8-10, 16
愛着行動　9
アイデンティティ拡散型　38
愛の三角理論　104
アサーショントレーニング　65
アタッチメント（attachment）→　愛着
アドヒアランス　179, 196

●い
威嚇　88, 90
移行対象　7
一般的信頼　192
一方的な気づき　97
異文化間コミュニケーション　146
医療面接の機能モデル　196
インターネット　153

●う
ヴァーチャルなコミュニティ　153
ウェブサイト　155
うつ病　60

●え
栄光浴　82
Aタイプ（回避型）　11
SST　→　ソーシャル・スキル・トレーニング
FtF　156
エンカウンターグループ　66
炎上　160
援助規範意識尺度　132
援助行動　130

●か
解釈モデル　191
外集団　117, 119
回想展望法　42
カウンセリング　62
かかりつけ医　202
学級集団　123
葛藤　119
関係性高揚　83
患者の信頼（patient trust）　192
患者の役割　200
患者配慮的診療態度　193

●き
危機　37
技術決定論　156
キティ・ジェノヴィーズ事件　130
規範意識　162
キャリアアンカー　45
キャリア自立　44
キャリア発達　45
ギャングエイジ　20
吸啜反射　4
境界性人格障害傾向　27
共感（empathy）　62, 131, 196
凝集性　118
競争　117
協同　117
共同性　129
恐怖喚起コミュニケーション　180
協力的－競争的　122
協力的相互依存関係　118
近言語（パラ言語）　140, 144
近接性の影響　99
緊張性頸反射　4

●く
空間行動　145
空間配置　127

●け
傾聴　62
傾倒　37
ゲーム　181
結果予期　175
健康　169
健康増進ゲーム　182, 184
健康統制感　197
健康日本21　172
言語行動　137
現実自己　59
原始反射　4

●こ
合意的妥当性　103
好意への返報性　103
高コンテクスト　147
向社会的行動　130
公衆距離　145
口唇探索反射　4
効力予期　175
コーチング　49
心の理論　18
個人空間　→　パーソナルスペース
個人主義　83, 125
個人的アイデンティティ　119, 120
コスト　109
個体距離　145
コミットメント（自我関与）　104, 110, 180
コミュニケーションスキル　55
コンテクスト　146
コンピテンス　19

●さ
SIDEモデル　162
座席選択　127
作動性　129

●し
CMC　156, 157
Cタイプ（抵抗／アンビヴァレント型）　11
自我同一性（ego-identity）　36
自我発達　21
時間的展望　37-40
ジグソー学習　123
自己　74
自己愛傾向　27, 59
自己愛性人格障害の特徴　60
自己愛的　59
自己開示　22, 85, 98, 108
自己開示の返報性　85
自己概念　71
自己確証動機　74
自己高揚動機　74, 77
自己効力（感）　52, 53, 175, 185
自己査定動機　74
自己視線恐怖　58
自己臭恐怖　58
自己成長　29
自己成長的人間関係観　29
自己宣伝　88, 89
自己呈示　57, 87, 88
自己洞察　67
自己評価　76
自己評価維持モデル　78, 79
自己分析　66, 68
自己抑制　17
自己理解　29
姿勢（ポスチャー）　141
視線交錯（アイコンタクト）　143
視線行動（まなざし）　142
自尊感情　27

自尊心　72
私的自己意識　86
児童虐待　11, 12
示範　88, 90
自分探し　50
シャイネス　57
社会化　19
社会恐怖　58
社会距離　145
社会的アイデンティティ　120, 166
社会的アイデンティティ理論　119
社会的交換理論　109
社会的コンピテンス　19
社会的自己　72
社会的情報　157
社会的比較理論　76, 77, 116
社会的欲求　174
周縁的アイデンティティ　158
醜形恐怖　58
囚人のジレンマ（実験）　120, 189
集団学習　124
集団間葛藤　118
集団主義　83, 125
集団主義的傾向　83
集団の規範　117
熟達化　49, 199
情緒的サポート　129, 177, 178
情動的共感性尺度　132
生得的行動　9
情熱　104
情報依存的信頼　192
情報提供モデル　190
情報的サポート　130
職業　32
職業選択　35, 43
職業的アイデンティティ　37
知られる自己　72
知る自己　72
人格障害　59
新生児　3

新生児期　4
身体接触　140, 144
身体的虐待　13
身体動作　140
親密　23
親密距離　145
親密性　104
親密な関係（chumship）　20
親密な関係の進展モデル　96
親友　21
信頼　188, 189
信頼関係　124
心理的虐待　13
心理的リアクタンス　180
心理的離乳　54
進路指導　47
進路選択　32, 35
親和的な対人関係　124

●す
ストレッサー　64
ストレンジシチュエーション法　9
スピリチュアルケア　200

●せ
斉一性　36
成果　109
生活空間　40
生活指導　47
精神的自己　72
性的虐待　13
青年期　21, 54
生理の欲求　174
赤面恐怖　58
接種理論　181
接触による快感　6
説得　179
説得的コミュニケーション　179
説得納得ゲーム　181
説得におよぼす送り手の効果　180

セルフケア　199
セルフハンディキャッピング　81
前思春期　21

●そ
早期完了　38
相互依存関係　118
相互協調的自己観　75
相互性　97
相互独立的自己観　75
相補性　107
ソーシャルサポート　128, 129, 177
ソーシャルスキル　128, 141
ソーシャルスキル尺度　129
ソーシャル・スキル・トレーニング（SST）
　64
ソーシャルネットワーキングサービス
　（SNS）　153, 154
足蹠反射（バビンスキー反射）　4
ソシオ・メトリック・テスト（友人調査）
　118

●た
対人恐怖　22, 58
対人距離　145
対人コミュニケーション　137
対人スキル　55
対人不安　56
対人フリッパー志向　24
対人方略　56
対等－非対等　122
態度の類似性　98
タイプA　126
タイプA的パーソナリティ　126
タイプB　126
代理母　6
他者視線恐怖　58
単純接触効果　100, 160

●ち
中年期の危機状態　21
沈黙　144

●て
定位行動　9
DSM-Ⅳ　59
低コンテクスト　147
Dタイプ（無秩序・無方向型）　11

●と
同一性達成　38
動因　174
動因低減説　174
同期行動　5
動機づけ　174
討議モデル　191
道具的サポート　129, 177, 178
統合医学　202
同情（sympathy）　196
統制　196
統制の所在（locus of control）　197
匿名性　161
徒党時代　→　ギャングエイジ
徒党集団　20
取り入り　88

●な
内集団　117, 119
内発的動機　174
仲間関係　19

●に
二次性徴　36
二次的動因説　6
日本版主観的健康統制感尺度　198
人間関係　55
認知行動療法　65

●ぬ
布製母親　6

●ね
ネグレクト　13
ネットコミュニティ　153

●の
能動的身体接触行動　9
ノンバーバルコミュニケーション　127

●は
把握反射　4
パーソナルコミュニケーション　155
パーソナルスペース　127, 145
ハイパーパーソナルコミュニケーション　159
ハイパーリンク　156
パターナリズム（父権主義）　189
8か月不安　9
発信行動　9
パラ言語　→　近言語
パラサイトシングル　46
針金製母親　6
場理論　40

●ひ
ピアヘルピング　63
Bタイプ（安定型）　11
非言語行動　137, 140
非言語的情報　157
非行集団　20
引っ込み思案　19
一人遊び　17
表示規制　149
表情　141
表面的接触　97

●ふ
FACS　142, 143

フィードバック　49
父権モデル　190
物質的自己　72
物理的な近さ　99
フリーター　44, 46
ふれあい恐怖　22
フレーミング　160
ブログ　153, 154
文化的自己観　83

●へ
平均点以上効果　82
並行遊び　17
ヘルスコミュニケーション　169, 171
ヘルスプロモーション　171

●ほ
報酬　109
歩行反射　4
ポジティブ幻想　82
ホスピタリズム（hospitalism）　7, 8
母性的な養育の欠如　→　マターナルデプリベーション
没個性化　161
没個性化効果の社会的アイデンティティ的解釈（SIDE）　162
ボディランゲージ　141

●ま
マターナルデプリベーション（maternal deprivation）　8

●み
3つの機能モデル　195
身振り（ジェスチャー）　141

●め
メッセージ　137
メンター（mentor）　50

●も
模擬監獄実験　161, 165
モラトリアム型　38
モロー反射　4

●や
役割演技（ロールプレイング）　180
役割援助　199
役割混乱　37

●ゆ
誘因　174
友人関係　27, 54
友人関係の希薄化　22
友人関係の「コミュニケーションの繊細化」　23
友人関係の「選択化」　23
友人関係の「多チャンネル化」　23
友人関係の「多様化」　23

●よ
養育スタイル　11

欲求の相補性　98

●り
RIAS　195
利己的な帰属のバイアス　81
理想自己　59

●る
類似性　101, 102

●れ
冷淡な傍観者　131
連続性　36

●ろ
ロールプレイ　64

●わ
ワールド・ワイド・ウェブ　155

◆編者紹介

西垣悦代（にしがきえつよ）

国際基督教大学大学院博士前期課程修了
大阪大学大学院博士後期課程中退
神戸大学大学院博士後期課程修了
博士（学術）
現在：関西医科大学心理学教室教授
専門は社会心理学，健康心理学
「行動科学への招待」（分担執筆）　2001年　福村出版
「重症疾患の診療倫理指針」（分担執筆）　2006年　医療文化社
「ボトムアップな人間関係」（分担執筆）　2007年　東信堂

◆執筆者一覧（執筆順）

三浦　彩美	（武庫川女子大学文学部）	1章，8章
高井　範子	（大阪行岡医療大学医療学部）	2章，4章
柏尾　眞津子	（大阪人間科学大学人間科学部）	3章，7章
小林　知博	（神戸女学院大学人間科学部）	5章
金政　祐司	（追手門学院大学心理学部）	6章
三浦　麻子	（大阪大学大学院人間科学研究科）	9章
西垣　悦代	（関西医科大学心理学教室）	編者，10章，11章

発達・社会からみる人間関係
― 現代に生きる青年のために ―

2009年4月10日　初版第1刷発行　　＊定価はカバーに表
2020年3月20日　初版第5刷発行　　　示してあります。

編著者　　西　垣　悦　代
発行所　　㈱北大路書房
〒603-8303　京都市北区紫野十二坊町12-8
電　話　(075) 431-0361㈹
ＦＡＸ　(075) 431-9393
振　替　01050-4-2083

Ⓒ 2009
制作／ラインアート日向・華洲屋　印刷・製本／創栄図書印刷㈱
検印省略　落丁・乱丁本はお取り替えいたします。

ISBN978-4-7628-2676-4　　Printed in Japan

・ JCOPY 〈㈳出版者著作権管理機構 委託出版物〉
本書の無断複写は著作権法上での例外を除き禁じられています。
複写される場合は，そのつど事前に，㈳出版者著作権管理機構
（電話 03-5244-5088, FAX 03-5244-5089, e-mail: info@jcopy.or.jp）
の許諾を得てください。